职业教育会计专业营改增系列教材

培育会计职业素养
全面推进课程思政

小企业财务会计

(第三版)

主　编　罗绍明
副主编　盛乃华　王　悦　任　冰

立信会计出版社
LIXIN ACCOUNTING PUBLISHING HOUSE

图书在版编目(CIP)数据

小企业财务会计 / 罗绍明主编. —3版. —上海：立信会计出版社，2020.12(2021.1重印)
职业教育会计专业营改增系列教材
ISBN 978-7-5429-6446-5

Ⅰ.①小… Ⅱ.①罗… Ⅲ.①中小企业－财务会计－职业教育－教材 Ⅳ.①F276.3

中国版本图书馆 CIP 数据核字(2020)第 245444 号

策划编辑	陈 旻
责任编辑	陈 旻
封面设计	南房间

小企业财务会计(第三版)
Xiaoqiye Caiwu Kuaiji

出版发行	立信会计出版社			
地　　址	上海市中山西路 2230 号	邮政编码	200235	
电　　话	(021)64411389	传　　真	(021)64411325	
网　　址	www.lixinaph.com	电子邮箱	lixinaph2019@126.com	
网上书店	http://lixin.jd.com		http://lxkjcbs.tmall.com	
经　　销	各地新华书店			
印　　刷	上海天地海设计印刷有限公司			
开　　本	787 毫米×1092 毫米	1/16		
印　　张	18.5			
字　　数	451 千字			
版　　次	2020 年 12 月第 3 版			
印　　次	2021 年 1 月第 2 次			
印　　数	1 101—2 200			
书　　号	ISBN 978-7-5429-6446-5/F			
定　　价	46.00 元			

如有印订差错，请与本社联系调换

第三版前言

本《小企业财务会计》(第三版)的编写特点具体表现为以下方面。

其一,培育会计职业素养,全面推进课程思政。

本书以习近平新时代中国特色社会主义思想为指导,全面贯彻落实立德树人根本任务,以情智故事形式培育会计职业素养,把培育和践行社会主义核心价值观活动贯穿于教育教学全过程,全面推进课程思政。

其二,体现经济业务与财务相融合的理念。

本书依据小企业资金运动和业务运作流程对其编写模式与编写体系进行了创新性的修订,将小企业财务会计业务分为8个部分,分别是概论、筹资业务、采购业务、生产业务、销售业务、投资业务、利润业务以及财务报告业务。相应地设计了16章,分别是小企业财务会计概述、权益资金核算、债务资金核算、货币资金核算、存货核算、固定资产核算、无形资产核算、生物资产核算、应付款项核算、生产费用核算、职工薪酬核算、收入核算、应收款项核算、对外投资核算、利润核算、财务报表编制,体现业财融合的理念。

其三,内容新颖实用,反映最新的财税政策。

本书依据最新的财税政策,修订了会计业务核算的例题。自2019年4月1日起,制造业等行业增值税税率从16%降至13%,交通运输、建筑、基础电信服务等行业及农产品等货物的增值税税率从10%降至9%。基于此,本次按新的增值税税率修订了全部例题。

本书配套编写有《小企业财务会计实训》(第三版),便于学习者进行课内或课外的理论知识学习与实训训练,深入理解与应用相关财务会计知识。

本书可以作为职业院校会计及会计电算化专业的教学用书,可以作为参加国家、省市职业院校会计技能竞赛的辅导教材,还可以作为小企业财务会计人员及对小企业财务会计有兴趣和爱好的读者的学习、参考用书。

本书由汕头市鮀滨职业技术学校罗绍明高级讲师任主编,山东日照市农业学校盛乃华、北京市商贸学校王悦、江门市第一职业高级中学任冰任副主编,参编老师有惠州工程职业学院李晓华、湖北生物科技职业学院刘英、河源市职业技术学校蓝国爱、惠州市博罗中等专业学校黄伟芬、清远市职业技术学校阳桃久、东莞市纺织服装学校苏本棠等老师。具体分工为：第1至第4章由罗绍明修订，第5和第6章由盛乃华修订，第7和第8章由王悦修订，第9和第10章由任冰修订，第11章由李晓华修订，第12章由蓝国爱修订，第13章由黄伟芬修订，第14章由阳桃久修订，第15章由苏本棠修订，第16章由刘英修订。全书由罗绍明老师统稿。

在本次修订过程中，我们参阅了大量文献与网站资料，借鉴和吸收了国内外专家学者的最新科研成果，在此对有关资料的编辑和著作者致以诚挚的感谢！

由于编著者水平有限，书中不足之处在所难免，恳请读者批评指正。来信请寄：stluoming@163.com。

编　者

前　言

本书是根据职业教育培养目标要求,结合职业院校学生的特点,突出以技能培养为核心的指导思想编写而成的。本书的主要特点表现为:

1. 严格依据准则,及时反映营业税改征增值税政策

2013年1月1日起全国范围内施行的《小企业会计准则》旨在规范小企业会计确认、计量和报告行为,促进小企业可持续发展,发挥小企业在国民经济和社会发展中的重要作用。国务院决定自2016年5月1日起,在全国范围内全面实施营业税改征增值税的财税政策,以及2016年12月3日财政部印发了《增值税会计处理规定》。

本书严格依据《小企业会计准则》《小企业会计准则释义》以及最新的营业税改征增值税的财税政策、增值税会计处理规定等政策的要求进行编写,并且通过"知识拓展"方式详细地介绍了《小企业会计准则》与《企业会计准则》在会计核算上的差别。

2. 贴近小企业实践,体现以就业为导向的职教特色。

本书以同一家小企业的经济业务为基础设置会计核算例题,进行会计核算讲解,对每一个重要的知识点都配套设计有一个贴近小企业实际经济业务的例题,并通过配套原始凭证图的方式详细分析其核算方法与技巧,这既有利于学生系统、清晰地了解小企业会计的经济业务内容,又有利于学生掌握小企业会计的核算方法,加深对小企业会计理论知识的理解,提高小企业会计业务核算的技能以及会计技能竞赛的参赛水平。

本书可以作为职业院校会计及会计电算化专业的教学用书,可以作为参加国家、省市职业院校会计技能竞赛的辅导教材,还可作为小企业财务会计人员及对小企业财务会计有兴趣和爱好的读者的学习、参考用书。

本书由汕头市鮀滨职业技术学校罗绍明高级讲师任主编,山东日照市农业学校魏延军、深圳市宝安职业技术学校李慧德、惠州市博罗中等专业学校黄伟芬任副主编,参编老师有河北泊头职业学院夏中庆、汕头市鮀滨职业技术学校方佳虹、深圳市第二职业技术学校施松涛、东莞市纺织服装学校苏本棠、佛山市顺德中专学校周群丽等老师。具体分工为:第1—2章由罗绍明编写、第3—4章由魏延军编写、第5—6章由李慧德编写、

第7—8章由黄伟芬编写、第12章由夏中庆编写、第13章由方佳虹编写、第9章由施松涛编写、第10章由苏本棠编写、第11章由周群丽编写。全书由罗绍明老师统稿。

　　本书在编写出版过程中,参阅了大量文献与网站资料,借鉴和吸收了国内外专家学者的最新科研成果,在此对有关资料的编辑和著作者致以诚挚的感谢!

　　由于编著者水平有限,本书中的缺点与不成熟之处在所难免,恳请读者批评指正并提出意见与建议。谢谢来信! 来信请寄:stluoming@163.com。

编　者

目 录

第一部分 概论

第1章 小企业财务会计概述 ········· 2
    目的要求 ········· 2
    重点难点 ········· 2
    情智故事 ········· 2
    基础知识 ········· 3
    1.1 小企业财务会计基础 ········· 3
    1.2 小企业财务会计要素 ········· 7
    本章小结 ········· 9

第二部分 筹资业务

第2章 权益资金核算 ········· 12
    目的要求 ········· 12
    重点难点 ········· 12
    情智故事 ········· 12
    基础知识 ········· 13
    2.1 实收资本核算 ········· 13
    2.2 资本公积核算 ········· 15
    本章小结 ········· 17

第3章 债务资金核算 ········· 18
    目的要求 ········· 18
    重点难点 ········· 18
    情智故事 ········· 18
    基础知识 ········· 19
    3.1 短期借款核算 ········· 19
    3.2 长期借款核算 ········· 22
    3.3 财务费用核算 ········· 24
    本章小结 ········· 25

第 4 章 货币资金核算 ... 26
目的要求 ... 26
重点难点 ... 26
情智故事 ... 26
基础知识 ... 27
4.1 库存现金核算 ... 27
4.2 银行存款核算 ... 33
4.3 其他货币资金核算 ... 44
本章小结 ... 51

第三部分 采购业务

第 5 章 存货核算 ... 54
目的要求 ... 54
重点难点 ... 54
情智故事 ... 54
基础知识 ... 55
5.1 存货概述 ... 55
5.2 原材料核算 ... 57
5.3 周转材料核算 ... 72
5.4 委托加工物资核算 ... 77
5.5 存货清查核算 ... 79
本章小结 ... 81

第 6 章 固定资产核算 ... 83
目的要求 ... 83
重点难点 ... 83
情智故事 ... 83
基础知识 ... 84
6.1 固定资产概述 ... 84
6.2 固定资产购建核算 ... 86
6.3 固定资产折旧核算 ... 95
6.4 固定资产租赁核算 ... 99
6.5 固定资产后续支出核算 ... 101
6.6 固定资产处置与清查核算 ... 105
本章小结 ... 110

第 7 章 无形资产核算 ……………………………………………………………… 111
  目的要求 ……………………………………………………………………… 111
  重点难点 ……………………………………………………………………… 111
  情智故事 ……………………………………………………………………… 111
  基础知识 ……………………………………………………………………… 112
  7.1　无形资产概述 …………………………………………………………… 112
  7.2　无形资产核算 …………………………………………………………… 114
  本章小结 ……………………………………………………………………… 121

第 8 章 生物资产核算 ……………………………………………………………… 122
  目的要求 ……………………………………………………………………… 122
  重点难点 ……………………………………………………………………… 122
  情智故事 ……………………………………………………………………… 122
  基础知识 ……………………………………………………………………… 123
  8.1　生物资产概述 …………………………………………………………… 123
  8.2　消耗性生物资产核算 …………………………………………………… 124
  8.3　生产性生物资产核算 …………………………………………………… 127
  本章小结 ……………………………………………………………………… 130

第 9 章 应付款项核算 ……………………………………………………………… 132
  目的要求 ……………………………………………………………………… 132
  重点难点 ……………………………………………………………………… 132
  情智故事 ……………………………………………………………………… 132
  基础知识 ……………………………………………………………………… 133
  9.1　应付及预收账款核算 …………………………………………………… 133
  9.2　应付票据核算 …………………………………………………………… 139
  9.3　长期应付款核算 ………………………………………………………… 141
  9.4　其他应付款核算 ………………………………………………………… 143
  本章小结 ……………………………………………………………………… 144

第四部分　生产业务

第 10 章 生产费用核算 …………………………………………………………… 146
  目的要求 ……………………………………………………………………… 146
  重点难点 ……………………………………………………………………… 146
  情智故事 ……………………………………………………………………… 146

基础知识 ·· 147
　　10.1　生产费用归集与分配 ······················ 147
　　10.2　产品成本计算与结转 ······················ 152
　　本章小结 ·· 155

第 11 章　职工薪酬核算 ································ 157
　　目的要求 ·· 157
　　重点难点 ·· 157
　　情智故事 ·· 157
　　基础知识 ·· 158
　　11.1　职工薪酬概述 ································· 158
　　11.2　应付职工薪酬核算 ·························· 166
　　本章小结 ·· 177

第五部分　销售业务

第 12 章　收入核算 ·· 180
　　目的要求 ·· 180
　　重点难点 ·· 180
　　情智故事 ·· 180
　　基础知识 ·· 181
　　12.1　经营收入核算 ································· 181
　　12.2　经营费用核算 ································· 196
　　12.3　应交税费核算 ································· 201
　　本章小结 ·· 213

第 13 章　应收款项核算 ································ 214
　　目的要求 ·· 214
　　重点难点 ·· 214
　　情智故事 ·· 214
　　基础知识 ·· 215
　　13.1　应收账款核算 ································· 215
　　13.2　应收票据核算 ································· 220
　　13.3　其他应收款项核算 ·························· 227
　　13.4　坏账损失核算 ································· 230
　　本章小结 ·· 232

第六部分　投资业务

第 14 章　对外投资核算 ········ 234
- 目的要求 ········ 234
- 重点难点 ········ 234
- 情智故事 ········ 234
- 基础知识 ········ 235
  - 14.1　短期投资核算 ········ 235
  - 14.2　长期债券投资核算 ········ 239
  - 14.3　长期股权投资核算 ········ 242
- 本章小结 ········ 244

第七部分　利润业务

第 15 章　利润核算 ········ 248
- 目的要求 ········ 248
- 重点难点 ········ 248
- 情智故事 ········ 248
- 基础知识 ········ 249
  - 15.1　本年利润核算 ········ 249
  - 15.2　利润分配核算 ········ 256
- 本章小结 ········ 260

第八部分　财务报告业务

第 16 章　财务报表编制 ········ 262
- 目的要求 ········ 262
- 重点难点 ········ 262
- 情智故事 ········ 262
- 基础知识 ········ 263
  - 16.1　资产负债表编制 ········ 263
  - 16.2　利润表编制 ········ 268
  - 16.3　现金流量表编制 ········ 270
  - 16.4　财务报表附注编制 ········ 276
- 本章小结 ········ 280

主要参考文献 ········ 281

第一部分 概 论

本书结构导图

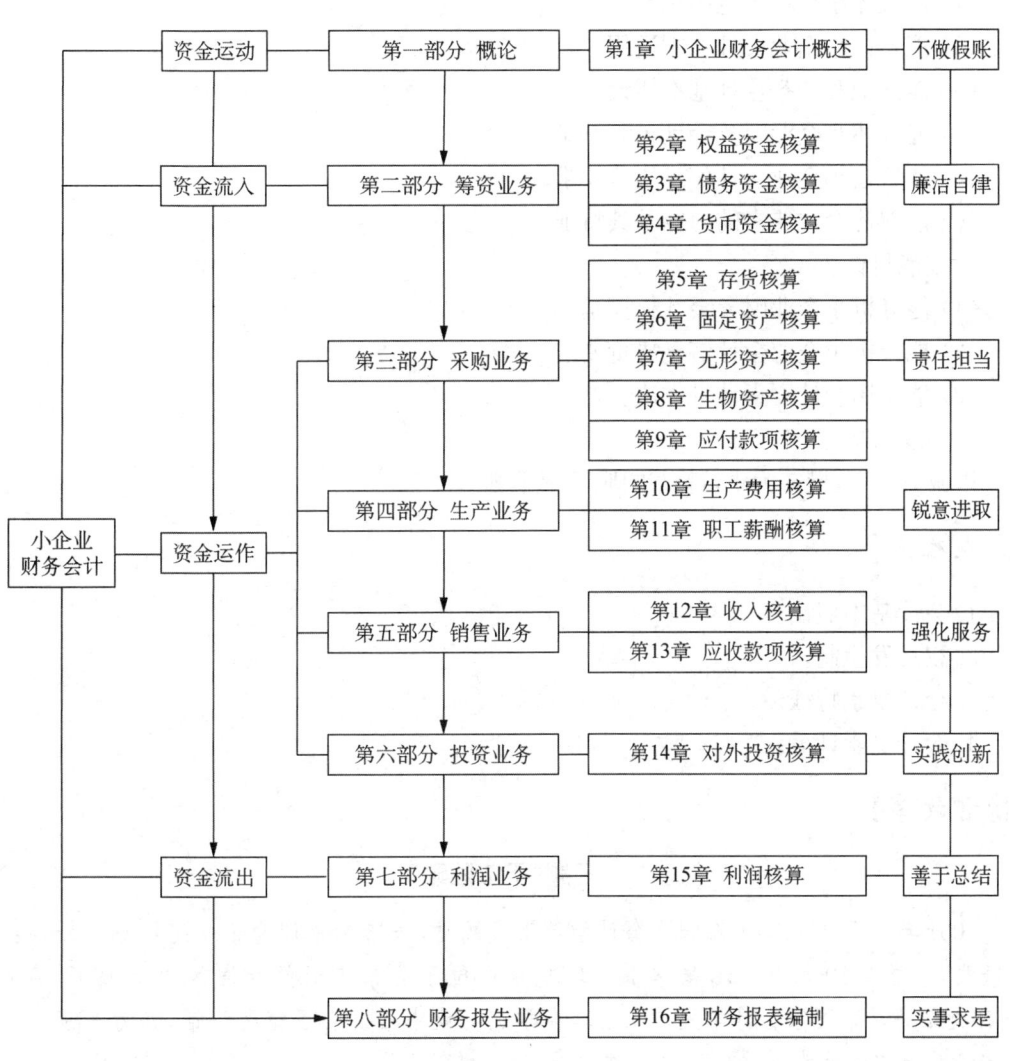

第1章　小企业财务会计概述

【目的要求】

1. 知识目标
(1) 能叙述小企业界定的标准。
(2) 能熟记小企业会计准则适用。
(3) 能熟记和列举会计基本假设。
(4) 能叙述小企业财务会计核算基础。
(5) 能叙述小企业会计信息质量要求。
(6) 能叙述会计要素的内容及其特征。

2. 技能目标
(1) 能分析小企业财务会计核算基础。
(2) 能分析小企业会计信息质量要求。
(3) 能应用会计要素计量方法。

3. 情感目标
以诚信为本,操守为重,遵循准则,不做假账。

【重点难点】

1. 会计基本假设。
2. 权责发生制。
3. 会计要素特征。
4. 会计要素计量。

【情智故事】

三题"不做假账"

2001年5月17日,上海国家会计学院正式成立,朱镕基总理为该学院题写了校训:"不做假账"。同年10月29日,朱镕基总理视察了位于北京市天竺开发区的于1998年7月20日成立的北京国家会计学院。朱总理在学院会议中心发表了重要讲话,并为北京国家会计学院题词:"诚信为本,操守为重,遵循准则,不做假账"。

2002年11月19日,朱镕基总理在第十六届世界会计师大会上,亲口讲述了他三题"不做假账"的故事。他说:"最近几年,中国建立了三所国家会计学院,一所在北京,一所在上海,这两所都已建成。还有一所在福建的厦门,正在建设。我亲笔为这三所国家会计学院制定了校训。我很少题词,因为我的字写得不好,但是我为三所国家会计学院亲自写下四个大字——'不做假账'。"

［情智点评］ "不做假账",是会计专业学生应有的会计职业操守,这是"治假"的一条道德防线。"不做假账"这几个字,会计专业学生一定要牢记恭行,其中所体现的诚信精神是市场经济活动的基本准则。

【基础知识】

2011年,财政部颁布《小企业会计准则》,要求从2013年1月1日起在小企业范围内执行,同时废止财政部2004年颁布的《小企业会计制度》。

1.1 小企业财务会计基础

1.1.1 小企业界定标准

小企业是指在我国境内依法设立的,符合《中小企业划型标准规定》(工信部联企业〔2011〕300号)所规定的小型企业标准的企业。依据《中小企业划型标准规定》,小企业界定的标准见表1-1。

表1-1　　　　　　　　　　　　小企业界定的标准

行业类型	资产总额	营业收入	从业人员
农、林、牧、渔业		500万元以下	
工业		2 000万元以下	300人以下
建筑业	5 000万元以下	6 000万元以下	
批发业		5 000万元以下	20人以下
零售业		500万元以下	50人以下
交通运输业		3 000万元以下	300人以下
仓储业		1 000万元以下	100人以下
邮政业		2 000万元以下	300人以下
住宿业		2 000万元以下	100人以下
餐饮业		2 000万元以下	100人以下
信息传输业		1 000万元以下	100人以下
软件和信息技术服务业		1 000万元以下	100人以下
房地产开发经营	5 000万元以下	1 000万元以下	
物业管理		1 000万元以下	300人以下
租赁和商务服务业	8 000万元以下		100人以下
其他未列明行业			100人以下

1.1.2　小企业会计准则适用

《小企业会计准则》适用于在我国境内依法设立的、符合《中小企业划型标准规定》所规定的小型企业标准的企业。

小企业中有三类例外，它们应当执行《企业会计准则》，而不得执行《小企业会计准则》。这三类小企业具体为：

1. 股票或债券在市场上公开交易的小企业

这类小企业具体包括：①已经在深圳证券交易所中小板和创业板上市的小企业；②已经在上海证券交易所和深圳证券交易所发行公司债券的小企业；③已经发行企业债券的小企业；④已经在境外股票上市的小企业；⑤预期在上海证券交易所或深圳证券交易所或境外上市的小企业和预期发行企业债券或公司债券的小企业。

这类小企业实际上已经成为公众公司，承担着社会公众受托责任，受到法律和政府的监管。社会公众受托责任是指对企业现有或潜在的资源提供者（如投资者、债权人）以及其他相关方承担的责任。

2. 金融机构或其他具有金融性质的小企业

这类小企业包括非上市小型金融机构、具有金融性质的小型基金，如小型投资基金等。这类小企业实质上具有金融业务性质，其共同特点是：以不同方式受托持有和管理他人的资金，并且对委托人负有保证资金安全和收益的责任和义务，受到法律和政府的监管。

3. 企业集团内的母公司和子公司

母公司是指有一个或一个以上子公司的企业（或主体）；子公司是指被母公司控制的企业。这类小企业实际上是需要对外提供合并财务报表或者需要将其财务报表并入合并财务报表的企业。《企业会计准则第33号——合并财务报表》第4条规定，母公司应当编制合并财务报表。这意味着，只要存在子公司的企业，不论规模大小，都应编制合并财务报表，以综合反映由母公司和全部子公司形成的企业集团的整体财务状况、经营成果和现金流量的信息。母公司编制合并财务报表必须执行《企业会计准则》，子公司的会计政策应当与母公司的会计政策一致，即子公司也应执行《企业会计准则》。

> **知识拓展 1-1**　小企业选择执行《小企业会计准则》或《企业会计准则》的规定

符合《中小企业划型标准规定》规定的小企业可以执行《小企业会计准则》，也可执行《企业会计准则》。但在选择执行时必须注意：

1. 执行《小企业会计准则》的小企业发生的交易或者事项，《小企业会计准则》未作出规定的，可以参照《企业会计准则》中的相关规定进行处理。

2. 执行《企业会计准则》的小企业，不得在执行《企业会计准则》的同时，选择执行《小企业会计准则》的相关规定。

3. 执行《小企业会计准则》的小企业公开发行股票或债券的，应当转为执行《企业会计准则》；因经营规模或企业性质变化导致不符合《小企业会计准则》规定而成为大中型企业或金融企业的，应当从次年1月1日起转为执行《企业会计准则》。

4. 已执行《企业会计准则》的上市公司、大中型企业和小企业，不得转为执行《小企业会计准则》。

1.1.3 小企业财务会计基本假设

小企业财务会计基本假设，是小企业财务会计确认、计量和报告的前提，是对会计核算所处时间、空间环境等所作的合理设定。小企业财务会计基本假设包括会计主体、持续经营、会计分期和货币计量。

1. 会计主体

会计主体是指小企业财务会计确认、计量和报告的空间范围。

明确界定会计主体是开展会计确认、计量和报告的重要前提。会计主体不同于法律主体。法律主体是在法律上具有法人资格。一般而言，法律主体必然是一个会计主体，但会计主体不一定是法律主体。

2. 持续经营

持续经营是指在可以预见的将来，小企业将会按当前的规模和状态继续经营下去，不会停业，也不会大规模削减业务。在持续经营前提下，会计确认、计量和报告应当以小企业持续、正常的生产经营活动为前提。

3. 会计分期

会计分期是指将一个小企业持续经营的生产经营活动划分为一个个连续的、长短相同的期间。会计分期的目的在于通过会计期间的划分，将持续经营的生产经营活动划分成连续、相等的期间，据以结算盈亏，按期编报财务报告，从而及时向财务报告使用者提供有关小企业财务状况、经营成果和现金流量的信息。

4. 货币计量

货币计量是指会计主体在财务会计确认、计量和报告时以货币作为计量尺度，反映会计主体的生产经营活动。通常，计量单位有实物量度、劳动量度和货币量度三种。在小企业经营过程中，前两种计量均无法一贯到底和综合汇总，只能从一个侧面反映小企业的生产经营状况，不便于会计计量和经营管理。而货币作为商品交换的一般等价物，可以对各种商品进行综合汇总反映，综合、全面反映小企业的经营成果和财务状况。

1.1.4 小企业财务会计核算基础

小企业财务会计核算的基础是权责发生制。

权责发生制要求，凡是当期已经实现的收入和已经发生或应当负担的费用，无论款项是否收付，都应当作为当期的收入和费用，计入利润表；凡是不属于当期的收入和费用，即使款项已在当期收付，也不应当作为当期的收入和费用。

与权责发生制相对应的一种会计核算基础是收付实现制。收付实现制是以收到或支付的现金作为确认收入和费用等的依据。自2019年1月1日起，我国各级各类行政单位和事业单位会计核算应当具备财务会计与预算会计双重功能，其中财务会计核算实行权责发生制,预算会计核算实行收付实现制。

知识拓展1-2 　政府会计制度——行政事业单位会计科目和报表

财会[2017]25号

为了适应权责发生制政府综合财务报告制度改革需要,规范行政事业单位会计核算,提高会计信息质量,根据《中华人民共和国会计法》《中华人民共和国预算法》《政府会计准则——基本准则》等法律、行政法规和规章,财政部制定了《政府会计制度——行政事业单位会计科目和报表》,现予印发,自2019年1月1日起施行。

《政府会计制度》规定,行政事业单位会计核算应当具备财务会计与预算会计双重功能,实现财务会计与预算会计适度分离并相互衔接,全面、清晰反映单位财务信息和预算执行信息。单位财务会计核算实行权责发生制;单位预算会计核算实行收付实现制,国务院另有规定的,依照其规定。

单位对于纳入部门预算管理的现金收支业务,在采用财务会计核算的同时应当进行预算会计核算;对于其他业务,仅需进行财务会计核算。单位会计要素包括财务会计要素和预算会计要素。财务会计要素包括资产、负债、净资产、收入和费用;预算会计要素包括预算收入、预算支出和预算结余。

1.1.5　小企业会计信息质量要求

会计信息质量要求是小企业财务报告提供高质量会计信息的基本规范,是使财务报告所提供会计信息对投资者、债权人等使用者决策有用应具备的基本特征。小企业会计信息质量要求包括以下八个方面。

1. 可靠性

可靠性要求小企业应当以实际发生的交易或者事项为依据进行确认、计量和报告,如实反映符合确认和计量要求的各项会计要素及其他相关信息,保证会计信息真实可靠、内容完整。可靠性要求是高质量会计信息的重要基础和关键所在。

2. 相关性

相关性要求小企业提供的会计信息应当与投资者等财务报告使用者的经济决策需要相关,有助于投资者等财务报告使用者对小企业过去、现在或者未来的情况作出评价或者预测。

3. 可理解性

可理解性要求小企业提供的会计信息应当清晰明了,便于投资者等财务报告使用者理解和使用。只有这样才能提高会计信息的有用性,实现财务报告的目标,满足向投资者等财务报告使用者提供决策信息的要求。

4. 可比性

可比性要求小企业提供的会计信息应当相互可比,表现为同一小企业不同时期可比(这要求小企业不同时期发生的相同或者相似的交易或者事项,应当采用一致的会计政策)和不同小企业相同会计期间可比(这要求不同小企业同一会计期间发生的相同或者相似的交易或者事项,应当采用统一的会计政策,确保会计信息口径一致,相互可比)。

5. 实质重于形式

实质重于形式要求小企业应当按照交易或者事项的经济实质进行会计确认、计量和报告,不仅仅以交易或者事项的法律形式为依据。例如,小企业按照销售合同销售商品但又签订了售后回购协议,虽然从法律上看实现了收入,但小企业没有将商品所有权上的主要风险和报酬转移给购买方,没有满足收入确认的各项条件,因此,不应当确认销售收入。

6. 重要性

重要性要求小企业提供的会计信息应当反映与小企业财务状况、经营成果和现金流量有关的所有重要交易或者事项。一项会计信息是否具有重要性,关键看该会计信息的省略或者错报是否会影响投资者等使用者据此作出的决策。

7. 谨慎性

谨慎性要求小企业对交易或者事项进行会计确认、计量和报告时保持应有的谨慎,不应高估资产或者收益、低估负债或者费用。

8. 及时性

及时性要求小企业对于已经发生的交易或者事项,应当及时进行确认、计量和报告,不得提前或者延后,即要求小企业在会计确认、计量和报告过程中应及时收集会计信息,及时处理会计信息和及时传递会计信息。

1.2 小企业财务会计要素

1.2.1 小企业财务会计要素构成

会计要素是根据交易或者事项的经济特征确定的会计对象所进行的基本分类,是会计核算对象的具体化。小企业财务会计要素按照其性质不同,可分为资产、负债、所有者权益、收入、费用和利润。

1. 资产

资产是指小企业过去的交易或者事项形成的、由小企业拥有或者控制的、预期会给小企业带来经济利益的资源。资产按其流动性从大到小分类,可分为流动资产和非流动资产。

流动资产是指预计在1年内或超过1年的一个正常营业周期内变现、出售或耗用的资产,包括货币资金、短期投资、应收及预付款项、存货等;非流动资产是指流动资产以外的资产,包括长期债券投资、长期股权投资、固定资产、无形资产、长期待摊费用等。

2. 负债

负债是指小企业过去的交易或者事项形成的、预期会导致经济利益流出小企业的现时义务。负债按其偿还期从短到长分类,可分为流动负债和非流动负债。

流动负债是指预计在1年内或者超过1年的一个正常营业周期内清偿的债务,包括短期借款、应付及预收款项、应付职工薪酬、应交税费、应付利息等；非流动负债是指流动负债以外的负债，包括长期借款、长期应付款等。

3. 所有者权益

所有者权益是指小企业资产扣除负债后由所有者享有的剩余权益。所有者权益包括实收资本（或股本）、资本公积、盈余公积和未分配利润。

4. 收入

收入是指小企业在日常生产经营活动中形成的、会导致所有者权益增加的、与所有者投入资本无关的经济利益的总流入。收入按业务主次的不同，可分为主营业务收入和其他业务收入。

5. 费用

费用是指小企业在日常生产经营活动中发生的、会导致所有者权益减少的、与向所有者分配利润无关的经济利益的总流出。费用包括营业成本、税金及附加、销售费用、管理费用、财务费用等。

6. 利润

利润是指小企业在一定会计期间的经营成果。利润包括营业利润、利润总额和净利润。

1.2.2 小企业财务会计要素计量

会计要素计量是指为了将符合确认条件的会计要素登记入账，并列报于财务报表而确定其金额的过程。小企业应当按照规定的会计计量属性进行计量，确定相关金额。会计要素的计量属性主要包括历史成本、重置成本、可变现净值、现值和公允价值等。

1. 历史成本

历史成本又称实际成本，是指取得或制造某项财产物资时实际支付的现金或者现金等价物的金额。在历史成本计量下，资产按照其购置时支付的现金或者现金等价物的金额，或者按照购置资产时所付出的对价的公允价值计量。负债按照其因承担现时义务而实际收到的款项或者资产的金额，或者承担现时义务的合同金额，或者按照日常活动中为偿还负债预期需要支付的现金或者现金等价物的金额计量。

2. 重置成本

重置成本又称现行成本，是指按照当前市场条件下，重新取得同样一项资产所需支付的现金或者现金等价物的金额。在重置成本计量下，资产按照现在购买相同或者相似资产所需支付的现金或者现金等价物的金额计量。负债按照现在偿付该项债务所需支付的现金或者现金等价物的金额计量。

3. 可变现净值

可变现净值是指在正常生产经营过程中，以资产预计售价减去进一步加工成本和预计销售费用以及相关税费后的净值。在可变现净值计量下，资产按照其正常对外销售所能收到现金或者现金等价物的金额，扣除该资产至完工时估计将要发生的成本、估计的销售费用以及相关税费后的金额计量。

4. 现值

现值是指对未来现金流量以恰当的折现率进行折现后的价值，是考虑货币时间价值的一种计量属性。在现值计量下，资产按照预计从其持续使用和最终处置中所取得的未来净现金流入量的折现金额计量。负债按照预计期限内需要偿还的未来净现金流出量的折现金额计量。

5. 公允价值

公允价值是指在计量日发生的有序交易中，市场参与者出售资产所能收到或者转移负债所需支付的金额。在公允价值计量下，资产和负债按照市场参与者在计量日发生的有序交易中，出售资产所能收到或者转移负债所需支付的价格计量。

小企业在对会计要素进行计量时，一般应当采用历史成本计量。采用重置成本、可变现净值、现值、公允价值计量的，应当保证所确定的会计要素金额能够取得并可靠计量。

> **知识拓展 1-3** 与《企业会计准则》的比较
>
> 1.《小企业会计准则》规定了 60 多个会计科目及其主要账务处理，主要涵盖小企业的常见交易或事项。其会计科目被分为五类，即资产类、负债类、所有者权益类、成本类、损益类。
>
> 2.《企业会计准则》规定了 160 多个会计科目及其主要账务处理，涵盖所有企业的各类交易或事项。其会计科目被分为六类，即资产类、负债类、共同类、所有者权益类、成本类、损益类。

【本章小结】

1. 小企业是指在我国境内依法设立的，符合《中小企业划型标准规定》（工信部联企业〔2011〕300 号）所规定的小型企业标准的企业。《小企业会计准则》适用于在我国境内依法设立的、符合《中小企业划型标准规定》所规定的小型企业标准的企业。

2. 会计基本假设，是小企业财务会计确认、计量和报告的前提，是对会计核算所处时间、空间环境等所作的合理设定。会计基本假设包括会计主体、持续经营、会计分期和货币计量。会计信息质量要求包括可靠性、相关性、可理解性、可比性、实质重于形式、重要性、谨慎性和及时性。

3. 小企业财务会计核算的基础是权责发生制。权责发生制要求，凡是当期已经实现的收入和已经发生或应当负担的费用，无论款项是否收付，都应当作为当期的收入和费用，计入利润表；凡是不属于当期的收入和费用，即使款项已在当期收付，也不应当作为当期的收入和费用。

4. 会计要素是根据交易或者事项的经济特征确定的会计对象所进行的基本分类。小企业财务会计要素按照其性质不同，分为资产、负债、所有者权益、收入、费用和利润。

5. 会计要素计量是指为了将符合确认条件的会计要素登记入账并列报于财务报表而确定其金额的过程。小企业应当按照规定的会计计量属性进行计量，确定相关金额。会计要素的计量属性主要包括历史成本、重置成本、可变现净值、现值和公允价值等。

第二部分　筹资业务

筹资业务结构导图

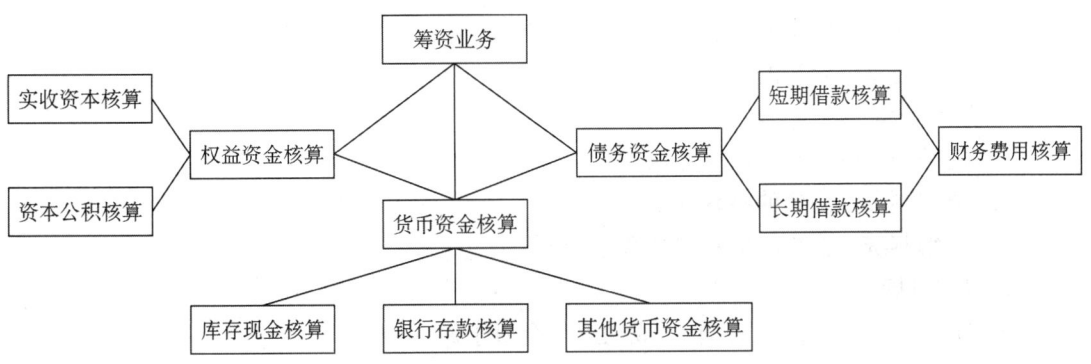

第 2 章　权益资金核算

【目的要求】

1. 知识目标
(1) 能叙述所有者权益的内容。
(2) 能叙述实收资本的概念。
(3) 能叙述资本公积的概念。
2. 技能目标
(1) 能编制实收资本的核算分录。
(2) 能编制资本溢价的核算分录。
(3) 能编制资本公积转增资本核算分录。
3. 情感目标
坚定自信,自强不息、积极向上,成功迟早会属于你。

【重点难点】

1. 实收资本的核算。
2. 资本溢价的核算。
3. 资本公积转增资本核算。

【情智故事】

小泽征尔:因为自信而摘取桂冠

小泽征尔是世界著名的交响乐指挥家。在一次世界优秀指挥家大赛的决赛中,他按照评委会给的乐谱指挥演奏,敏锐地发现了不和谐的声音。起初,他以为是乐队演奏出了错,就停下来重新演奏,但还是不对。他觉得是乐谱有问题。这时,在场的作曲家和评委会的权威人士坚持说乐谱绝对没有问题,是他错了。面对一大批音乐大师和权威人士,他思考再三,最后斩钉截铁地大声说:"不！一定是乐谱错了！"话音刚落,评委席上的评委们立即站起来,报以热烈的掌声,祝贺他大赛夺魁。

原来,这是评委们精心设计的"圈套",以此来检验指挥家在发现乐谱错误并遭到权威人士"否定"的情况下,能否坚持自己的正确主张。前两位参加决赛的指挥家虽然也发现了错误,但终因随声附和权威们的意见而被淘汰。小泽征尔却因充满自信而摘取了世界指挥家大赛的桂冠。

[情智点评]　自信是一种力量,无论身处顺境,还是逆境,都应该微笑地、平静地面对人

生,有了自信,生活便有了希望。"天生我材必有用",哪怕命运之神一次次把我们捉弄,只要拥有自信,拥有一颗自强不息、积极向上的心,成功迟早会属于你的。

【基础知识】

权益资金即所有者权益,是指小企业资产扣除负债后由所有者享有的剩余权益,包括实收资本(或股本)、资本公积、盈余公积和未分配利润,其中盈余公积和未分配利润构成小企业的留存收益。

2.1 实收资本核算

2.1.1 实收资本概述

1. 实收资本概念

实收资本是指投资者按照合同协议或相关规定投入小企业,构成小企业注册资本的部分。实收资本的构成比例或股东的股份比例,是确定投资者在小企业所有者权益中份额的基础,也是小企业进行利润或股利分配的主要依据。

2. 账户设置

一般小企业应设置"实收资本"账户(股份有限公司设置"股本"账户),核算投资者投入资本的增减变动及结存情况。该账户属于所有者权益类账户,贷方登记小企业实际收到投资者投入的资本额,借方登记小企业按法定程序报经批准而减少的资本额,期末余额在贷方,表示小企业期末实收资本的实有数。

"实收资本"账户应按投资者设置明细分类账,进行明细分类核算。"实收资本"账户结构,如图2-1所示。

	实收资本
本期:登记小企业按法定程序报经批准而减少的资本额	期初:小企业期初结存实收资本数 登记小企业实际收到投资者投入的资本额
	期末:小企业期末实收资本的实有数

图 2-1 "实收资本"账户结构

2.1.2 实收资本核算

1. 收到投资者的投资

小企业收到投资者投入的资本,借记"库存现金""银行存款""固定资产""无形资产"等账户,按照其在注册资本中所占的份额,贷记"实收资本"账户,按实际收到金额超过投资者在小企业注册资本中所占份额的部分,贷记"资本公积"账户。

【例 2-1】 2010年3月1日,广东新力电器有限公司收到投资者投入的 200 000 元货币资金,款项已收存银行,已办妥验资手续。新力公司账务处理如下所述。

  借:银行存款   200 000.00

    贷:实收资本   200 000.00

  附原始凭证:银行进账单,如图 2-2 所示。

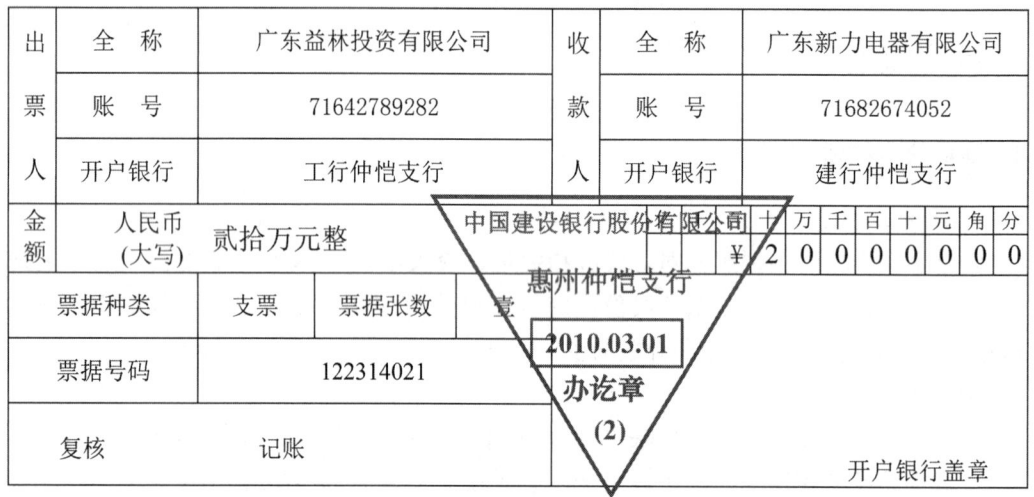

图 2-2 银行进账单

【例 2-2】 2010 年 3 月 1 日,广东新力电器有限公司收到投资者作为资本金投入的原材料一批,双方协议确定价值为 100 000 元,增值税额为 17 000 元。材料已验收入库,并已办妥验资手续。新力公司账务处理如下所述。

  借:原材料   100 000.00

    应交税费——应交增值税——进项税额   17 000.00

    贷:实收资本   117 000.00

2. 增加或减少注册资本

小企业根据有关规定增加注册资本,借记"银行存款""资本公积""盈余公积"等账户,贷记"实收资本"账户。

小企业根据有关规定减少注册资本,借记"实收资本""资本公积"等账户,贷记"银行存款""库存现金"等账户。

知识拓展 2-1 实收资本增减变动

  一般情况下,小企业的实收资本应相对固定不变,但在某些特定情况下,实收资本也可能发生增减变动。小企业实收资金比原登记注册资金数额增减超过 20% 时,应持资金使用证明或验资证明,向原登记机关申请变更登记。

1. 小企业增加资本一般有三条途径:接受投资者追加投资、资本公积转增资本和盈余公积转增资本。

2. 小企业减少资本必须按照法定程序报经批准,办理资本变更手续。小企业在按法定程序报经批准后将注册资本返还给投资者时,借记"实收资本"等账户,贷记"银行存款"等账户。

2.2 资本公积核算

2.2.1 资本公积概述

1. 资本公积概念

资本公积是指小企业收到投资者出资额超出其在注册资本(或股本)中所占份额的部分。小企业的资本公积可以用来转增资本,但不得用于弥补亏损。

知识拓展 2-2　资本公积的区别

《小企业会计准则》规定,小企业的资本公积只包括资本溢价部分。而《企业会计准则》下,企业的资本公积包括资本溢价和直接计入所有者权益的利得和损失等,其中,直接计入所有者权益的利得和损失,是指不应计入当期损益、会导致所有者权益发生增减变动的、与所有者投入资本或者向所有者分配利润无关的利得或者损失。

2. 账户设置

小企业应设置"资本公积"账户,核算小企业资本公积的增减变动及结存情况。该账户属于所有者权益类账户,贷方登记小企业资本公积的增加额,借方登记小企业资本公积的减少额,期末余额一般在贷方,表示小企业资本公积的结余数额。"资本公积"账户结构,如图 2-3。

资本公积	
本期:登记小企业资本公积的减少额	期初:小企业期初资本公积的结余数额 登记小企业资本公积的增加额
	期末:小企业期末资本公积的结余数额

图 2-3　"资本公积"账户结构

2.2.2 资本公积核算

资本公积的核算包括资本溢价(或股本溢价)和资本公积转增资本的核算等内容。

1. 资本溢价核算

小企业收到投资者投入资金时,按实际收到金额或投资合同或协议约定的价值,借记

"银行存款""固定资产""无形资产""原材料"等账户,按其在注册资本中所占的份额,贷记"实收资本"账户,按投资额超出实收资本的差额(资本溢价部分),贷记"资本公积"账户。

【例 2-3】 2012 年 6 月 1 日,广东新力电器有限公司增资扩股,接受广东广福投资有限公司的现金投资,投资额为 500 000 元,享有新力公司增资扩股后注册资本 1 500 000 元的 20% 的份额。款项已收存银行,已办妥验资手续。新力公司账务处理如下所述。

$$实收资本 = 1\ 500\ 000 \times 20\% = 300\ 000(元)$$
$$资本公积 = 500\ 000 - 300\ 000 = 200\ 000(元)$$

借:银行存款　　　　　　　　　　　　　　　　　　　　500 000.00
　　贷:实收资本——广福投资　　　　　　　　　　　　　300 000.00
　　　　资本公积　　　　　　　　　　　　　　　　　　　200 000.00

附原始凭证:银行进账单,如图 2-4 所示。

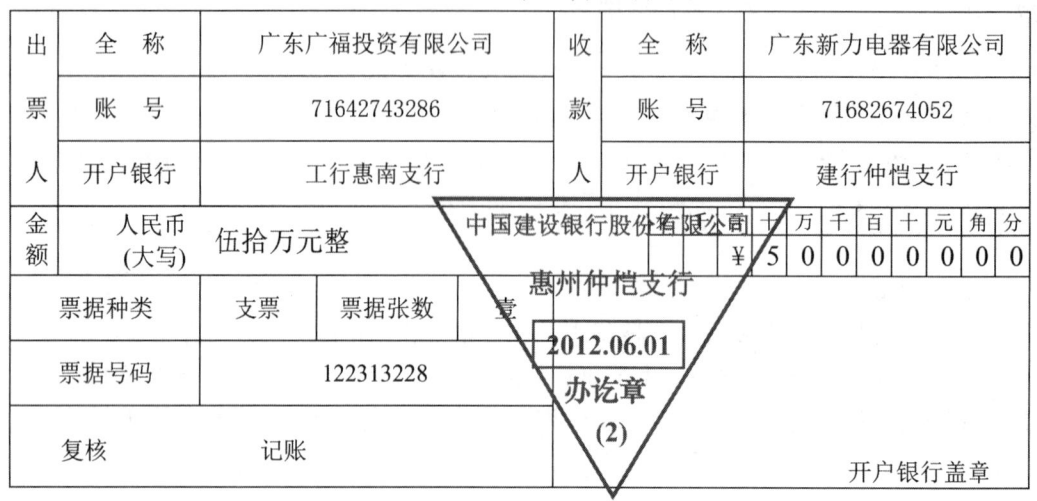

图 2-4　银行进账单

2. 资本公积转增资本核算

经股东大会或类似权力机构决议,小企业可以用资本公积转增资本。转增时,应按照转增资本前的实收资本(或股本)的结构(或比例),将转增金额记入"实收资本"(或"股本")账户下各投资者的明细分类账,借记"资本公积"账户,贷记"实收资本"账户。

【例 2-4】 2015 年 12 月 31 日,广东新力电器有限公司因扩大经营规模需要,经股东大会决议批准,决定以资本公积 500 000 元转增资本,已办妥增资手续。新力公司账务处理如下所述。

借:资本公积　　　　　　　　　　　　　　　　　　　　500 000.00
　　贷:实收资本　　　　　　　　　　　　　　　　　　　500 000.00

> **知识拓展 2-3** 留存收益的内容

小企业所有者权益包括实收资本、资本公积和留存收益。留存收益是指小企业从历年实现的利润中提取或形成的留存于小企业的内部积累,包括盈余公积和未分配利润两类。

1. 盈余公积是指小企业按照有关规定从净利润中提取的积累资金。盈余公积包括法定盈余公积和任意盈余公积。盈余公积的核算参见第15章。

2. 未分配利润是指小企业实现的净利润经过弥补亏损、提取盈余公积和向投资者分配利润后留存在小企业的、历年结存的利润。相对于所有者权益的其他部分来说,小企业对于未分配利润的使用有较大的自主权。

【本章小结】

1. 所有者权益是指小企业资产扣除负债后由所有者享有的剩余权益,包括实收资本(或股本)、资本公积、盈余公积和未分配利润,其中,盈余公积和未分配利润构成小企业的留存收益。

2. 实收资本是指投资者按照合同协议或相关规定投入小企业,构成小企业注册资本的部分。实收资本的构成比例或股东的股份比例,是确定投资者在小企业所有者权益中份额的基础,也是小企业进行利润或股利分配的主要依据。

3. 小企业收到投资者投入的出资,借记"库存现金""银行存款""固定资产""无形资产"等账户,按照其在注册资本中所占的份额,贷记"实收资本"账户,按实际收到金额超过投资者在小企业注册资本中所占份额的部分,贷记"资本公积"账户。

4. 资本公积是指小企业收到投资者出资额超出其在注册资本(或股本)中所占份额的部分。小企业的资本公积可以用来转增资本,但不得用于弥补亏损。

第3章　债务资金核算

【目的要求】

1. 知识目标

(1) 能叙述短期借款的概念及应用。
(2) 能叙述长期借款的概念及应用。
(3) 能叙述财务费用的概念及内容。

2. 技能目标

(1) 能编制短期借款的核算分录。
(2) 能编制长期借款的核算分录。
(3) 能编制财务费用的核算分录。

3. 情感目标

树立明确又可行的目标,脚踏实地、持之以恒地为之行动。

【重点难点】

1. 短期借款的核算。
2. 长期借款利息计算。
3. 长期借款的核算。

【情智故事】

朱成:只追前一名

有一个女孩,小的时候由于身体纤弱,每次体育课跑步都落在最后。这让好胜心极强的她感到非常沮丧,甚至害怕上体育课。这时,女孩的妈妈安慰她:"没关系的,你年龄最小,可以跑在最后。不过,孩子你记住,下一次你的目标就是:只追前一名。"

小女孩点了点头,记住了妈妈的话。再跑步时,她就奋力追赶她前面的同学。结果从倒数第一名,到倒数第二、第三、第四……一个学期还没结束,她的跑步成绩已是中游水平,而且她也慢慢地喜欢上了体育课。接下来,小女孩的妈妈把"只追前一名"的理念,延伸到她的学习中。妈妈告诉她:"如果每次考试都超过一个同学的话,那你就非常了不起啦!"就这样,女孩的妈妈始终以"只追前一名"的理念引导和教育女孩。在这种理念的引导下,这个女孩2001年从北京大学毕业,同年4月被哈佛大学教育学院以全额奖学金录取,成为当年哈佛教育学院录取的唯一一位中国本科应届毕业生。她就是朱成。2002年6月,朱成获得哈佛大学硕士学位。同年9月,她被哈佛大学文理学院聘为全职教师。2003年9月,她在哈佛大学攻读博士学位。2006年4月,她当选为有11个研究生院、1.3万名研究生的哈佛大学研究生院学生会总会主席。这是哈佛370年历史上第一次由中国籍学生出任该职位,这在当时引起了巨大轰动。

[情智点评]"只追前一名",就是所谓的"够一够,摘桃子"。没有目标便失去了方向,没有期望便失去了动力。但是,目标太高,好高骛远,便高不可攀;期望太大,不着边际,便望而生畏。明确而又可行的目标,真实而又适度的期望,才能引领我们脚踏实地,胸有成竹地朝前走。

【基础知识】

债务资金是指小企业依法筹措并依约使用、按期偿还的资金,主要包括短期借款、长期借款等。

3.1 短期借款核算

3.1.1 短期借款概述

1. 短期借款概念

短期借款是指小企业向银行或其他金融机构等借入的期限在1年以下(含1年)的各种借款。短期借款的债权人不仅包括银行,还包括其他金融机构,如小额贷款公司等。小企业向第三方(如单位、个人)借入的款项视同短期借款进行会计核算。

2. 账户设置

1)"短期借款"账户

"短期借款"账户,核算小企业向银行或其他金融机构等借入的期限在1年以下(含1年)的各种借款。该账户属于负债类账户,贷方登记小企业取得短期借款的数额,借方登记小企业偿还短期借款的本金,期末余额在贷方,表示小企业尚未偿还的短期借款的本金。

"短期借款"账户应按借款种类和债权人设置明细分类账,进行明细分类核算。"短期借款"账户结构,如图3-1所示。

短期借款	
本期:登记小企业偿还短期借款的本金	期初:尚未偿还的短期借款的本金 登记小企业取得短期借款的数额
	期末:尚未偿还的短期借款的本金

图3-1 "短期借款"账户结构

2)"应付利息"账户

"应付利息"账户,核算小企业按照合同约定应支付的利息费用。该账户属于负债类账户,贷方登记小企业按合同约定的利率计算确定的应付利息的金额,借方登记小企业实际支付的利息,期末余额在贷方,表示小企业按照合同约定应支付但尚未支付的利息。

"应付利息"账户应按债权人设置明细分类账,进行明细分类核算。"应付利息"账户结构,如图3-2所示。

应付利息	
本期:登记小企业实际支付的利息	期初:按照合同约定应支付但尚未支付的利息 登记小企业按合同约定的利率计算确定的应付利息的金额
	期末:小企业按照合同约定应支付但尚未支付的利息

图3-2 "应付利息"账户结构

3.1.2 短期借款核算

1. 取得短期借款

小企业从银行或其他金融机构取得短期借款时,借记"银行存款"账户,贷记"短期借款"账户。

2. 计算短期借款利息

在应付利息日,小企业应按照合同利率计算应付的利息,记入"财务费用"账户,借记"财务费用"账户,贷记"应付利息"账户。

知识拓展3-1 短期借款利息计提时点

短期借款利息计提时点是借款合同所约定的应付利息日,既不是实际支付利息日,也不是资产负债日(如月末、季末、年末),即短期借款不需要预提利息费用。

短期借款利息费用全部计入财务费用,不需要考虑借款费用资本化问题。

3. 归还短期借款本息

短期借款到期,偿还本息时,借记"短期借款""应付利息"等账户,贷记"银行存款"账户。

【例3-1】 2019年6月1日,广东新力电器有限公司向建设银行借入一笔生产经营用短期借款,金额为20 000元,期限为3个月,年利率为4%,借款协议约定,该笔借款到期一次还本付息。新力公司账务处理如下所述。

(1)取得短期借款时:

借:银行存款　　　　　　　　　　　　　　　　　　　　20 000.00
　　贷:短期借款　　　　　　　　　　　　　　　　　　　　20 000.00

附原始凭证:借款转存凭证,如图3-3所示。

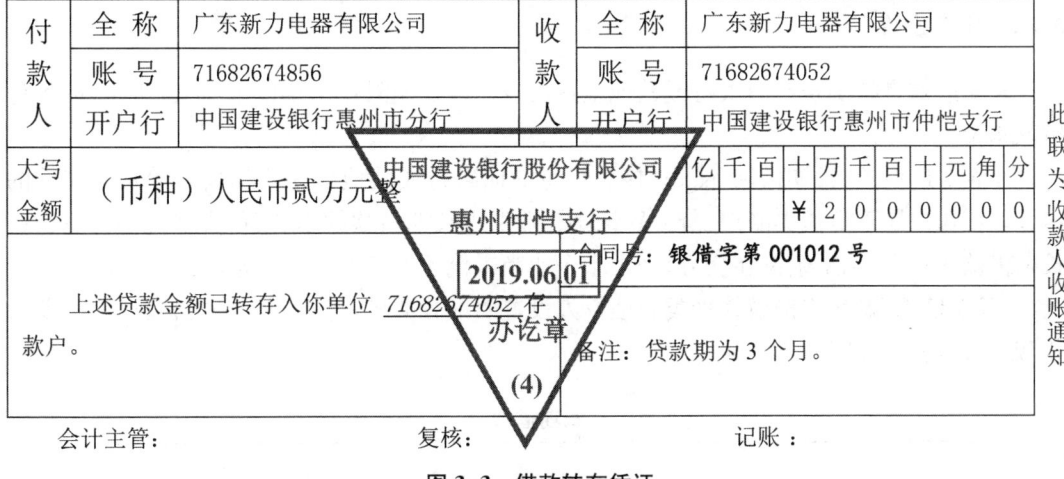

图 3-3 借款转存凭证

（2）到期还本付息时：

$$应付利息 = 20\,000 \times (4\%/12) \times 3 = 200（元）$$

借：短期借款　　　　　　　　　　　　　　　　　　　　　　　　20 000.00
　　财务费用　　　　　　　　　　　　　　　　　　　　　　　　　　200.00
　　贷：银行存款　　　　　　　　　　　　　　　　　　　　　　　20 200.00

附原始凭证：偿还贷款凭证，如图 3-4 所示。

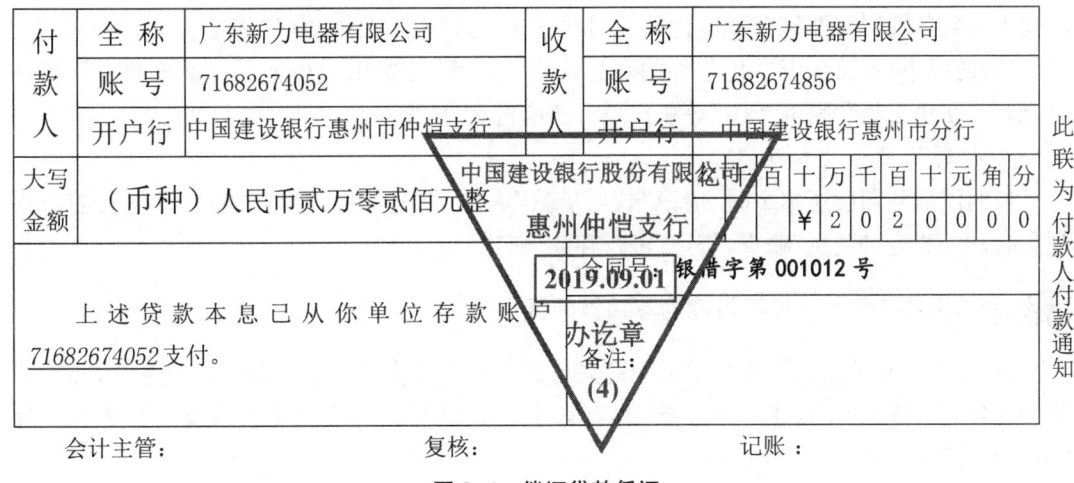

图 3-4 偿还贷款凭证

3.2 长期借款核算

3.2.1 账户设置

长期借款是指小企业向银行或其他金融机构借入的期限在 1 年以上(不含 1 年)的各种借款本金。

小企业应设置"长期借款"账户,核算小企业向银行或其他金融机构借入的长期借款的本金。该账户属于负债类账户,贷方登记小企业取得长期借款的本金,借方登记小企业偿还长期借款的本金,期末余额在贷方,表示小企业尚未偿还的长期借款的本金。

"长期借款"账户应按借款种类和债权人设置明细分类账,进行明细分类核算。"长期借款"账户结构图,如图 3-5 所示。

长期借款	
本期:登记小企业偿还长期借款的本金	期初:尚未偿还的长期借款的本金 登记小企业取得长期借款的本金
	期末:尚未偿还的长期借款的本金

图 3-5 "长期借款"账户结构

3.2.2 会计核算

1. 取得长期借款

小企业从银行或其他金融机构取得长期借款时,借记"银行存款"账户,贷记"长期借款"账户。

2. 发生长期借款利息

长期借款应当按照借款本金和借款合同利率在应付利息日计提利息费用,计入相关资产成本或财务费用。即符合资本化条件的利息支出,计入相关资产(如固定资产、无形资产、存货等)的成本;不符合资本化条件的利息支出,计入财务费用。小企业发生长期借款利息时,借记"在建工程""财务费用"等账户,贷记"应付利息"账户。

3. 归还长期借款本息

长期借款到期偿还本金时,借记"长期借款"账户,贷记"银行存款"账户;支付长期借款利息时,借记"应付利息"账户,贷记"银行存款"账户。

> **知识拓展 3-2** 长期借款利息核算的区别
>
> 《小企业会计准则》下,长期借款利息费用的计提时点为借款合同约定的付息日,既不是实际支付利息日,也不是资产负债表日,即不需要预提利息费用。长期借款利息费用通过"应付利息"账户核算。
>
> 而《企业会计准则》下,到期一次还本付息的长期借款的应付未付利息通过"长期借

款——应计利息"账户核算;分期付息到期还本的长期借款的应付未付利息通过"应付利息"账户核算。

【例 3-2】 2019 年 1 月 1 日,广东新力电器有限公司从建设银行借入一笔长期借款用于补充流动资金,金额为 200 000 元,期限为 3 年,年利率为 7.2%,所借款项已存入银行。借款协议约定,该笔借款按年付息、到期一次还本。新力公司账务处理如下所述。

(1) 取得长期借款时:

借:银行存款　　　　　　　　　　　　　　　　　　　　　　　　　　200 000.00
　　贷:长期借款　　　　　　　　　　　　　　　　　　　　　　　　　　200 000.00

附原始凭证:借款转存凭证,如图 3-6 所示。

中国建设银行对公客户收款通知单

2019 年 1 月 1 日　　　　交易种类: 长期贷款放款

付款人	全称	广东新力电器有限公司	收款人	全称	广东新力电器有限公司	此联为收款人收账通知
	账号	71682674856		账号	71682674052	
	开户行	中国建设银行惠州市分行		开户行	中国建设银行惠州市仲恺支行	
大写金额	(币种)人民币贰拾万元整		亿千百十万千百十元角分 ¥ 2 0 0 0 0 0 0 0			

合同号:银借字第 001018 号

上述贷款金额已转存入你单位 71682674052 存款户。

备注:贷款期为 3 年。

（中国建设银行股份有限公司 惠州仲恺支行 2019.01.01 办讫章）

会计主管:　　　　复核:　　　　记账:

图 3-6　借款转存凭证

(2) 按年计算利息时:

应付利息 = 200 000 × 7.2% × 1 = 14 400(元)

借:财务费用　　　　　　　　　　　　　　　　　　　　　　　　　　14 400.00
　　贷:应付利息　　　　　　　　　　　　　　　　　　　　　　　　　　14 400.00

(3) 年末支付利息时:

借:应付利息　　　　　　　　　　　　　　　　　　　　　　　　　　14 400.00
　　贷:银行存款　　　　　　　　　　　　　　　　　　　　　　　　　　14 400.00

附原始凭证:偿还利息凭证,如图 3-7 所示。

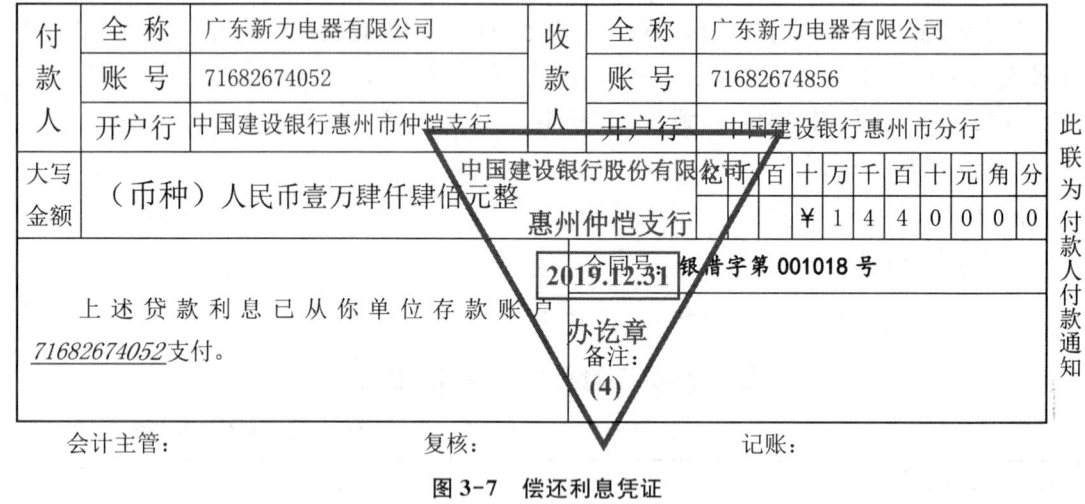

图 3-7 偿还利息凭证

3.3 财务费用核算

3.3.1 账户设置

财务费用是指小企业为筹集生产经营所需资金等而发生的筹资费用。财务费用具体包括利息支出（减利息收入）、汇兑损失、银行相关手续费、小企业给予的或收到的现金折扣等费用。

知识拓展3-3　财务费用核算的区别

《小企业会计准则》下，小企业为购建固定资产、无形资产和经过1年以上的制造才能达到预定可销售状态的存货发生的借款费用，在"在建工程""研发支出""制造费用"账户核算，不在"财务费用"账户核算。

《小企业会计准则》下，小企业发生的汇兑收益，在"营业外收入"账户核算，不在"财务费用"账户核算。而《企业会计准则》下，企业发生的汇兑收益在"财务费用"账户核算。

小企业应设置"财务费用"账户，核算财务费用的发生和结转情况。该账户属于损益类账户，借方登记小企业发生的各项财务费用，贷方登记期末结转到"本年利润"账户的财务费用，期末结转后该账户应无余额。

"财务费用"账户应按费用项目设置明细分类账，进行明细分类核算。"财务费用"账户结构，如图3-8所示。

财务费用	
期初：无余额 本期：登记小企业发生的各项财务费用	登记期末结转到"本年利润"账户的财务费用
期末：无余额	

图 3-8 "财务费用"账户结构

3.3.2 会计核算

（1）小企业发生利息费用、汇兑损失、银行相关手续费等财务费用，借记"财务费用"账户，贷记"银行存款""应付利息"等账户。

（2）小企业发生冲减财务费用的利息收入、享受的现金折扣等，借记"银行存款"等账户，贷记"财务费用"账户。

（3）期末结转财务费用时，借记"本年利润"账户，贷记"财务费用"账户。

【例 3-3】 2019 年 11 月 28 日，广东新力电器有限公司以银行存款支付汇款手续费 30 元。新力公司账务处理如下所述。

借：财务费用——手续费　　　　　　　　　　　　　　　　　　　　　30.00
　　贷：银行存款　　　　　　　　　　　　　　　　　　　　　　　　　　30.00

【本章小结】

1. 债务资金是指小企业依法筹措并依约使用、按期偿还的资金，主要包括短期借款、长期借款等。

2. 短期借款是指小企业向银行或其他金融机构等借入的期限在 1 年以下（含 1 年）的各种借款。短期借款的债权人不仅包括银行，还包括其他金融机构，如小额贷款公司等。小企业向第三方（如单位、个人）借入的款项视同短期借款进行会计核算。

3. 长期借款是指小企业向银行或其他金融机构借入的期限在 1 年以上（不含 1 年）的各种借款本金。小企业从银行或其他金融机构取得长期借款时，借记"银行存款"账户，贷记"长期借款"账户。

4. 财务费用是指小企业为筹集生产经营所需资金等而发生的筹资费用。小企业应设置"财务费用"账户，核算财务费用的发生和结转情况。

第4章 货币资金核算

【目的要求】

1. 知识目标

(1) 能列举库存现金管理的规定。

(2) 能叙述和列举银行存款结算方式。

(3) 能叙述银行存款未达账项的内容。

(4) 能叙述和列举其他货币资金的内容。

2. 技能目标

(1) 能编制库存现金的核算分录。

(2) 能编制库存现金清查的核算分录。

(3) 能编制银行存款的核算分录。

(4) 能编制其他货币资金的核算分录。

3. 情感目标

自觉养成良好作风,清白做人,干净做事。

【重点难点】

1. 库存现金清查核算。

2. 银行存款核算。

3. 其他货币资金核算。

【情智故事】

"布衣院士"卢永根

"卢院士对科学实事求是,学风严谨,生活简朴,淡泊名利,晚年将毕生积蓄捐赠学校,反哺社会。这种奉献精神对我们是很大的激励。"曾受教于卢永根的中国科学院院士刘耀光说。卢永根出生于1930年的香港,在抗日战争时期,战争的残酷让卢永根的民族意识开始觉醒。在香港培侨中学的3年学习中,他树立了正确的人生观、世界观和价值观,逐渐成长为一位坚定的革命者。

从1983年开始,卢永根担任了13年华南农业大学(以下简称华农)校长。其间,他打破学校面临的人才断层困局,为有能有为的年轻人拓展了广阔天地。一大批优秀的青年科技人才在他的感召下,放弃国外的优渥生活回到祖国,成长为各自研究领域的中坚力量。

2017年3月,卢永根及夫人徐雪宾将毕生积蓄合计8 809 446元全部捐赠给华农,成立"卢永根·徐雪宾教育基金",用于扶持农业教育事业。这是华农建校108年来最大的一笔个人捐款。

在慷慨捐赠的背后,是卢永根坚守一生的节约。他家里几乎没有值钱的电器,还在用老式收音机、台灯;没有全职保姆,过去常常在学校食堂与学生们一起排队打饭。

卢永根坚决不同意学校派专车接送他上下班,坚持走路,因私出行则会选择坐公交车;出差搭飞机时,他都是买经济舱;患病住院期间,他也要求秘书用公交车和地铁出行;在办公室自备邮票,私人信件绝不花费公家一分钱。

有人发现,他在笔记本的扉页上题字自勉:多干一点;少拿一点;腰板硬一点;说话响一点。"种得桃李满天下,心唯大我育青禾。是春风,是春蚕,更化作护花的春泥。热爱祖国,你要把自己燃烧。稻谷有根,深扎在泥土。你也有根,扎根在人们心里!"2018年3月,卢永根获评"感动中国 2017 年度人物"。

[情智点评] 卢永根担任华南农业大学校长 13 年,淡泊名利,生活简朴,晚年将毕生积蓄捐赠学校,是一个令人敬慕的清正廉洁的光辉典范。对于整天与钱财打交道的会计人员,必须树立正确的人生观与价值观,严格自律,防微杜渐,自觉抵制不良欲望,保持清正良好的作风。

【基础知识】

货币资金是指小企业生产经营过程中处于货币状态的资产,包括库存现金、银行存款和其他货币资金。

4.1 库存现金核算

4.1.1 库存现金管理

库存现金简称现金,是指由出纳员保管并存放于小企业财务部门,用于小企业日常零星开支的货币,包括人民币和外币。现金是流动性最强的资产,小企业必须加强对现金的管理,严格按照国务院颁布的《现金管理暂行条例》的规定,正确进行现金收支的核算。

1. 现金使用范围

《现金管理暂行条例》明确规定了现金使用的范围,具体包括:①职工工资、津贴;②个人劳务报酬;③根据国家规定颁发给个人的科学技术、文化艺术、体育等各种奖金;④各种劳保、福利费用以及国家规定的对个人的其他支出;⑤向个人收购农副产品和其他物资的价款;⑥出差人员必须随身携带的差旅费;⑦结算起点(1 000 元)以下的零星支出;⑧中国人民银行确定需要支付现金的其他支出。

上述除第⑤⑥项外,开户单位支付给个人的款项,超过使用现金限额的部分,应当以支票或者银行本票支付;确需全额支付现金的,经开户银行审核后,予以支付现金。

2. 库存现金限额

库存现金限额是指为了保证小企业日常零星开支的需要,允许小企业留存现金的最高限额,不包括企业每月发放工资和不定期差旅费等大额现金支出。这一限额是由开户银行根据小企业的实际需要核定的。

一般是按照小企业3~5天的日常零星开支所需的库存现金来核定限额。边远地区和交通不便地区的小企业的库存现金限额,可以多于5天,但不得超过15天的日常零星开支。

经开户银行核定的库存现金限额,小企业必须严格遵守,超过限额的现金应于当日终了前及时送存银行,低于限额时,可以签发现金支票从银行提取现金,补足限额。需要增加或者减少库存现金限额的,应当向开户银行提出申请,由开户银行核定。

3. 现金收支规定

(1) 小企业现金收入应当于当日送存开户银行。当日送存确有困难的,由开户银行确定送存时间。

(2) 小企业支付现金,可以从本单位库存现金限额中支付或者从开户银行提取,不得从本单位的现金收入中直接支付(即坐支)。因特殊情况需要坐支现金的,应当事先报经开户银行审查批准,由开户银行核定坐支范围和限额。坐支单位应当定期向开户银行报送坐支金额和使用情况。

(3) 小企业从开户银行提取现金,应当在现金支票上写明用途,由本单位财会部门负责人签字盖章,经开户银行审核后,予以支付现金。

(4) 因采购地点不固定,交通不便,生产或者市场急需,抢险救灾以及其他特殊情况必须使用现金的,小企业应当向开户银行提出申请,由本单位财会部门负责人签字盖章,经开户银行审核后,予以支付现金。

(5) 小企业不得用不符合财务制度的凭证顶替库存现金(即白条抵库),不得将本单位收入的现金以个人名义存入银行(即公款私存),不得私设小金库。

知识拓展 4-1　设置现金日记账

小企业应设置现金日记账,由出纳人员根据审核无误的收、付款凭证,按照业务发生的先后顺序逐日逐笔登记,每日终了时应计算库存现金收入合计、支出合计及结余额,并同库存现金数核对,月末与库存现金总账核对,做到账实相符、账账相符。

4.1.2　现金收支核算

1. 账户设置

小企业应设置"库存现金"账户,核算小企业库存现金的收支结存情况。

该账户属于资产类账户,借方登记小企业库存现金的增加,贷方登记小企业库存现金的减少,期末余额在借方,表示小企业库存现金的结存(实有)数。"库存现金"账户结构,如图4-1所示。

库存现金	
期初:库存现金的实有数	
本期:登记小企业库存现金的增加	登记小企业库存现金的减少
期末:库存现金的结存(实有)数	

图4-1　"库存现金"账户结构

2. 会计核算

（1）小企业收入现金时，借记"库存现金"账户，贷记有关账户。

（2）小企业支出现金时，借记有关账户，贷记"库存现金"账户。

【例4-1】 2019年6月1日，广东新力电器有限公司（小企业，下同）签发现金支票一张，从银行提取现金2 000元补足现金限额。新力公司账务处理如下所述。

借：库存现金　　　　　　　　　　　　　　　　　　　　　　　　　　　2 000.00
　　贷：银行存款　　　　　　　　　　　　　　　　　　　　　　　　　　　2 000.00

【例4-2】 2019年6月4日，广东新力电器有限公司销售5台电磁炉给惠州市家乡美火锅店，开出增值税普通发票一张，发票注明价款800元，增值税额104元，现金收讫。新力公司账务处理如下所述。

借：库存现金　　　　　　　　　　　　　　　　　　　　　　　　　　　904.00
　　贷：主营业务收入——电磁炉　　　　　　　　　　　　　　　　　　　　800.00
　　　　应交税费——应交增值税——销项税额　　　　　　　　　　　　　　104.00

附原始凭证：增值税普通发票，如图4-2所示。

广东增值税普通发票							
4400041140			此联不作报销抵扣凭证使用			№ 191042001	
						开票日期：2019年06月04日	
购买方	名　　　称：惠州市家乡美火锅店 纳税人识别号：44070623518032 地　址、电话：惠州市金山大道12号 86688784 开户行及账号：建行金山支行 71682685283				密码区	（略）	
货物或应税劳务、服务名称	规格型号	单位	数量	单价	金　　额	税率	税　　额
*家用厨房电器具*电磁炉		台	5	160.00	800.00	13%	104.00
合　　　　计					￥800.00		￥104.00
价税合计（大写）	⊗玖佰零肆圆整				（小写）￥904.00		
销售方	名　　　称：广东新力电器有限公司 纳税人识别号：440703256268024 地　址、电话：惠州市仲恺大道248号 88327589 开户行及账号：惠州市建行仲恺支行 71682674052				备注		
收款人：李芬　　　复核：　　　开票人：李欣　　　销售方：（章）							

图4-2　增值税普通发票

【例4-3】 2019年6月8日，广东新力电器有限公司购买办公用品800元，增值税税率为13%，以现金付讫。新力公司账务处理如下所述。

借:管理费用——办公费　　　　　　　　　　　　　　800.00
　　应交税费——应交增值税——进项税额　　　　　104.00
　贷:库存现金　　　　　　　　　　　　　　　　　　　904.00

> **知识拓展 4-2**　财政部 税务总局 海关总署关于深化增值税改革有关政策的公告

2019 年第 39 号

为贯彻落实党中央、国务院决策部署,推进增值税实质性减税,现将 2019 年增值税改革有关事项公告如下:

一、增值税一般纳税人(以下称纳税人)发生增值税应税销售行为或者进口货物,原适用 16% 税率的,税率调整为 13%;原适用 10% 税率的,税率调整为 9%。

二、纳税人购进农产品,原适用 10% 扣除率的,扣除率调整为 9%。纳税人购进用于生产或者委托加工 13% 税率货物的农产品,按照 10% 的扣除率计算进项税额。

三、原适用 16% 税率且出口退税率为 16% 的出口货物劳务,出口退税率调整为 13%;原适用 10% 税率且出口退税率为 10% 的出口货物、跨境应税行为,出口退税率调整为 9%。

四、适用 13% 税率的境外旅客购物离境退税物品,退税率为 11%;适用 9% 税率的境外旅客购物离境退税物品,退税率为 8%。

五、自 2019 年 4 月 1 日起,《营业税改征增值税试点有关事项的规定》(财税〔2016〕36 号印发)第一条第(四)项第 1 点、第二条第(一)项第 1 点停止执行,纳税人取得不动产或者不动产在建工程的进项税额不再分 2 年抵扣。此前按照上述规定尚未抵扣完毕的待抵扣进项税额,可自 2019 年 4 月税款所属期起从销项税额中抵扣。

六、纳税人购进国内旅客运输服务,其进项税额允许从销项税额中抵扣。

七、自 2019 年 4 月 1 日至 2021 年 12 月 31 日,允许生产、生活性服务业纳税人按照当期可抵扣进项税额加计 10%,抵减应纳税额(以下称加计抵减政策)。

八、自 2019 年 4 月 1 日起,试行增值税期末留抵税额退税制度。

九、本公告自 2019 年 4 月 1 日起执行。

特此公告。

财政部 税务总局 海关总署
2019 年 3 月 20 日

4.1.3　现金清查核算

1. 现金清查方法

现金清查是指清点库存现金,并将现金实存数(现款数)与现金日记账上的余额进行核对。现金清查的目的主要是检查是否存在挪用现金、白条抵库、超限额留存现金以及账实是否相符等。

现金清查一般采用实地盘点法。清查人员应在出纳人员在场时清点现金,核对账实,并根据清查结果填制"现金清查报告单",注明实存数与账面余额。如发现现金账实不符或有其他问题,应及时查明原因,报告主管负责人或上级领导部门处理。

2. 账户设置

小企业应设置"待处理财产损溢"账户,核算小企业在财产清查中查明的各种财产的盘盈、盘亏和毁损情况。所采购物资在运输途中因自然灾害等发生的损失或尚待查明原因的短缺与损耗,也通过本账户核算。该账户属于资产类账户,借方登记各种财产的盘亏、毁损金额及批准转销的盘盈金额,贷方登记各种财产的盘盈金额和批准转销的盘亏金额。

小企业各种财产的损溢应及时查明原因,在期末结账前处理完毕,期末处理后,该账户应无余额。该账户应设置"待处理流动资产损溢"和"待处理非流动资产损溢"两个明细账户,进行明细分类核算。"待处理财产损溢"账户结构,如图4-3所示。

待处理财产损溢	
期初:无余额 本期:登记各种财产的盘亏、毁损金额及批准转销的盘盈金额	登记各种财产的盘盈金额和批准转销的盘亏金额
期末:无余额	

图4-3 "待处理财产损溢"账户结构

3. 现金清查核算

1) 查明原因前的核算

现金清查中如发现有待查明原因的长款(现金溢余)或短款(现金短缺),应通过"待处理财产损溢——待处理流动资产损溢"账户及时作出处理,以保证账实相符。

(1) 现金长款。现金清查中发现现金长款,应按长款金额,借记"库存现金"账户,贷记"待处理财产损溢——待处理流动资产损溢"账户。

(2) 现金短款。现金清查中发现现金短款,应按短款金额,借记"待处理财产损溢——待处理流动资产损溢"账户,贷记"库存现金"账户。

2) 查明原因后的核算

(1) 现金长款。现金长款查明原因后,属于多收或少付,应支付给有关人员或单位的,应借记"待处理财产损溢——待处理流动资产损溢"账户,贷记"其他应付款"账户;属于无法查明原因的现金长款,经批准后转入营业外收入,借记"待处理财产损溢——待处理流动资产损溢"账户,贷记"营业外收入"账户。

(2) 现金短款。现金短款查明原因后,属于少收或多付的,以及应由责任人赔偿和保险公司赔偿的部分,借记"其他应收款"或"库存现金"等账户,贷记"待处理财产损溢——待处理流动资产损溢"账户;属于无法查明原因的现金短款,经批准后计入营业外支出,借记"营业外支出"账户,贷记"待处理财产损溢——待处理流动资产损溢"账户。

【例4-4】 2019年6月8日,广东新力电器有限公司在现金清查中,发现库存现金长款120元,经核查无法查明原因,经批准列为营业外收入。新力公司账务处理如下所述。

（1）发生现金长款时：

借：库存现金　　　　　　　　　　　　　　　　　　　　　　　　　　　　　120.00
　　贷：待处理财产损溢——待处理流动资产损溢　　　　　　　　　　　　　　　120.00

附原始凭证：现金清查报告单，如图4-4所示。

现金清查报告单

2019年6月8日

现金清点结果					
货币面值	张数	金额（元）	货币面值	张数	金额（元）
100元	10	1 000.00	5角	10	5.00
50元	5	250.00	2角	20	4.00
20元	20	400.00	1角	0	0
10元	16	160.00	5分	0	0
5元	8	40.00	2分	0	0
2元	5	10.00	1分	0	0
1元	10	10.00	—		
现金清点合计		1 879.00	现金长款		120.00
现金账面余额		1 759.00	现金短款		—
备注			原因待查		

负责人：　　　　　会计主管：陈海涛　　　　　出纳：李芬　　　　　清点人员：朱玲玲

图4-4　现金清查报告单

（2）批准列为营业外收入时：

借：待处理财产损溢——待处理流动资产损溢　　　　　　　　　　　　　　　120.00
　　贷：营业外收入　　　　　　　　　　　　　　　　　　　　　　　　　　　120.00

附原始凭证：现金盘盈处理报告单，如图4-5所示。

现金盘盈处理报告单

2019年6月8日

盘盈金额（元）	盘盈原因	处理方法
¥120.00	无法查明原因	记入"营业外收入"
单位领导意见： 同意 何建明	财会部意见： 同意 陈海涛	董事会或主管部门意见： 同意 440703256268024

图4-5　现金盘盈处理报告单

【例 4-5】 2019 年 6 月 20 日,广东新力电器有限公司在现金清查中,发现库存现金短款 150 元,经核查,其中 100 元属于出纳员李芬的责任,应由其赔偿,另 50 元无法查明原因,经批准计入营业外支出。新力公司账务处理如下所述。

(1) 发生现金短款时:

借:待处理财产损溢——待处理流动资产损溢　　　　　　　　　　150.00
　　贷:库存现金　　　　　　　　　　　　　　　　　　　　　　　150.00

(2) 核查后现金短款处理时:

借:其他应收款——李芬　　　　　　　　　　　　　　　　　　　100.00
　　营业外支出——其他　　　　　　　　　　　　　　　　　　　　50.00
　　贷:待处理财产损溢——待处理流动资产损溢　　　　　　　　　150.00

【例 4-6】 2019 年 6 月 21 日,广东新力电器有限公司收到出纳员李芬交来的现金短款赔偿款 100 元。新力公司账务处理如下所述。

借:库存现金　　　　　　　　　　　　　　　　　　　　　　　　100.00
　　贷:其他应收款——李芬　　　　　　　　　　　　　　　　　　100.00

附原始凭证:收款收据,如图 4-6 所示。

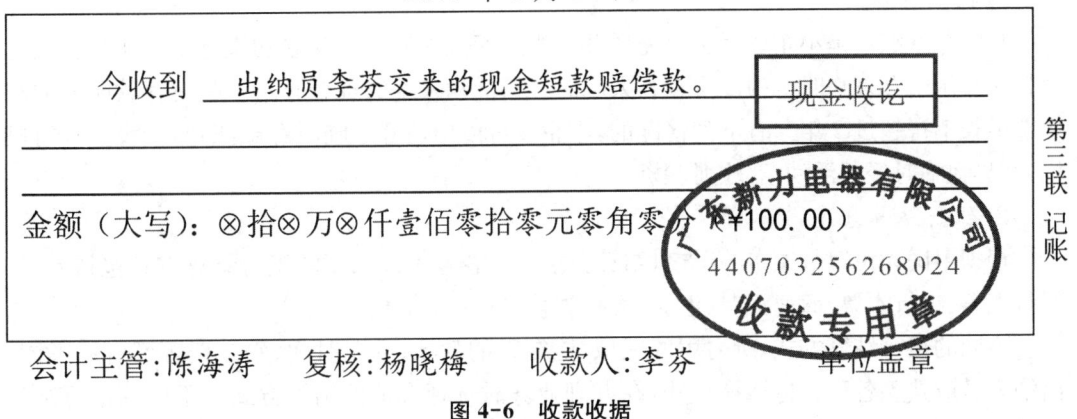

图 4-6　收款收据

4.2　银行存款核算

4.2.1　银行存款概述

银行存款是指各单位存放在银行或其他金融机构的各种存款,包括人民币存款和外币存款两种。为了存放银行存款,小企业必须先到银行开立银行存款账户。

1. 银行存款账户

银行存款账户即银行结算账户,是指银行为存款人开立的办理资金收付结算的人民币活期存款账户。根据中国人民银行颁布的《人民币银行结算账户管理办法》,小企业可以根据需要在银行开立四种类型的存款账户,包括基本存款账户、一般存款账户、专用存款账户和临时存款账户。

1) 基本存款账户

基本存款账户是小企业因办理日常转账结算和现金收付需要而开立的银行结算账户。基本存款账户是小企业的主办账户。小企业日常经营活动的资金收付及其工资、奖金和现金的支取,只能通过该账户办理。

2) 一般存款账户

一般存款账户是小企业因借款或其他结算需要,在基本存款账户开户银行以外的银行营业机构开立的银行结算账户。一般存款账户用于办理存款人借款转存、借款归还和其他结算的资金收付。该账户可以办理现金缴存,但不得办理现金支取。

3) 专用存款账户

专用存款账户是小企业按照法律、行政法规和规章,对其特定用途资金进行专项管理和使用而开立的银行结算账户。专用存款账户用于办理各项专用资金的收付。小企业对下列资金的管理与使用,可以申请开立专用存款账户,包括:①基本建设资金;②更新改造资金;③财政预算外资金;④粮、棉、油收购资金;⑤证券交易结算资金;⑥期货交易保证金等。

4) 临时存款账户

临时存款账户是小企业因临时需要并在规定期限内使用而开立的银行结算账户。临时存款账户用于办理临时机构以及存款人临时经营活动发生的资金收付。临时存款账户的有效期最长不得超过2年。有下列情况的,小企业可以申请开立临时存款账户:①设立临时机构;②异地临时经营活动;③注册验资。

2. 银行结算方式

根据中国人民银行颁布的《支付结算办法》,小企业可以采用的银行结算方式包括支票、银行汇票、银行本票、商业汇票、汇兑、委托收款、托收承付和信用卡等。

不同的银行结算方式,所适用的区域、能结算的款项、到账时间、手续费等都有所不同,出纳人员应熟悉各种支付结算方式,在办理业务时选择合适的结算方式。不同的银行结算方式,其账务处理也不同,其中,支票、委托收款、托收承付等结算方式通过"银行存款"账户核算;银行汇票、银行本票、汇兑(外埠存款)、信用卡等结算方式通过"其他货币资金"账户核算;商业汇票结算方式通过"应收票据""应付票据"账户核算。

3. 账户设置

小企业应设置"银行存款"账户,核算小企业存入银行的各种存款的增减变动及结余情况。该账户属于资产类账户,借方登记存入银行或其他金融机构的款项,贷方登记银行存款提取和支出的款项,期末余额在借方,表示小企业实际存在银行或其他金融机构的款项。"银行存款"账户结构,如图4-7所示。

银行存款	
期初:银行存款的实有数	
本期:登记存入银行或其他金融机构的款项	登记银行存款提取和支出的款项
期末:银行存款的结存(实有)数	

图 4-7 "银行存款"账户结构

4.2.2 银行存款核算

1. 支票结算

1) 支票概述

支票是出票人签发的,委托办理支票存款业务的银行在见票时无条件支付确定的金额给收款人或者持票人的票据。一般来说,单位和个人在同一票据交换区域的各种款项结算,均可使用支票。支票可以分为现金支票、转账支票和普通支票三种。

(1) 现金支票是指印有"现金"字样的支票,该种支票只能用于支取现金。

(2) 转账支票是指印有"转账"字样的支票,该种支票只能用于转账。

(3) 普通支票是指未印有"现金"或"转账"字样的支票,该种支票既能用于支取现金,也能用于转账。在普通支票左上角划有两条45°倾角的平行线的为划线支票,划线支票只能用于转账,不得支取现金。

一般而言,支票是由出纳员填写支票上的各要素,由会计机构负责人审核并加盖预留银行印鉴。如果签发支票提取现金,应在"收款人"栏填写本单位名称,并在支票背面写上出纳员的个人信息(身份证号码、个人签名等)和在背书人签章处加盖预留银行印鉴,才能到银行办理取款。如果签发支票办理转账,可以将支票交给收款人,由其办理结算。

支票的提示付款期限自出票之日起10日,但中国人民银行另有规定的除外。超过提示付款期限提示付款的,持票人开户银行不予受理,付款人不予付款。付款人不予付款的,出票人仍应当对持票人承担票据责任。收款单位出纳员收到付款单位交来的支票后,应立即对支票各要素进行审查,审查无误后应在提示付款期内及时提示付款。

2) 会计核算

(1) 小企业签发支票时,根据支票存根和相关凭证,借记"库存现金""在途物资""原材料""应交税费"等账户,贷记"银行存款"账户。

(2) 小企业收到支票时,应在当日将支票送存银行并根据银行盖章退回的进账单和有关的原始凭证,借记"银行存款"账户,贷记"主营业务收入""应交税费"等账户。

【例 4-7】 2019年6月4日,广东新力电器有限公司向广东珠江钢材有限公司购进不锈钢板一批,收到增值税专用发票一张,发票注明价款为16 800元,增值税额为2 184元,不锈钢板已验收入库,公司开出一张转账支票支付采购款。新力公司账务处理如下所述。

借:原材料——不锈钢板　　　　　　　　　　　　　　　　　　　　　16 800.00
　　应交税费——应交增值税——进项税额　　　　　　　　　　　　　 2 184.00
　贷:银行存款　　　　　　　　　　　　　　　　　　　　　　　　　 18 984.00

附原始凭证：增值税专用发票，如图4-8所示。

广东增值税专用发票

4401241141　　　　　　　　　　　　　　　　　　　　　　　№491043001

开票日期：2019年06月04日

购买方	名　　称：广东新力电器有限公司 纳税人识别号：440703256268024 地址、电话：惠州市仲恺大道248号 88327589 开户行及账号：惠州市建行仲恺支行 71682674052	密码区	（略）

货物或应税劳务、服务名称	规格型号	单位	数量	单价	金额	税率	税额
*黑色金属冶炼压延品*不锈钢板		千克	1200	14.00	16800.00	13%	2184.00
合　　计					¥16800.00		¥2184.00

价税合计（大写）	⊗壹万捌仟玖佰捌拾肆圆整　　　　　　（小写）¥18984.00

销售方	名　　称：广东珠江钢材有限公司 纳税人识别号：440703568268026 地址、电话：惠州市惠南大道96号 86637584 开户行及账号：惠州建行惠南支行 71606313052	备注	（广东珠江钢材有限公司 440703568268026 发票专用章）

收款人：　　　　　复核：　　　　　开票人：李少敏　　　　　销售方：（章）

图4-8　增值税专用发票

2. 委托收款结算

1）委托收款概述

委托收款是指收款人委托银行向付款人收取款项的一种结算方式。根据结算款项的划回方式，委托收款可分为邮寄和电报两种，收款人可根据所收款项到达的快慢要求选择采用。

单位和个人凭已承兑商业汇票、债券、存单等付款人债务证明办理的款项结算，均可以采用委托收款结算方式。

2）会计核算

（1）收款人委托收款时，根据银行盖章退回的委托收款受理回单和发票等有关凭证，借记"应收账款"账户，贷记"主营业务收入""应交税费"等账户；收到款项时，根据银行的收账通知，借记"银行存款"账户，贷记"应收账款"账户。

（2）付款人付款时，根据付款通知等凭证，借记"原材料""库存商品""应交税费"等账户，贷记"银行存款"账户；全部拒绝付款的，不作账务处理。

【例4-8】2019年6月6日，广东新力电器有限公司向广东艳阳天电器有限公司销售电热水壶一批，开出增值税专用发票一张，发票注明价款为36 000元，增值税额为4 680元，产品已发运并办妥委托收款手续。6月8日，收到开户银行转来的收账通知，系艳阳天公司支付的货款。新力公司账务处理如下所述。

(1) 实现收入时:

借:应收账款——艳阳天公司 40 680.00
　　贷:主营业务收入——电热水壶 36 000.00
　　　　应交税费——应交增值税——销项税额 4 680.00

附原始凭证:增值税专用发票,如图4-9所示。

广东增值税专用发票							
4400041141							No 201342001
							开票日期:2019年06月06日
购买方	名　　　称	广东艳阳天电器有限公司			密码区	(略)	
	纳税人识别号	440703535468026					
	地址、电话	惠州市金山大道136号 89547586					
	开户行及账号	惠州建行金山支行 71606969058					
货物或应税劳务、服务名称	规格型号	单位	数量	单价	金　额	税率	税　额
*家用电器*电热水壶		台	600	60.00	36000.00	13%	4680.00
合　　计					¥36000.00		¥4680.00
价税合计(大写)	⊗肆万零陆佰捌拾圆整				(小写) ¥40680.00		
销售方	名　　　称	广东新力电器有限公司			备注		
	纳税人识别号	440703256268024					
	地址、电话	惠州市仲恺大道248号 88327589					
	开户行及账号	惠州市建行仲恺支行 71682674052					
收款人:李芬		复核:		开票人:李欣		销售方:(章)	

图4-9　增值税专用发票

(2) 收到货款时:

借:银行存款 40 680.00
　　贷:应收账款——艳阳天公司 40 680.00

附原始凭证:托收凭证收账通知,如图4-10所示。

3. 托收承付结算

1) 托收承付概述

托收承付是指根据购销合同由收款人发货后委托银行向异地付款人收取款项,由付款人向银行承认付款的一种结算方式。根据结算款项的划回方式,托收承付可分为邮寄和电报两种,收款人可以根据实际需要选择使用。

托收承付结算方式适用于异地单位之间订有购销合同的商品交易及相关劳务款项的结

托收凭证（收账通知） 4

委托日期：2019 年 06 月 06 日　　付款期限 2019 年 06 月 09 日

业务类型	委托收款（□邮划、☑电划）		托收承付（□邮划、□电划）		
付款人	全称	广东艳阳天电器有限公司	收款人	全称	广东新力电器有限公司
	账号	71606969058		账号	71682674052
	地址	广东省惠州市县 开户行 建行金山支行		地址	广东省惠州市县 开户行 建行仲恺支行
金额	人民币（大写）	肆万零陆佰捌拾元整			￥40680.00
款项内容	销货款	托收凭据名称	发票、出库单	附寄单证张数	2
商品发运情况		已发运		合同名称号码	T00001
备注：		款项收妥日期：			
复核　记账		2019 年 06 月 08 日		收款人开户银行签章	

此联作收款人开户银行给收款人的收账通知

中国建设银行股份有限公司
惠州仲恺支行
2019.06.08
办讫章
(4)

图 4-10　托收凭证收账通知

算。使用托收承付结算方式的收付双方，必须签有符合《合同法》的购销合同，并在合同上订明使用托收承付结算方式。代销、寄销、赊销商品的款项，不得办理托收承付的结算。

2）会计核算

（1）收款人办理托收时，根据银行盖章退回的托收承付受理回单及有关凭证，借记"应收账款"账户，贷记"主营业务收入""应交税费"等账户；收到款项时，根据托收承付收账通知，借记"银行存款"账户，贷记"应收账款"账户。

（2）付款人付款时，根据托收承付付款通知，借记"原材料""库存商品""应交税费"等账户，贷记"银行存款"账户；全部拒绝付款的，不作账务处理。

【例 4-9】　2019 年 6 月 13 日，广东新力电器有限公司根据购销合同，向广东天怡电器有限公司销售电磁炉一批，开出增值税专用发票一张，发票注明价款为 47 400 元，增值税额为 6 162 元，以现金代垫运杂费 300 元，增值税额 27 元，产品已发运并办妥托收承付手续。6 月 15 日，收到开户银行转来的收账通知，系天怡电器公司支付的货款。新力公司账务处理如下所述。

（1）实现收入时：

借：应收账款——天怡电器公司　　　　　　　　　　　　　　53 889.00
　　贷：主营业务收入——电磁炉　　　　　　　　　　　　　　47 400.00
　　　　应交税费——应交增值税——销项税额　　　　　　　　6 162.00
　　　　库存现金　　　　　　　　　　　　　　　　　　　　　327.00

附原始凭证:增值税专用发票、支付证明单,如图 4-11 和图 4-12 所示。

广东增值税专用发票

4400041141　　　　　　　　　　　　　　　　　　　　　No 201342003

此联不作报销、抵扣税凭证使用　　　　　开票日期:2019 年 06 月 13 日

购买方	名　　称:广东天怡电器有限公司 纳税人识别号:440103564568023 地址、电话:广州市中山大道 272 号 89937584 开户行及账号:广州工行新华支行 11634813054	密码区	(略)

货物或应税劳务、服务名称	规格型号	单位	数量	单价	金　额	税率	税　额
*家用厨房电器具*电磁炉		台	300	158.00	47400.00	13%	6162.00
合　　计					¥47400.00		¥6162.00

价税合计(大写)	⊗伍万叁仟伍佰陆拾贰圆整	(小写)¥53562.00

销售方	名　　称:广东新力电器有限公司 纳税人识别号:440703256268024 地址、电话:惠州市仲恺大道 248 号 88327589 开户行及账号:惠州市建行仲恺支行 71682674052	备注	

收款人:李芬　　　　复核:　　　　开票人:李欣　　　　销售方:(章)

图 4-11　增值税专用发票

支 付 证 明 单

2019 年 6 月 13 日　　　　　　　　　　　　　　　　　总第_____号

事由或品名	数　量	单位	单价	金　额							
				十万	千	百	十	元	角	分
代垫运杂费	现金付讫					3	2	7	0	0
共计金额	人民币叁佰贰拾柒元整			¥327.00						
受款人	广东通达快递有限公司	未能取得单据原因		发票交广东天怡电器公司							

部门主管:聂敏富　　会计:杨晓梅　　出纳:李芬　　证明人:夏雨菲

图 4-12　支付证明单

(2)收到货款与代垫款时:

　　借:银行存款　　　　　　　　　　　53 889.00
　　　　贷:应收账款——天怡电器公司　　　　53 889.00

【例 4-10】 2019 年 6 月 20 日，广东新力电器有限公司根据采购合同，向广东蓝波塑料有限公司购进塑料一批，收到增值税专用发票一张，发票注明价款为 24 000 元，增值税额为 3 120 元，运费增值税专用发票一张，发票注明运费 600 元、增值税额 54 元，塑料尚未收到，款项未付。6 月 22 日，收到开户银行转来的蓝波塑料有限公司托收承付付款通知，公司审核无误后同意付款。新力公司账务处理如下所述。

（1）购买材料时：

借：在途物资——蓝波塑料公司　　　　　　　　　　　　　　　　　　　　24 600.00
　　应交税费——应交增值税——进项税额　　　　　　　　　　　　　　　 3 174.00
　　贷：应付账款——蓝波塑料公司　　　　　　　　　　　　　　　　　　 27 774.00

附原始凭证：增值税专用发票和运费增值税专用发票，如图 4-13 和图 4-14 所示。

图 4-13　增值税专用发票

（2）支付货款时：

借：应付账款——蓝波塑料公司　　　　　　　　　　　　　　　　　　　　27 774.00
　　贷：银行存款　　　　　　　　　　　　　　　　　　　　　　　　　　 27 774.00

图 4-14　运费增值税专用发票

（备注：货物运输服务增值税专用发票和增值税普通发票，开具发票时应将起运地、到达地、车种车号以及运输货物信息等内容填写在发票备注栏中，如内容较多可另附清单。）

4.2.3　银行存款清查

1. 银行存款清查概念

银行存款清查是指小企业将银行存款日记账账面记录与银行对账单逐笔核对，做到账实一致。银行对账单的核对应由非出纳的会计人员进行核对并签章。核对人员进行核对时，应将银行存款日记账上的每笔业务与银行对账单逐笔勾对。

银行对账单余额与本单位银行存款日记账余额经常不一致，出现这种情况，主要有两种可能：一是小企业或银行记录有误，应及时更正；二是发生未达账项，应编制"银行存款余额调节表"进行调节。

知识拓展 4-3　　设置银行存款日记账

小企业应设置银行存款日记账，由出纳员根据审核无误的收、付款凭证，按照业务发生的先后顺序逐日逐笔登记，每日终了应结出余额，月份终了与银行存款总账的余额核对相符。银行存款日记账应定期与银行对账单核对，至少每月核对一次。

2. 未达账项类型

未达账项是指小企业和银行之间由于凭证传递的时间差，造成一方已登记入账，而另一方尚未入账的款项。未达账项具体可分为四种：

(1) 小企业已收款入账，而银行尚未收款入账。例如，小企业已送存银行的转账支票，银行尚未收妥款项。

(2) 小企业已付款入账，而银行尚未付款入账。例如，小企业开出支票，持票人尚未办理转账。

(3) 银行已收款入账，而小企业尚未收款入账。例如，银行已收妥托收款项，小企业尚未收到相关凭证。

(4) 银行已付款入账，而小企业尚未付款入账。例如，银行已从小企业存款账户扣除借款利息，小企业尚未收到相关凭证。

3. 未达账项调节

当发生未达账项，核对人员应编制"银行存款余额调节表"进行调节。银行存款余额调节表的编制方法是：在银行存款日记账和银行对账单账面余额的基础上，各自加上对方已收己方未收的款项，减去对方已付己方未付的款项，最后求出各自调节后的存款余额。调节后的银行存款余额表示小企业当日银行存款实有数。

调节后的银行存款日记账余额与银行对账单余额应相等。如果不相等，表明双方或一方账面记录有误，存在错账或漏账，需要进一步核对账目，查明原因并更正。

编制银行存款余额调节表，只是为了核对账目，并不能以此作为调整银行存款账面记录的原始凭证。对于未达账项，小企业会计人员必须等到银行结算凭证到达后，才能据以编制银行存款收、付款凭证，出纳员才能据以登记银行存款日记账。

【例 4-11】 广东新力电器有限公司 2019 年 5 月份银行存款日记账，如表 4-1 所示。银行对账单，如表 4-2 所示。试对新力公司的银行存款日记账进行对账，并编制未达账项列表和银行存款余额调节表。

表 4-1 银行存款日记账

2019 年 05 月

日期	摘要	借方	贷方	借或贷	余额（元）
5.1	承上月			借	83 300.00
5.1	支付材料款		34 800.00	借	48 500.00
5.6	收到货款	116 000.00		借	164 500.00
5.11	收到货款	58 000.00		借	222 500.00
5.18	收到货款	70 480.00		借	292 980.00
5.22	支付材料款		47 060.00	借	245 920.00
5.28	收到货款	40 000.00		借	285 920.00
5.29	支付材料款		30 000.00	借	255 920.00
5.31	本月合计	284 480.00	111 860.00	借	255 920.00

表 4-2 　　　　　　　　　　中国建设银行对账单

存款单位：新力电器有限公司　　　　账号：71682674052　　　　　　　　2019 年 05 月 31 日

交易日期	摘要	借方	贷方	借或贷	余额（元）
5.1	期初余额			贷	83 300.00
5.1	支付材料款	34 800.00		贷	48 500.00
5.6	收到货款		116 000.00	贷	164 500.00
5.11	收到货款		58 000.00	贷	222 500.00
5.18	收到货款		70 480.00	贷	292 980.00
5.22	支付材料款	47 060.00		贷	245 920.00
5.29	支付电费	1 900.00		贷	244 020.00
5.30	收到货款		50 000.00	贷	294 020.00
5.30	支付借款利息	10 000.00		贷	284 020.00
5.31	本月合计	93 760.00	294 480.00	贷	284 020.00

（1）编制未达账项列表，如表 4-3 所示。

表 4-3　　　　　　　　　　　　　未达账项列表

2019 年 5 月 31 日

企业未达账项				银行未达账项			
日期	摘要	未收（元）	未付（元）	日期	摘要	未收（元）	未付（元）
5.29	支付电费		1 900.00	5.28	收到货款	40 000.00	
5.30	收到货款	50 000.00		5.29	支付材料款		30 000.00
5.30	支付借款利息		10 000.00				
	合计	50 000.00	11 900.00		合计	40 000.00	30 000.00

会计主管：陈海涛　　　　　　　　　　复核：杨晓梅　　　　　　　　　　清查：朱玲玲

（2）编制银行存款余额调节表，如表 4-4 所示。

表 4-4　　　　　　　　　　　银行存款余额调节表

2019 年 5 月 31 日

项目	金额（元）	项目	金额（元）
银行存款日记账余额	255 920.00	银行对账单余额	284 020.00
加：银行已收，企业未收	50 000.00	加：企业已收，银行未收	40 000.00
减：银行已付，企业未付	11 900.00	减：企业已付，银行未付	30 000.00
调节后余额	294 020.00	调节后余额	294 020.00

会计主管：陈海涛　　　　　　　　　　复核：杨晓梅　　　　　　　　　　清查：朱玲玲

4.3 其他货币资金核算

4.3.1 其他货币资金概述

1. 其他货币资金概念

其他货币资金是指除库存现金、银行存款之外的货币资金,包括银行汇票存款、银行本票存款、外埠存款、信用卡存款、信用证保证金存款、备用金和存出投资款等。

(1) 银行汇票存款是指小企业为取得银行汇票而按照规定存入银行的款项。

(2) 银行本票存款是指小企业为取得银行本票而按照规定存入银行的款项。

(3) 外埠存款是指小企业到外地进行临时或零星采购时,汇往采购地银行开立采购专户的款项。

(4) 信用卡存款是指小企业为取得信用卡而按照规定存入银行的款项。

(5) 信用证保证金存款是指小企业为取得信用证而按照规定存入银行的保证金。

(6) 备用金是指为了满足小企业内部各部门和职工个人生产经营活动的需要,而暂付给有关部门和职工个人使用的备用现金。

> **知识拓展 4-4　支付宝、微信支付的账务处理**
>
> 国家税务总局明确"支付宝、微信支付"属于非现金支付方式。采用非现金方式支付的付款凭证是一个相对宽泛的概念,既包括银行等金融机构的各类支付凭证,也包括支付宝、微信支付等第三方支付账单或支付凭证等。使用微信、支付宝转账,收付款时,应截图打印出相关的账单或者明细,作为原始凭证。
>
> 转入支付宝或微信余额时,借记"其他货币资金"账户,贷记"银行存款"账户。使用微信、支付宝支付方式购买货物时,借记"库存商品"等账户,贷记"其他货币资金"账户。

2. 账户设置

小企业应设置"其他货币资金"账户,核算小企业其他货币资金的收支及结存情况。该账户属于资产类账户,借方登记小企业其他货币资金的增加数,贷方登记小企业其他货币资金的减少数,期末余额一般在借方,表示小企业实际持有的其他货币资金的数额。

"其他货币资金"账户应按银行汇票、银行本票、外埠存款、信用卡、信用证保证金和备用金等设置明细分类账,进行明细分类核算。"其他货币资金"账户结构,如图 4-15 所示。

其他货币资金	
期初:结存其他货币资金的数额 本期:登记其他货币资金的增加数	登记其他货币资金的减少数
期末:其他货币资金实有数额	

图 4-15　"其他货币资金"账户结构

4.3.2 其他货币资金核算

1. 银行汇票结算

1）银行汇票概述

银行汇票是指出票银行签发的,由其在见票时按照实际结算金额无条件支付给收款人或者持票人的票据。银行汇票主要用于异地结算。单位和个人各种款项结算,均可使用银行汇票。

银行汇票应在出票金额以内,根据实际需要的款项办理结算,银行汇票的实际结算金额低于出票金额的,其多余金额由出票银行退交申请人。

2）会计核算

（1）付款单位从结算账户划款申请银行汇票时,根据银行盖章退回的申请书存根联,借记"其他货币资金——银行汇票存款"账户,贷记"银行存款"账户。

使用银行汇票办理结算时,根据发票等结算凭证,借记"在途物资""原材料""应交税费——应交增值税——进项税额"等账户,贷记"其他货币资金——银行汇票存款"账户。

收到银行退回多余款项时,根据开户银行转来的银行汇票第四联（多余款收账通知）,借记"银行存款"账户,贷记"其他货币资金——银行汇票存款"账户。

（2）收款单位收到银行汇票时,借记"银行存款"账户,贷记"主营业务收入""其他业务收入""应交税费——应交增值税——销项税额"等账户。

【例 4-12】 2019 年 6 月 29 日,广东新力电器有限公司从银行结算账户划款 60 000 元,申请签发银行汇票,准备向广东佳华电子有限公司采购 DCL 电路板一批。7 月 2 日,向佳华电子公司采购 DCL 电路板一批,取得增值税专用发票,发票注明价款 50 000 元,增值税额 6 500 元,以 6 月 29 日签发的银行汇票结算,DCL 电路板尚未收到。7 月 5 日,收到银行转来的银行汇票多余款收账通知。新力公司账务处理如下所述。

（1）申请签发银行汇票时：

借：其他货币资金——银行汇票存款　　　　　　　　　　　　60 000.00
　　贷：银行存款　　　　　　　　　　　　　　　　　　　　　60 000.00

附原始凭证张：银行汇票申请书,如图 4-16 所示。

（2）购买电路板时：

借：在途物资——佳华电子公司　　　　　　　　　　　　　　50 000.00
　　应交税费——应交增值税——进项税额　　　　　　　　　　6 500.00
　　贷：其他货币资金——银行汇票存款　　　　　　　　　　56 500.00

（3）收到银行汇票多余款时：

借：银行存款　　　　　　　　　　　　　　　　　　　　　　3 500.00
　　贷：其他货币资金——银行汇票存款　　　　　　　　　　　3 500.00

附原始凭证：银行汇票多余款收账通知,如图 4-17 所示。

中国建设银行银行汇票申请书(存根)　1

第 02001 号

申请日期 2019 年 06 月 29 日

申请人	广东新力电器有限公司	收款人	广东佳华电子有限公司
账号或住址	71682674052	账号或住址	广州工行芳村支行 12629413054
用途	支付采购材料款	代理付款行	
汇票金额	人民币　陆万元整（大写）		¥60000.00

上列款项请从我账户内支付

申请人盖章：何建明　广东新力电器有限公司财务专用章

科目（借） 对方账户

440703376268936

财务主管　　复核　　经办

此联出票行给汇款人的回单

图 4-16　银行汇票申请书

中国建设银行 银行汇票(多余款收账通知)　4

付款期限：壹个月

汇票号码 01369872106

出票日期（大写）	贰零壹玖年陆月贰拾玖日	代理付款行	惠州市建行仲恺支行　行号：01692
收款人	广东佳华电子有限公司	账号	广州工行芳村支行 12629413054
出票金额	人民币　陆万元整（大写）		
实际结算金额	人民币　伍万陆仟伍佰元整（大写）		
申请人	广东新力电器有限公司	账号	71682674052
出票行	建行仲恺支行　行号：01692		
备注	支付采购材料款	多余金额	¥3500.00

中国建设银行股份有限公司 惠州仲恺支行 2019.07.05

上列退回多余金额已收入你账户。

复核　经办　　　　　　　复核　记账

此联出票行结算汇票时作多余款收账通知

图 4-17　银行汇票多余款收账通知

2. 银行本票结算

1) 银行本票概述

银行本票是指银行签发的,承诺自己在见票时无条件支付确定的金额给收款人或者持票人的票据。单位和个人在同一票据交换区域需要支付各种款项,均可以使用银行本票。

银行本票必须办理全额结算,如有多余款,需用支票或现金退回给申请人。

2) 会计核算

(1) 付款单位从结算账户划款申请银行本票时,根据银行盖章退回的申请书存根联,借记"其他货币资金——银行本票存款"账户,贷记"银行存款"账户。

使用银行本票办理结算时,根据发票等结算凭证,借记"在途物资""原材料""应交税费——应交增值税——进项税额"等账户,按收款人退回的多余款项,借记"银行存款""库存现金"等账户,按银行本票金额,贷记"其他货币资金——银行本票存款"账户。

(2) 收款单位收到银行本票时,按银行本票金额,借记"银行存款"账户,按发票注明价款,贷记"主营业务收入""其他业务收入"等账户,按发票注明的增值税额,贷记"应交税费——应交增值税——销项税额"账户,按退回的多余款项,贷记"银行存款""库存现金"等账户。

【例 4-13】2019 年 7 月 10 日,广东新力电器有限公司销售给广东新怡百货有限公司电磁炉一批,开出增值税专用发票,发票注明价款 30 000 元,增值税额 3 900 元,收到新怡百货公司银行本票一张,金额为 35 000 元。当日开出支票一张,退回多余款项。新力公司账务处理如下所述。

```
借:银行存款                                              35 000.00
    贷:主营业务收入——电磁炉                              30 000.00
        应交税费——应交增值税——销项税额                  3 900.00
        银行存款                                           1 100.00
```

附原始凭证:银行进账单,如图 4-18 所示。

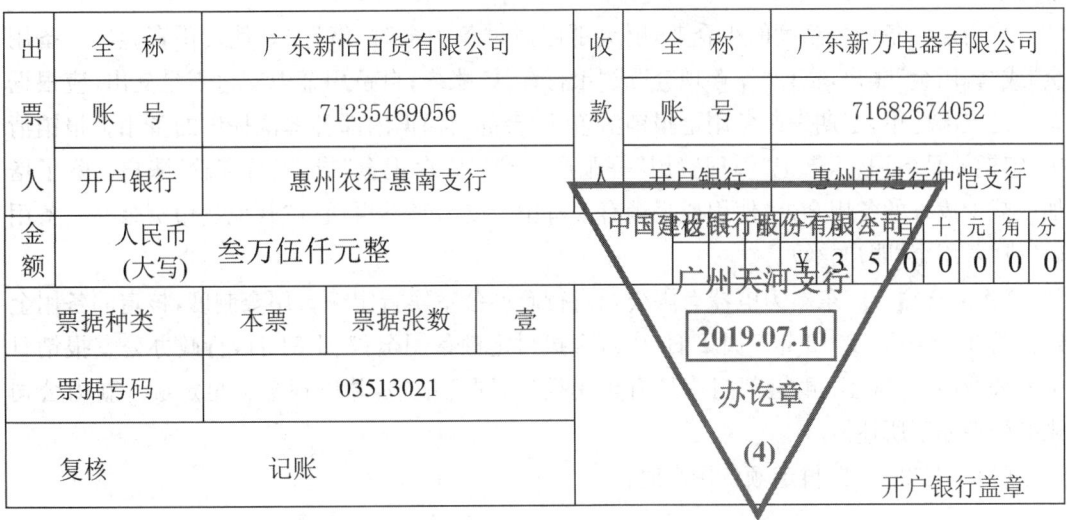

图 4-18 银行进账单

3. 汇兑结算

1) 汇兑概述

汇兑是指汇款人委托银行将其款项支付给收款人的一种结算方式。汇兑分为信汇和电汇两种。信汇相对电汇，其汇款速度慢一些。汇款人可以根据需要选用。

汇兑结算方式适用于单位和个人的各种款项的结算。例如，小企业到外地进行临时或零星采购，汇款到采购地银行开立临时存款账户，小企业支付在异地就医的职工医药费等。

2) 会计核算

(1) 汇款单位汇出款项时，借记有关账户，贷记"银行存款"账户。若是小企业到外地进行临时或零星采购，汇款到采购地银行开立采购专用账户时，根据汇出款项凭证，借记"其他货币资金——外埠存款"账户，贷记"银行存款"账户；收到采购人员转来供应单位发票等结算凭证时，借记"在途物资""原材料""应交税费——应交增值税——进项税额"等账户，贷记"其他货币资金——外埠存款"账户；采购完毕，收回剩余的外埠存款时，根据银行转来的收账通知，借记"银行存款"账户，贷记"其他货币资金——外埠存款"账户。

(2) 收款单位收到汇款时，借记"银行存款"账户，贷记有关账户。

4. 备用金核算

备用金可划分为定额备用金与非定额备用金，相应地备用金制度有两种类型：定额备用金制度和非定额备用金制度。

1) 定额备用金制度

定额备用金制度是指根据用款单位的实际需要，由财会部门会同有关用款单位核定备用金定额并拨付款项，同时规定其用途和报销期限，待用款单位实际支用后，凭有效单据向财会部门报销，财会部门再根据报销数额用现金补足备用金定额的制度。这种方法便于企业对备用金的使用进行控制，并可减少财会部门的日常核算工作。该制度一般适用于有经常性费用开支的内部用款单位。

采用定额备用金制度的小企业，财会部门拨付备用金时，借记"其他货币资金——备用金"或"备用金"账户，贷记"库存现金"或"银行存款"账户；自备用金中支付零星支出，应根据有关的支出凭单，定期编制备用金报销清单，财会部门根据内部各单位提供的备用金报销清单，定期补足备用金，借记"管理费用"等账户，贷记"库存现金"或"银行存款"账户。除了增加或减少拨入的备用金外，使用或报销有关备用金支出时不再通过"其他货币资金——备用金"或"备用金"账户核算。

【例4-14】 广东新力电器有限公司对行政办公室实行定额备用金制度，核定的备用金定额为3 000元。2019年7月2日，以现金拨付定额备用金；7月31日，行政办公室报销日常办公费用2 460元，财会部门审核有关单据后，同意报销，并以现金补足定额。新力公司账务处理如下所述。

(1) 7月2日，拨付定额备用金时：

借：其他货币资金——备用金　　　　　　　　　　　　　　　　　　　3 000.00
　　贷：库存现金　　　　　　　　　　　　　　　　　　　　　　　　　　　　3 000.00

附原始凭证：备用金申请表，如图4-19所示。

备用金申请表

No 0001046

2019年7月2日

申请部门：行政办公室

申请人	梁峰	申请事由	行政办公室定额备用金
申请金额	（大写）人民币叁仟元整		￥3000.00
负责人审批	同意　　何建明		现金付讫

会计主管：陈海涛　　复核：杨晓梅　　出纳：李芬　　签收：梁峰

第三联 记账

图4-19　备用金申请表

（2）7月31日，报销并补足定额时：

借：管理费用　　　　　　　　　　　　　　　　　　　　　　　　2 460.00
　　贷：库存现金　　　　　　　　　　　　　　　　　　　　　　　　　　2 460.00

2）非定额备用金制度

非定额备用金制度也称借款报账制，是指用款单位或个人需要使用备用金时，按需要逐次借用和报销的制度。这种制度方便灵活，但将增加备用金日常核算的工作量。

对于非定额备用金，应通过"其他应收款"账户进行核算。财会部门拨付给各部门或个人备用金时，借记"其他应收款"账户，贷记有关账户；备用金报销时，按使用部门的不同，借记有关成本费用账户，贷记"其他应收款"账户。

【例4-15】2019年7月18日，广东新力电器有限公司采购员廖利华外出采购，预借差旅费2 000元，财务部门以现金支付；7月20日，出差归来，报销差旅费1 800元，交还多余款200元。新力公司账务处理如下所述。

（1）预借差旅费时：

借：其他应收款——廖利华　　　　　　　　　　　　　　　　　　2 000.00
　　贷：库存现金　　　　　　　　　　　　　　　　　　　　　　　　　　2 000.00

附原始凭证：借据，如图4-20所示。

借　据

No 0001045

2019年7月18日

借款人	廖利华	借款事由	外出采购
借款金额	（大写）人民币贰仟元整		￥2000.00
负责人审批	同意　　何建明		现金付讫

会计主管：陈海涛　　复核：杨晓梅　　出纳：李芬　　签收：廖利华

第三联 记账

图4-20　借据

(2) 报销并退还多余款时：

借：管理费用　　　　　　　　　　　　　　　　　　　1 800.00
　　库存现金　　　　　　　　　　　　　　　　　　　　 200.00
　　贷：其他应收款——廖利华　　　　　　　　　　　　　　　　2 000.00

5. 信用卡结算

1) 信用卡概述

信用卡是指商业银行向个人和单位发行的，凭以向特约单位购物、消费和向银行存取现金，且具有消费信用的特制载体卡片。信用卡既可以用于同城结算，也可用于异地结算。

2) 会计核算

(1) 申请办理信用卡时，小企业应根据支票存根、银行退回的进账单第一联回单以及支付手续费收据，借记"其他货币资金——信用卡存款""财务费用"等账户，贷记"银行存款"账户。

(2) 持信用卡消费时，小企业应根据开户银行转来的信用卡存款的付款凭证和发票等凭证，借记"在途物资""原材料""管理费用"等账户，贷记"其他货币资金——信用卡存款"账户。

(3) 取得信用卡利息收入时，小企业应根据银行收款通知，借记"其他货币资金——信用卡存款"账户，贷记"财务费用"账户。

6. 信用证结算

1) 信用证概述

信用证是指银行用以保证买方（或进口方）有支付能力的凭证。它是开证行依据申请人的申请开出的，凭符合信用证条款的单据支付货款的付款承诺。

购货单位采用信用证结算方式进行结算时，其核算主要包括申请信用证、使用信用证采购商品和信用证保证金多余款转回开户银行三个环节。

2) 会计核算

(1) 小企业申请信用证，应填写"信用证申请书"，将信用证保证金交存银行时，应根据银行盖章退回的"信用证申请书"回单，借记"其他货币资金——信用证保证金"账户，贷记"银行存款"账户。

(2) 小企业使用信用证采购商品，在接到开证行通知时，根据供货单位信用证结算凭证及所附发票账单，借记"在途物资""原材料""库存商品""应交税费——应交增值税——进项税额"等账户，贷记"其他货币资金——信用证保证金"账户。

(3) 小企业使用信用证采购商品，未用完的信用证保证金将转回开户银行，小企业根据银行的收账通知，借记"银行存款"账户，贷记"其他货币资金——信用证保证金"账户。

销货单位发出商品，收到货款时，根据银行退回的信用证结算凭证的回单和销货发票等凭证，借记"银行存款"账户，贷记"主营业务收入""应交税费——应交增值税——销项税额"等账户。

> **知识拓展 4-5**　　与《企业会计准则》的比较

1. 无法查明原因的现金短款的会计核算方面存在差别。《小企业会计准则》规定，对于无法查明原因的现金短款计入营业外支出;而《企业会计准则》对无法查明原因的现金短款,经批准后计入当期管理费用。

2. 定额备用金的核算存在差别。《小企业会计准则》规定,采用定额备用金制度的小企业,财会部门拨付备用金时,借记"其他货币资金——备用金"或"备用金"账户,贷记"库存现金"或"银行存款"账户;而《企业会计准则》规定定额备用金通过"其他应收款"账户进行核算,财会部门拨付定额备用金给各部门或个人时,借记"其他应收款"账户,贷记"库存现金"或"银行存款"账户。

【本章小结】

1. 库存现金简称现金,是指由出纳员保管并存放于小企业财务部门,用于小企业日常零星开支的货币,包括人民币和外币。现金是流动性最强的资产,小企业必须加强对现金的管理,严格按照国务院颁布的《现金管理暂行条例》的规定,正确进行现金收支的核算。

2. 库存现金限额是指为了保证小企业日常零星开支的需要,允许小企业留存现金的最高限额。这一限额是由开户银行根据小企业的实际需要核定的。一般是按照小企业3~5天的日常零星开支所需的库存现金来核定限额。边远地区和交通不便地区的小企业的库存现金限额,可以多于5天,但不得超过15天的日常零星开支。

3. 现金清查是指清点库存现金,并将现金实存数(现款数)与现金日记账上的余额进行核对。现金清查的目的主要是检查是否存在挪用现金、白条抵库、超限额留存现金以及账实是否相符等。现金清查一般采用实地盘点法。

4. 银行存款是指各单位存放在银行或其他金融机构的各种存款,包括人民币存款和外币存款两种。根据中国人民银行颁布的《人民币银行结算账户管理办法》,小企业可以根据需要在银行开立四种类型的存款账户,包括基本存款账户、一般存款账户、专用存款账户和临时存款账户。

5. 根据中国人民银行颁布的《支付结算办法》,小企业可以采用的银行结算方式包括支票、银行汇票、银行本票、商业汇票、汇兑、委托收款、托收承付和信用卡等。不同的银行结算方式,所适用的区域、能结算的款项、到账时间、手续费等都有所不同,出纳员应熟悉各种支付结算方式,在办理业务时选择合适的结算方式。

6. 银行存款清查是指小企业将银行存款日记账账面记录与银行对账单逐笔核对,做到账实一致。银行对账单余额与本单位银行存款日记账余额经常不一致,出现这种情况,主要有两种可能:一是小企业或银行记录有误,应及时更正;二是发生未达账项,应编制"银行存款余额调节表"进行调节。调节后的银行存款日记账余额与银行对账单余额应相等。如果不相等,表明双方或一方账面记录有误,存在错账或漏账,需要进一步核对账目,查明原因并更正。

7. 未达账项是指小企业和银行之间由于凭证传递的时间差,造成一方已登记入账,而另一方尚未入账的款项。未达账项具体可分为四种:①小企业已收款入账,而银行尚未收款入账;②小企业已付款入账,而银行尚未付款入账;③银行已收款入账,而小企业尚未收款入账;④银行已付款入账,而小企业尚未付款入账。

8. 其他货币资金是指除库存现金、银行存款之外的货币资金,包括银行汇票存款、银行本票存款、外埠存款、信用卡存款、信用证保证金存款、备用金和存出投资款等。

第三部分 采购业务

采购业务结构导图

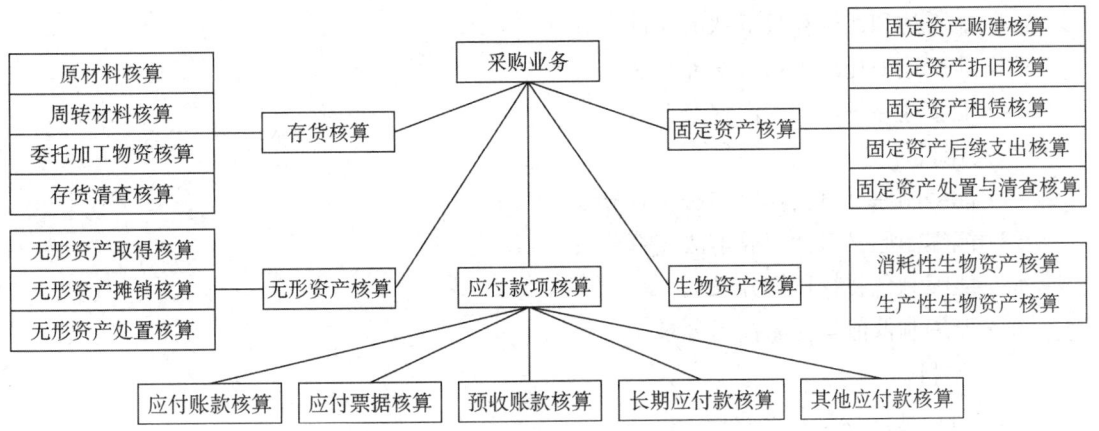

第5章 存货核算

【目的要求】

1. 知识目标
（1）能正确叙述存货的期初计价。
（2）能叙述和运用存货确认的条件。
（3）能叙述委托加工物资核算方法。
（4）能叙述存货清查的内容及核算方法。
2. 技能目标
（1）能编制原材料实际成本法核算分录。
（2）能编制原材料计划成本法核算分录。
（3）能编制包装物核算分录。
（4）能编制低值易耗品核算分录。
3. 情感目标
机会对任何人都是公平和均等的。

【重点难点】

1. 原材料实际成本法核算。
2. 原材料计划成本法核算。
3. 委托加工物资核算。
4. 存货清查核算。

【情智故事】

机会往往很朴素

一个小伙子到北京打工，凭着一身力气，当上一名送奶工。很快，他靠自己的努力，成立了送奶公司。由于他诚实守信，服务优质，经过几年的打拼，他的公司很快发展到有20多万个家庭订户的规模。

他与一位做广告的朋友谈话时突然想到，公司现有20多万个家庭订户，不就是一个庞大的网络吗？这张网只用于送奶实在是太浪费，为什么不以此为载体，在送奶的同时兼做广告投递呢？于是，他又成立了广告传播公司。公司广告传播人员，由送奶工兼任。

初战告捷后，他决定以送奶网络为载体，兼营更多的业务。随后，他与一些商场合作，进行电子商务配送，还创办广告杂志，新业务都依托于公司这张网铺开，其利润远远高于送奶的利润。

订奶客户很快发展到 30 多万户,员工从最初的 3 个人,发展到目前的 2 800 多人,资产由最初的 2 000 元猛增到现在的 1.5 亿元。这位已成为亿万富翁的年轻人叫吴作仁,他的公司获得"第三届全国文明社区贡献"大奖,他本人也获得"北京市十佳外来青年"称号。

[情智点评] 机会对于任何人都是公平的,它在我们身边的时候,不是打扮得花枝招展,而是普普通通的,根本就不起眼。我们每一个人应时时做好本职工作,不断提升自己的岗位技能,机会将悄然而至。

【基础知识】

5.1 存货概述

5.1.1 存货概念及确认

存货是指小企业在日常经营活动中持有以备出售的产成品或商品、处在生产过程中的在产品、在生产过程或提供劳务过程中耗用的材料或物料等,以及农、林、牧、渔小企业为出售而持有的,或在将来收获为农产品的消耗性生物资产。存货包括原材料、在产品、半成品、产成品、商品、周转材料、委托加工物资和消耗性生物资产等。

确认一项货物是否属于小企业的存货,首先,需要符合存货的概念。其次,要满足存货确认的两个条件:一是该存货包含的经济利益很可能流入小企业;二是该存货的成本能够可靠的计量。

一般来说,凡在盘存日期,所有权属于小企业的物品,不论其存放在何处或处于何种状态,都应确认为小企业的存货,如存放在本小企业仓库的存货、存放在本小企业门市部和陈列室的存货、已购买但尚未办理入库手续的在途货物等;反之,凡是所有权不属于小企业的物品,即使存放在本小企业,也不应确认为小企业的存货,如受托加工来料、受托代销商品等。

5.1.2 存货期初计价

小企业取得存货时,应当按其成本进行计量。存货的成本包括采购成本、加工成本和其他成本。存货取得的途径不同,其成本的构成也有所不同。

1. 外购存货成本

外购存货成本是指小企业物资从采购到入库前所发生的全部支出,包括购买价款、相关税费以及采购存货过程中发生的运输费、装卸费、保险费等采购费用。

(1) 购买价款是指小企业购入的材料或商品的发票账单上列明的价款,但不包括按照税法规定可以抵扣的增值税进项税额。

(2) 相关税费是指小企业购入存货而发生的应计入存货成本的税费,包括进口关税、消费税、资源税和不能抵扣的增值税进项税额等。

(3) 采购费用是指小企业购入存货过程中发生的应计入存货成本的费用,包括运输费、包装费、装卸费、途中保险费、运输途中合理损耗以及入库前的挑选整理费用等。

如果同时购入多种存货,其共同发生的采购费用,应在各种存货之间进行合理分配,分配标准可以是数量、价值等,分配后计入各存货的采购成本。其计算公式为:

采购费用分配率 = 共同采购费用 / 各存货数量(或价值) 之和

某存货应分配的采购费用 = 采购费用分配率 × 该存货的数量(或价值)

知识拓展 5-1　购料短缺与损耗的处理

1. 属于运输途中合理损耗,计入材料采购成本,不另作账务处理。原材料的总成本不变,但原材料的单位成本提高。

2. 属于不合理损耗,一方面,应冲减购进材料采购成本;另一方面,应确定责任人造成的损耗,由责任人赔偿。供应单位负责赔偿的,记入"应付账款"账户,运输单位、保险公司或其他过失人负责赔偿的,记入"其他应收款"账户,借记"应付账款""其他应收款"账户,贷记"原材料"或"在途物资""应交税费——应交增值税——进项税额转出"账户。

3. 属于待查明原因或需要报经审批处理的损耗,查明原因或审批前,记入"待处理财产损溢"账户,借记"待处理财产损溢"账户,贷记"原材料"或"在途物资""应交税费——应交增值税——进项税额转出"账户;查明原因或审批后,扣除残料价值与保险公司的赔偿后的净损失,记入"营业外支出"账户,借记"其他应收款""营业外支出"账户,贷记"待处理财产损溢"账户。

2. 加工存货成本

小企业通过进一步加工取得的存货主要包括产成品、在产品、半成品、委托加工物资等。其成本由直接材料、直接人工以及按一定方法分配的制造费用构成。

(1) 直接材料是指小企业在生产产品过程中实际消耗的、直接用于产品生产、构成产品实体的原材料、辅助材料、备品配件、外购半成品、周转材料和材料在使用过程中发生的运输、装卸、整理等费用。

(2) 直接人工是指小企业在生产产品过程中直接从事产品生产的工人的职工薪酬。

(3) 制造费用是指小企业生产车间(部门)为生产产品和提供劳务而发生的各种间接费用,包括生产车间(部门)管理人员的职工薪酬、折旧费、机物料消耗、固定资产修理费、办公费、水电费、劳动保护费、季节性和修理期间的停工损失等。

另外,经过 1 年期以上的制造才能达到预定可销售状态的存货发生的借款费用,也计入该存货发生的制造费用。其中,借款费用是指小企业因借款而发生的利息及其他相关成本,包括借款利息、辅助费用以及因外币借款而发生的汇兑差额等。

3. 投资者投入存货成本

根据公司法的规定,投资者既可以用货币出资,也可以用实物(存货、固定资产等)出资,使用实物出资的,应当评估作价,不得高估或者低估。小企业接受投资者投入的存货,其成本应按照评估价值确定。

4. 盘盈存货成本

盘盈存货的成本应当按照同类或类似存货的市场价格或评估价格确定。

市场价格通常是指存货在接受投资方所在地的、不含增值税的购买价格。市场价格有三个层次，即该项存货的市场价格、该类存货的市场价格和类似存货的市场价格。确定盘盈存货的成本，首先，应当选择该项存货的市场价格；如果该项存货的市场价格不存在，其次，应当选择该类存货的市场价格；如果该类存货的市场价格不存在，再次，应当选择类似存货的市场价格；如果类似存货的市场价格也不存在，则应采用评估价值确定。

> **知识拓展 5-2** 不得计入存货成本的费用
>
> 下列费用不得计入存货成本，应在其发生时计入当期损益。
>
> 1. 非正常消耗，如自然灾害等而发生的直接材料、直接人工和制造费用，应在发生时计入当期损益，不应计入存货成本。
>
> 2. 仓储费用（指小企业在存货采购入库后发生的存储费用），应在发生时计入当期损益，如管理费用、销售费用等。
>
> 3. 批发、零售小企业在购买商品过程中发生的运输费、装卸费、包装费、保险费，运输途中的合理损耗和入库前的挑选整理费用等，在发生时直接计入当期销售费用，不计入所购商品的成本。

5.2 原材料核算

5.2.1 原材料核算内容及方法

1. 核算内容

原材料是指小企业在生产过程中经过加工改变其形态或性质并构成产品主要实体的各种原料及主要材料、辅助材料、外购半成品（外购件）、修理用备件（备品备件）、包装材料、燃料等。

（1）原料及主要材料是指直接用于产品制造，构成产品主要实体的各种原料和材料。

（2）辅助材料是指不构成产品的主要实体，但直接用于产品生产，有助于产品形成的各种材料。

（3）外购半成品是指已经过一定生产过程，但尚未制造完工，需进一步加工的中间产品。

（4）修理用备件是指为修理本小企业的机器、设备等而从外部购入的专用零部件。

（5）包装材料是指包装产品用的，除包装物以外的各种材料，如纸、绳、铁丝等。

（6）燃料是指为生产提供动力使用的煤炭、汽油、天然气等。

2. 核算方法

原材料的日常核算方法有实际成本法核算和计划成本法核算两种。小企业可以根据自身生产经营的特点和管理要求,自行决定采用哪一种核算方法。

(1) 实际成本法核算是指原材料的日常收入、发出及结存,无论是总分类核算,还是明细分类核算,全部按实际成本进行核算。

(2) 计划成本法核算是指原材料的日常收入、发出及结存,无论是总分类核算,还是明细分类核算,全部按计划成本进行核算。

5.2.2 实际成本法核算

1. 账户设置

1)"原材料"账户

"原材料"账户属于资产类账户,核算小企业库存的各种材料的收入、发出及结存情况。该账户按实际成本法核算时,借方登记已验收入库的各种材料的实际成本,贷方登记发出的各种材料的实际成本,期末余额在借方,反映小企业库存的各种材料的实际成本。

"原材料"账户应按材料的保管地点(仓库)、材料类别、品种和规格设置明细分类账,进行明细分类核算。"原材料"账户结构,如图 5-1 所示。

原材料

期初:库存的各种材料的实际成本 本期:登记已验收入库的各种材料的实际成本	登记发出的各种材料的实际成本
期末:库存的各种材料的实际成本	

图 5-1 "原材料"账户结构

2)"在途物资"账户

"在途物资"账户属于资产类账户,适用于采用实际成本(进价)法进行材料、商品等物资的日常核算的小企业,核算已购买但尚未到达或尚未验收入库的各种物资的实际采购成本。该账户借方登记小企业购入在途物资的实际成本,贷方登记验收入库的在途物资的实际成本,期末余额在借方,反映小企业在途物资的采购成本。

"在途物资"账户应按供应单位和物资品种设置明细分类账,进行明细分类核算。"在途物资"账户结构,如图 5-2 所示。

在途物资

期初:在途物资的采购成本 本期:登记购入在途物资的实际成本	登记验收入库的在途物资的实际成本
期末:在途物资的采购成本	

图 5-2 "在途物资"账户结构

2. 材料购进核算

由于结算方式和采购地点的不同,材料入库和货款的结算在时间上不一定完全同步,因此，应当根据具体情况进行账务处理。

1) 结算凭证与材料同时到达

小企业应根据取得的发票等结算凭证所记载的材料实际成本，借记"原材料"账户，根据增值税专用发票上注明的税额，借记"应交税费——应交增值税——进项税额"账户，根据实际付款金额，贷记"银行存款""其他货币资金"等账户，或根据已开出、承兑的商业汇票的票面价值，贷记"应付票据"账户。

【例 5-1】 2019 年 7 月 24 日，广东新力电器有限公司向广东蓝波塑料有限公司购入塑料一批，收到增值税专用发票，发票注明价款 40 000 元，增值税额 5 200 元，塑料已验收入库，货款已支付。新力公司账务处理如下所述。

　　借：原材料——塑料　　　　　　　　　　　　　　　　　　　　　40 000.00
　　　　应交税费——应交增值税——进项税额　　　　　　　　　　　　 5 200.00
　　　贷：银行存款　　　　　　　　　　　　　　　　　　　　　　　　45 200.00

附原始凭证：增值税专用发票，如图 5-3 所示。

广东增值税专用发票

4406241141　　　　　　　　　　　　　　　　　　　　　　 No 491066021

开票日期：2019 年 07 月 24 日

购买方	名　　称：广东新力电器有限公司 纳税人识别号：440703256268024 地址、电话：惠州市仲恺大道 248 号 88327589 开户行及账号：惠州市建行仲恺支行 71682674052	密码区	（略）

货物或应税劳务、服务名称	规格型号	单位	数量	单价	金　额	税率	税　额
*塑料制品*塑料		千克	4000	10.00	40000.00	13%	5200.00
合　　计					¥40000.00		¥5200.00

价税合计（大写）	⊗肆万伍仟贰佰圆整	（小写）¥45200.00

销售方	名　　称：广东蓝波塑料有限公司 纳税人识别号：440703285268026 地址、电话：惠州市仲恺大道 19 号 89937587 开户行及账号：惠州工行仲恺支行 71606913123	备注	

收款人：　　　　复核：　　　　开票人：王晓敏　　　　销售方：（章）

第三联：发票联　购买方记账凭证

图 5-3　增值税专用发票

2) 结算凭证先到，材料后到

小企业应根据取得的发票等结算凭证所记载的材料实际成本，借记"在途物资"账户，待收到材料并验收入库后，再根据收料单，由"在途物资"账户结转到"原材料"账户。

【例5-2】 2019年7月27日,广东新力电器有限公司根据合同,向广东利华电子有限公司采购DRH电路板一批,收到增值税专用发票一张,发票注明DRH电路板4 000块,单价12元,增值税税率为13%,运费增值税专用发票一张,注明运杂费300元、增值税税率为9%,结算凭证经审核无误,同意付款,电路板尚未收到。新力公司账务处理如下所述。

借:在途物资——利华电子　　　　　　　　　　　　　　　　48 300.00
　　应交税费——应交增值税——进项税额　　　　　　　　　 6 267.00
　　贷:银行存款　　　　　　　　　　　　　　　　　　　　　54 567.00

【例5-3】 承[例5-2],2019年7月30日,广东新力电器有限公司收到7月27日向广东利华电子有限公司采购的DRH电路板,并验收入库。新力公司账务处理如下所述。

借:原材料——DRH电路板　　　　　　　　　　　　　　　　48 300.00
　　贷:在途物资——利华电子　　　　　　　　　　　　　　　48 300.00

附原始凭证:收料单,如图5-4所示。

收　料　单

2019年7月30日　　　　　　　　　　　　　　　　　收字第　　号

材料名称	规格型号	单位	应收数量	实收数量	金额(元)
DRH电路板		块	4 000	4 000	48 300.00

仓库主管:陈伟峰　　　　复核:　　　　　验收:李明秀　　　　制单:蔡晓波

图5-4　收料单

3) 材料先到,结算凭证后到

因小企业尚未收到有关结算凭证,无法准确计算已入库材料的实际成本,通常暂不进行账务处理,待结算凭证收到后才按"结算凭证与材料同时到达"的情况进行账务处理。若到月末,结算凭证还未收到,则需按材料的合同价暂估入账,借记"原材料"账户,贷记"应付账款——暂估应付账款"账户,下月初用红字作同样的会计分录予以冲回,以便下月收到发票账单等结算凭证时能按正常程序进行账务处理。

【例5-4】 2019年7月27日,广东新力电器有限公司向广东珠江钢材有限公司采购不锈钢板一批,合同价为28 000元,不锈钢板已验收入库,但发票等结算凭证尚未收到,货款尚未支付;7月31日,发票等结算凭证还未收到;8月3日,收到开户银行转来的增值税专用发票等结算凭证,发票注明价款28 000元,增值税额3 640元,运费增值税专用发票注明运杂费500元、增值税额45元,结算凭证经审核无误,同意付款。新力公司账务处理如下所述。

(1) 7月27日,不锈钢板验收入库时,发票等结算凭证尚未收到,暂不入账。

(2) 7月31日(月末),发票等结算凭证还未收到,按合同价暂估入账。

借:原材料——不锈钢板　　　　　　　　　　　　　　　　　28 000.00
　　贷:应付账款——暂估应付账款　　　　　　　　　　　　　28 000.00

附原始凭证:暂估入账通知单,如图 5-5 所示。

暂估入账通知单

2019 年 7 月 31 日　　　　　　　　　　　　　　　　　　　单位:元

材料名称	规格型号	单位	数量	供应单位	暂估金额
不锈钢板		千克	2 000	珠江钢材有限公司	28 000.00
入账理由	材料先到,但发票等结算凭证未收到					

会计主管:陈海涛　　　　　　　　会计:杨晓梅　　　　　　　　制单:朱玲玲

图 5-5　暂估入账通知单

(3) 8 月 1 日(下月月初),作红字会计分录予以冲回。

借:原材料——不锈钢板　　　　　　　　　　　　　　　28 000.00
　　贷:应付账款——暂估应付账款　　　　　　　　　　　　　　28 000.00

附原始凭证:冲回暂估入账通知单,如图 5-6 所示。

冲回暂估入账通知单

2019 年 8 月 1 日　　　　　　　　　　　　　　　　　　　单位:元

材料名称	规格型号	单位	数量	供应单位	冲回金额
不锈钢板		千克	2 000	珠江钢材有限公司	28 000.00
冲回理由	上月末暂估入账,本月初冲回					

会计主管:陈海涛　　　　　　　　会计:杨晓梅　　　　　　　　制单:朱玲玲

图 5-6　冲回暂估入账通知单

(4) 8 月 3 日,收到发票等结算凭证,支付货款。

借:原材料——不锈钢板　　　　　　　　　　　　　　　28 500.00
　　应交税费——应交增值税——进项税额　　　　　　　　3 685.00
　　贷:银行存款　　　　　　　　　　　　　　　　　　　　　　32 185.00

附原始凭证:增值税专用发票,如图 5-7 所示。

4) 货款先付,材料后到

货款先付,材料后到,是指小企业采用预付货款方式购进材料,应通过"预付账款"账户进行核算,具体账务处理参见预付账款核算部分。

3. 材料发出核算

原材料按实际成本法核算时,由于不同批次购入的材料的单位成本不一定相同,发出、领用材料时,应按一定的方法计算确定发出、领用材料的实际成本。根据《小企业会计准则》规定,发出材料成本计算的方法有个别计价法、先进先出法和加权平均法等。小企业可以根据实际情况选择使用,一旦选用,不得随意变更。

广东增值税专用发票

4401241141 No 491043021

开票日期：2019 年 08 月 03 日

| 购买方 | 名　　　称：广东新力电器有限公司
纳税人识别号：440703256268024
地　址、电话：惠州市仲恺大道 248 号 88327589
开户行及账号：惠州市建行仲恺支行 71682674052 | 密码区 | （略） |

货物或应税劳务、服务名称	规格型号	单位	数量	单价	金　额	税率	税　额
*黑色金属冶炼压延品*不锈钢板		千克	2000	14.00	28000.00	13%	3640.00
合　　　计					¥28000.00		¥3640.00

| 价税合计（大写） | ⊗叁万壹仟陆佰肆拾圆整　　　　（小写）¥31640.00 |

| 销售方 | 名　　　称：广东珠江钢材有限公司
纳税人识别号：440703568268026
地　址、电话：惠州市惠南大道 96 号 86637584
开户行及账号：惠州建行惠南支行 71606313052 | 备注 | |

收款人：　　　复核：　　　开票人：李少敏　　　销售方：（章）

第三联：发票联　购买方记账凭证

图 5-7　增值税专用发票

1）个别计价法

个别计价法也称个别认定法、分批实际法、具体辨认法，是指逐一辨认各批发出材料和期末材料所属的购进批别或生产批别，分别按其购入或生产时所确定的单位成本计算该批材料的发出成本与期末结存成本的一种方法。其具体计算公式为：

$$本期发出材料成本 = \sum 发出材料数量 \times 该件（或批）材料单价$$

$$期末结存材料成本 = 期初结存材料成本 + 本期收入材料成本 - 本期发出材料成本$$

【例 5-5】 广东新力电器有限公司对 DCL 电路板采用个别计价法进行核算，2019 年 7 月份 DCL 电路板的收入、发出、结存等明细资料，如表 5-1 所示。

表 5-1　　　　　　　　原材料明细账

明细账户：DCL 电路板　　　　　　　　　　　　　　　　　　　　单位：块

日期	摘要	收入			发出			结存		
		数量	单价	金额	数量	单价	金额	数量	单价	金额
7.1	上月结存							600	50	30 000
7.5	购入	400	52	20 800				600 400	50 52	30 000 20 800

(续表)

日期	摘要	收入			发出			结存		
		数量	单价	金额	数量	单价	金额	数量	单价	金额
7.10	发出				500 300	50 52	25 000 15 600	100 100	50 52	5 000 5 200
7.16	购入	500	55	27 500				100 100 500	50 52 55	5 000 5 200 27 500
7.20	发出				200 100 100	55 50 52	11 000 5 000 5 200	300	55	16 500
7.25	购入	300	52	15 600				300 300	55 52	16 500 15 600
7.31	本月合计	1 200		63 900	1 200		61 800	300 300	55 52	16 500 15 600

7月份DCL电路板的发出成本与期末结存成本的计算如下：

本期发出材料成本 = $500 \times 50 + 300 \times 52 + 200 \times 55 + 100 \times 50 + 100 \times 52 = 61\,800$(元)

期末结存材料成本 = $30\,000 + (400 \times 52 + 500 \times 55 + 300 \times 52) - 61\,800 = 32\,100$(元)

采用个别计价法一般需具备两个条件：一是材料项目必须是可以辨别认定的；二是必须有详细的记录，包括每一材料的品种、规格、入账时间、单位成本、存放地点等情况。

采用这一方法能随时计算出发出材料成本和期末结存材料成本，但计算工作量大。对于不能替代使用的材料、为特定项目专门购入或制造的材料以及提供的劳务，通常采用个别计价法确定发出材料的成本。

2）先进先出法

先进先出法是指以先购入的材料应先发出（销售或耗用）这样一种实物流动假设为前提，对发出材料成本与期末结存材料成本进行计算的一种方法。其具体计算公式为：

本期发出材料成本 = $\sum$ 先购进先发出材料数量 × 先购进先发出材料单价

期末结存材料成本 = 期初结存材料成本 + 本期收入材料成本 − 本期发出材料成本

【例 5-6】 广东新力电器有限公司对不锈钢板采用先进先出法进行核算，2019 年 7 月份不锈钢板的收入、发出、结存等明细资料，如表 5-2 所示。

表 5-2　　　　　　　　　　　　　　原材料明细账

明细账户：不锈钢板　　　　　　　　　　　　　　　　　　　　　　　　　　单位：千克

日期	摘要	收入			发出			结存		
		数量	单价	金额	数量	单价	金额	数量	单价	金额
7.1	上月结存							900	14.00	12 600

(续表)

日期	摘要	收入			发出			结存		
		数量	单价	金额	数量	单价	金额	数量	单价	金额
7.6	购入	1 600	15.00	24 000				900 1 600	14.00 15.00	12 600 24 000
7.10	发出				900 1 100	14.00 15.00	12 600 16 500	500	15.00	7 500
7.18	购入	1 200	14.50	17 400				500 1 200	15.00 14.50	7 500 17 400
7.24	发出				500 900	15.00 14.50	7 500 13 050	300	14.50	4 350
7.27	购入	600	14.00	8 400				300 600	14.50 14.00	4 350 8 400
7.31	本月合计	3 400		49 800	3 400		49 650	300 600	14.50 14.00	4 350 8 400

7月份不锈钢板的发出成本与期末结存成本的计算如下：

本期发出材料成本 $= 900 \times 14 + 1\,100 \times 15 + 500 \times 15 + 900 \times 14.5 = 49\,650$ (元)

期末结存材料成本 $= 12\,600 + (1\,600 \times 15 + 1\,200 \times 14.5 + 600 \times 14) - 49\,650 = 12\,750$ (元)

采用先进先出法进行材料成本核算，购入材料时，需逐笔登记收入材料的数量、单价和金额，发出材料时，按照先进先出的原则，逐笔登记材料的发出数量、单价和金额以及结存数量、单价和金额。

采用这一方法，期末结存材料成本反映的是近期入库材料的成本，因而期末结存成本近于市场价。同时，该方法能随时结转发出材料成本，但计算工作量大，适用于收发材料次数不多的材料计价。

3) 加权平均法

加权平均法通常采用月末一次加权平均，是指以本月期初结存材料数量和本月购进材料数量作为权数，计算本月材料的加权平均单价，以此为基础计算本月发出材料成本和期末结存材料成本的一种方法。具体计算公式为：

$$材料加权平均单价 = \frac{期初结存材料成本 + 本期收入材料数成本}{期初结存材料数量 + 本期收入材料数量}$$

$$本期发出材料成本 = 本期发出材料数量 \times 材料加权平均单价$$

$$期末结存材料成本 = 期末结存材料数量 \times 材料加权平均单价$$

如果计算出的材料加权平均单价需要进行四舍五入，为了保证账面数字之间的平衡关系，需采用倒挤法计算本期发出材料成本。具体计算公式为：

期末结存材料成本 = 期末结存材料数量 × 材料加权平均单价

本期发出材料成本 = 期初结存材料成本 + 本期收入材料成本 − 期末结存材料成本

【例 5-7】 广东新力电器有限公司对塑料采用加权平均法进行核算,2019 年 7 月份塑料的收入、发出、结存等明细资料,如表 5-3 所示。

表 5-3　　　　　　　　　　　　　　原材料明细账

明细账户:塑料　　　　　　　　　　　　　　　　　　　　　　　　　　　　　单位:千克

日期	摘要	收入			发出			结存		
		数量	单价	金额	数量	单价	金额	数量	单价	金额
7.1	上月结存							1 000	11.00	11 000
7.9	购入	1 000	10.50	10 500				2 000		
7.12	发出				1 800			200		
7.16	购入	1 600	11.50	18 400				1 800		
7.20	发出				1 500			300		
7.26	购入	700	11.00	7 700				1 000	11.07	11 070
7.31	本月合计	3 300		36 600	3 300		36 530	1 000	11.07	11 070

7 月份塑料的发出成本与期末结存成本的计算如下:

$$材料加权平均单价 = (11\,000 + 36\,600) \div (1\,000 + 3\,300) = 11.07(元)$$

$$期末结存材料成本 = 1\,000 \times 11.07 = 11\,070(元)$$

$$本期发出材料成本 = 11\,000 + 36\,600 − 11\,070 = 36\,530(元)$$

采用加权平均法,只在月末进行一次加权平均单价的计算,比较简单,有利于简化成本计算工作,但由于平时无法从账上提供结存材料的单价与金额,因此,不利于材料的日常管理和控制。

4) 发出材料会计核算

小企业按照前述发出材料成本计算方法确定发出材料的成本之后,应根据领料单等发料凭证编制发出材料汇总表,据以进行材料发出的总分类核算。发出材料,按其用途或领用部门,借记有关成本费用账户,贷记"原材料"账户。其中,生产产品领用的,借记"生产成本——基本生产成本"账户;辅助生产领用的,借记"生产成本——辅助生产成本"账户;车间管理及一般耗用而领用的,借记"制造费用"账户;厂部(行政)管理部门领用的,借记"管理费用"账户;专设销售机构领用的,借记"销售费用"账户;用于职工集体福利的,借记"应付职工薪酬"账户;专项工程领用的,借记"在建工程"账户。

【例 5-8】 广东新力电器有限公司对原材料采用实际成本法进行核算,根据 2019 年 8 月份领料单等发料凭证汇总编制本月发出材料汇总表,如表 5-4 所示。

表 5-4　　　　　　　　　　　　　　　发出材料汇总表

2019 年 8 月　　　　　　　　　　　　　　　　　　　　　金额单位：元

部门或用途	不锈钢板		塑料		DRH 电路板		DCL 电路板		合计
	数量	金额	数量	金额	数量	金额	数量	金额	
生产电热水壶	1 800	25 200	1 800	19 800	5 500	66 000			111 000
生产电磁炉	1 200	16 800	1 200	13 200			1 200	61 800	91 800
车间一般耗用	400	5 600	260	2 860					8 460
管理部门领用			40	440					440
合计	3 400	47 600	3 300	36 300	5 500	66 000	1 200	61 800	211 700

根据表 5-4 进行本月发出材料的总分类核算。新力公司账务处理如下所述。

借：生产成本——基本生产成本——电热水壶　　　　　　　　　　111 000.00
　　　　　　　　　　　　　　——电磁炉　　　　　　　　　　　　91 800.00
　　制造费用　　　　　　　　　　　　　　　　　　　　　　　　　8 460.00
　　管理费用　　　　　　　　　　　　　　　　　　　　　　　　　　440.00
　　贷：原材料——不锈钢板　　　　　　　　　　　　　　　　　　47 600.00
　　　　　　——塑料　　　　　　　　　　　　　　　　　　　　　36 300.00
　　　　　　——DRH 电路板　　　　　　　　　　　　　　　　　　66 000.00
　　　　　　——DCL 电路板　　　　　　　　　　　　　　　　　　61 800.00

5.2.3　计划成本法核算

1. 账户设置

1)"原材料"账户

"原材料"账户与按实际成本法核算的内容基本相同。区别在于该账户借方、贷方及余额均按计划成本计价。"原材料"账户结构，如图 5-8 所示。

原材料	
期初：库存的各种材料的计划成本 本期：登记已验收入库的各种材料的计划成本	登记发出的各种材料的计划成本
期末：库存的各种材料的计划成本	

图 5-8　"原材料"账户结构

2)"材料采购"账户

"材料采购"账户属于资产类账户，适用于采用计划成本法进行材料、商品等物资的日常核算的小企业，核算已购买但尚未到达或尚未验收入库的各种物资的实际采购成本。该账户借方登记小企业购入但尚未到达或尚未验收入库物资的实际采购成本，贷方登记验收入库物资的实际采购成本,期末余额在借方,反映小企业在途物资的实际采购成本。

"材料采购"账户应按供应单位和物资品种设置明细分类账,进行明细分类核算。"材料采购"账户结构,如图5-9所示。

材料采购	
期初:在途物资的实际采购成本 本期:登记购入但尚未到达或尚未验收入库物资的实际采购成本	登记验收入库物资的实际采购成本
期末:在途物资的实际采购成本	

图 5-9 "材料采购"账户结构

3)"材料成本差异"账户

"材料成本差异"账户核算小企业采用计划成本法核算收入、发出及结存材料、商品等物资的实际成本与计划成本的差异。该账户属于资产类账户,是"原材料"账户的备抵调整账户,借方登记验收入库材料等物资的实际成本大于计划成本的差异(超支差异)及发出材料等物资应负担的节约差异,贷方登记验收入库材料等物资的实际成本小于计划成本的差异(节约差异)及发出材料等物资应负担的超支差异,期末余额若在贷方,反映小企业库存材料等物资的节约差异,期末余额若在借方,反映小企业库存材料等物资的超支差异。

"材料成本差异"账户应按材料等物资的类别或品种设置明细分类账,进行明细分类核算。"材料成本差异"账户结构,如图5-10所示。

材料成本差异	
本期:验收入库材料等物资的实际成本大于计划成本的差异(超支差异)及发出材料等物资应负担的节约差异	期初:库存材料等物资的节约差异 登记验收入库材料等物资的实际成本小于计划成本的差异(节约差异)及发出材料等物资应负担的超支差异
	期末:库存材料等物资的节约差异

图 5-10 "材料成本差异"账户结构

2. 材料购进核算

1) 结算凭证与材料同时到达

(1) 收到结算凭证时,小企业应按取得的发票等结算凭证所记载的材料价款(材料实际采购成本),借记"材料采购"账户,按增值税专用发票上注明的税额,借记"应交税费——应交增值税——进项税额"账户,按实际支付或应付款项,贷记"银行存款""其他货币资金""应付账款"等账户。

(2) 材料验收入库时,小企业应按材料的计划成本,借记"原材料"账户,按材料的实际采购成本,贷记"材料采购"账户,按材料的实际成本与计划成本的差异,借记或贷记"材料成本差异"账户。

【例 5-9】 2019 年 8 月 3 日,广东立德服饰有限公司向珠海市丰华印染公司购入印花布一批,收到增值税专用发票,发票注明价款 14 250 元,增值税 1 852.5 元。印花布按计划成本法核算,计划成本为 15 000 元,印花布已验收入库,货款已支付。立德公司账务处理如下所述。

(1) 收到发票等结算凭证时:

借:材料采购——丰华印染公司　　　　　　　　　　　　　　　　　14 250.00
　　应交税费——应交增值税——进项税额　　　　　　　　　　　　 1 852.50
　　贷:银行存款　　　　　　　　　　　　　　　　　　　　　　　16 102.50

(2) 材料验收入库时:

借:原材料——印花布　　　　　　　　　　　　　　　　　　　　　15 000.00
　　贷:材料采购——丰华印染公司　　　　　　　　　　　　　　　14 250.00
　　　　材料成本差异——印花布　　　　　　　　　　　　　　　　　　750.00

2) 结算凭证先到,材料后到

小企业应根据取得的发票等结算凭证所记载的材料实际成本,借记"材料采购"账户,待收到材料并验收入库后,再根据收料单,由"材料采购"账户结转到"原材料"账户,并计算材料成本差异,按其差异额,借记或贷记"材料成本差异"账户。

【例 5-10】 2019 年 8 月 6 日,广东立德服饰有限公司向江苏苏州市苏绣布业公司采购锦纶布一批,收到增值税专用发票一张,发票注明价款 24 000 元,增值税额 3 120 元,运费增值税专用发票一张,注明运杂费 420 元、增值税额 37.8 元,结算凭证经审核无误,同意付款,材料尚未收到。立德公司账务处理如下所述。

借:材料采购——苏绣布业公司　　　　　　　　　　　　　　　　　24 420.00
　　应交税费——应交增值税——进项税额　　　　　　　　　　　　 3 157.80
　　贷:银行存款　　　　　　　　　　　　　　　　　　　　　　　27 577.80

【例 5-11】 承[例 5-10],2019 年 8 月 8 日,广东立德服饰有限公司收到 8 月 6 日向江苏苏州市苏绣布业公司采购的锦纶布,并验收入库。锦纶布按计划成本法核算,计划成本为 20 000 元。立德公司账务处理如下所述。

借:原材料——锦纶布　　　　　　　　　　　　　　　　　　　　　20 000.00
　　材料成本差异——锦纶布　　　　　　　　　　　　　　　　　　 4 420.00
　　贷:材料采购——苏绣布业公司　　　　　　　　　　　　　　　24 420.00

3) 材料先到,结算凭证后到

对于发票等结算凭证尚未收到的,平时暂不进行账务处理,待发票等结算凭证收到后才按"结算凭证与材料同时到达"的情况进行账务处理。若到月末,结算凭证还未收到,则需按材料的计划成本暂估入账,借记"原材料"账户,贷记"应付账款——暂估应付账款"账户,下月月初用红字作同样的会计分录予以冲回,以便下月收到发票账单等结算凭证时能按正常程序进行账务处理。

【例 5-12】 2019 年 7 月 30 日,广东立德服饰有限公司向江苏苏州市苏绣布业公司采购涤纶布一批。涤纶布按计划成本核算,计划成本为 16 000 元,涤纶布已验收入库,但发票等结算凭证尚未收到,货款尚未支付;7 月 31 日,发票等结算凭证还未收到;8 月 3 日,收到开户银行转来的增值税专用发票等结算凭证,发票注明价款 15 000 元,增值税额 1 950 元,运费增值税专用发票一张,发票注明运杂费 400 元、增值税额 36 元,结算凭证经审核无误,同意付款。立德公司账务处理如下所述。

(1) 7 月 30 日涤纶布验收入库时,发票等结算凭证尚未收到,暂不入账。

(2) 7 月 31 日(月末),发票等结算凭证还未收到,按计划成本暂估入账。

借:原材料——涤纶布　　　　　　　　　　　　　　　　　　　16 000.00
　　贷:应付账款——暂估应付账款　　　　　　　　　　　　　　　　16 000.00

(3) 8 月 1 日(下月月初),做红字会计分录予以冲回。

借:原材料——涤纶布　　　　　　　　　　　　　　　　　　　16 000.00
　　贷:应付账款——暂估应付账款　　　　　　　　　　　　　　　　16 000.00

(4) 8 月 3 日,收到发票等结算凭证,支付货款。

支付货款时:

借:材料采购——苏绣布业公司　　　　　　　　　　　　　　　15 400.00
　　应交税费——应交增值税——进项税额　　　　　　　　　　 1 986.00
　　贷:银行存款　　　　　　　　　　　　　　　　　　　　　　　　17 386.00

结转"材料采购",转入"原材料"账户,并计算材料成本差异。

借:原材料——涤纶布　　　　　　　　　　　　　　　　　　　16 000.00
　　贷:材料采购——苏绣布业公司　　　　　　　　　　　　　　　　15 400.00
　　　　材料成本差异——涤纶布　　　　　　　　　　　　　　　　　　600.00

3. 材料发出核算

在计划成本法核算下,发出材料的核算主要包括以下三个方面的内容。

1) 结转发出材料的计划成本

月末,小企业应根据领料单等发料凭证按计划成本编制发出材料汇总表,按照材料的用途或领用部门,借记有关成本费用账户,贷记"原材料"账户。

【例 5-13】 广东立德服饰有限公司对原材料采用计划成本法进行核算,根据 2019 年 8 月份领料单等发料凭证汇总编制本月发出材料汇总表,如表 5-5 所示。

表 5-5　　　　　　　　　　　发出材料汇总表
2019 年 8 月　　　　　　　　　　　　　　　　　　　　　　　　　　　单位:元

部门或用途	印花布		锦纶布		涤纶布		合计
	数量	计划成本	数量	计划成本	数量	计划成本	
生产休闲服用	800	8 000	1 800	18 000	1 000	8 000	34 000.00
生产童装用	1 000	10 000	1 600	16 000	1 500	12 000	38 000.00

(续表)

部门或用途	印花布		锦纶布		涤纶布		合计
	数量	计划成本	数量	计划成本	数量	计划成本	
车间一般耗用	100	1 000					1 000.00
管理部门领用	100	1 000	100	1 000			2 000.00
合计	2 000.00	20 000.00	3 500.00	35 000.00	2 500.00	20 000.00	75 000.00

根据表5-5进行本月发出材料的总分类核算。立德公司账务处理如下：

借：生产成本——基本生产成本——休闲服　　　　　　34 000.00
　　　　　　　　　　　　　　　——童装　　　　　　　38 000.00
　　制造费用　　　　　　　　　　　　　　　　　　　　1 000.00
　　管理费用　　　　　　　　　　　　　　　　　　　　2 000.00
　　贷：原材料——印花布　　　　　　　　　　　　　　20 000.00
　　　　　　　——锦纶布　　　　　　　　　　　　　　35 000.00
　　　　　　　——涤纶布　　　　　　　　　　　　　　20 000.00

2) 计算并结转发出材料成本差异

(1) 计算发出材料成本差异。发出材料成本差异是根据发出材料计划成本与材料成本差异率计算确定的，具体计算公式为：

$$材料成本差异率 = \frac{期初结存材料成本差异 + 本期收入材料成本差异}{期初结存材料计划成本 + 本期收入材料计划成本}$$

$$本期发出材料成本差异 = 本期发出材料计划成本 \times 材料成本差异率$$

$$期末结存材料成本差异 = 期末结存材料计划成本 \times 材料成本差异率$$

如果计算出的材料成本差异率，需要进行四舍五入，则需采用倒挤法计算本期发出材料成本差异，具体计算公式为：

$$期末结存材料成本差异 = 期末结存材料计划成本 \times 材料成本差异率$$

$$本期发出材料成本差异 = 期初结存材料成本差异 + 本期收入材料成本差异 - 期末结存材料成本差异$$

(2) 结转发出材料成本差异。如果计算出的发出材料成本差异额为正数（超支差异、借方差异），则结转发出材料成本差异时，应借记有关成本费用账户，贷记"材料成本差异"账户。

如果计算出的发出材料成本差异额为负数（节约差异、贷方差异），则结转发出材料成本差异时，应借记"材料成本差异"账户，贷记有关成本费用账户。

【例5-14】 广东立德服饰有限公司对原材料采用计划成本法进行核算，2019年8月发出材料情况，如表5-5所示。8月份收、发、存材料的计划成本及成本差异情况，如表5-6所示。

表 5-6　　　　　　　　　　　材料计划成本及成本差异汇总表
　　　　　　　　　　　　　　　　2019 年 8 月　　　　　　　　　　　　　　　　单位:元

材料类别	计划成本				材料成本差异			
	期初	收入	发出	期末	期初	收入	发出	期末
印花布	10 000.00	15 000.00	20 000.00	5 000.00	150.00	-750.00		
锦纶布	25 000.00	20 000.00	35 000.00	10 000.00	-1 000.00	4 420.00		
涤纶布	12 000.00	16 000.00	20 000.00	8 000.00	180.00	-600.00		
合计	47 000.00	51 000.00	75 000.00	23 000.00	-670.00	3 070.00		

根据表 5-5 和表 5-6 计算并结转本月发出材料成本差异。

(1) 印花布材料成本差异的计算:

$$材料成本差异率 = (150 - 750) \div (10\,000 + 15\,000) \times 100\% = -2.4\%$$
$$本月发出材料成本差异 = 20\,000 \times (-2.4\%) = -480(元)$$
$$月末结存材料成本差异 = 5\,000 \times (-2.4\%) = -120(元)$$

立德公司账务处理如下所述。

借:材料成本差异——印花布　　　　　　　　　　　　　　　　　480.00
　　贷:生产成本——基本生产成本——休闲服　　　　　　　　　　192.00
　　　　　　　　　　　　　　　　　——童装　　　　　　　　　　240.00
　　　　制造费用　　　　　　　　　　　　　　　　　　　　　　　24.00
　　　　管理费用　　　　　　　　　　　　　　　　　　　　　　　24.00

(2) 锦纶布材料成本差异的计算:

$$材料成本差异率 = (-1\,000 + 4\,420) \div (25\,000 + 20\,000) \times 100\% = 7.6\%$$
$$本月发出材料成本差异 = 35\,000 \times 7.6\% = 2\,660(元)$$
$$月末结存材料成本差异 = 10\,000 \times 7.6\% = 760(元)$$

立德公司账务处理如下所述。

借:生产成本——基本生产成本——休闲服　　　　　　　　　　1 368.00
　　　　　　　　　　　　　　　——童装　　　　　　　　　　　1 216.00
　　管理费用　　　　　　　　　　　　　　　　　　　　　　　　76.00
　　贷:材料成本差异——锦纶布　　　　　　　　　　　　　　　2 660.00

(3) 涤纶布材料成本差异的计算:

$$材料成本差异率 = (180 - 600) \div (12\,000 + 16\,000) \times 100\% = -1.5\%$$
$$本月发出材料成本差异 = 20\,000 \times (-1.5\%) = -300(元)$$
$$月末结存材料成本差异 = 8\,000 \times (-1.5\%) = -120(元)$$

立德公司账务处理如下所述。

借:材料成本差异——涤纶布　　　　　　　　　　　　　　　　　300.00
　　贷:生产成本——基本生产成本——休闲服　　　　　　　　　　120.00
　　　　　　　　　　　　　　　　　——童装　　　　　　　　　　180.00

3) 计算材料实际成本

小企业必须按月计算并结转发出材料成本差异,将发出材料计划成本调整为实际成本。本期发出材料与期末结存材料的实际成本的计算公式为:

$$本期发出材料实际成本 = 本期发出材料计划成本 + 本期发出材料成本差异$$

$$期末结存材料实际成本 = 期末结存材料计划成本 + 期末结存材料成本差异$$

【例 5-15】 承[例 5-14],计算 8 月份发出材料与结存材料的实际成本。

(1) 印花布实际成本计算:

$$发出材料实际成本 = 20\,000 + (-480) = 19\,520(元)$$

$$结存材料实际成本 = 5\,000 + (-120) = 4\,880(元)$$

(2) 锦纶布实际成本计算:

$$发出材料实际成本 = 35\,000 + 2\,660 = 37\,660(元)$$

$$结存材料实际成本 = 10\,000 + 760 = 10\,760(元)$$

(3) 涤纶布实际成本计算:

$$发出材料实际成本 = 20\,000 + (-300) = 19\,700(元)$$

$$结存材料实际成本 = 8\,000 + (-120) = 7\,880(元)$$

5.3 周转材料核算

周转材料是指小企业能够多次使用,逐渐转移其价值但仍保持原有形态,不能确认为固定资产的材料。周转材料包括低值易耗品、包装物以及建筑小企业的钢模板、木模板、脚手架等。

5.3.1 低值易耗品核算

1. 核算内容

低值易耗品是指不符合固定资产确认条件的各种用具物品,如工具、管理用具、玻璃器皿、劳动保护用品以及在经营过程中周转使用的容器等。由于其价值较低、使用年限较短,且易于损坏,不能作为固定资产管理,在会计上归为存货类,视同存货进行管理。低值易耗品按其用途可以划分为:

(1) 一般用具是指生产中常用的工具,如刀具、量具、夹具、装配工具等。

(2) 专用工具是指专用于制造某一特定产品,或在某一特定工序上使用的工具、专用模具等。

(3) 替换设备是指容易磨损或为制造不同产品需要替换使用的各种设备。

(4) 管理用具是指在管理上使用的各种家具、用具,如办公用具等。

(5) 劳保用品是指为了安全生产而发给工人作为劳动保护用的工作服、工作鞋和各种防护用品等。

(6) 其他是指不属于上述各类的低值易耗品。

2. 账户设置

小企业应设置"周转材料——低值易耗品"账户,核算低值易耗品的增减变动及其结存情况。该账户属于资产类账户,借方登记验收入库的低值易耗品的成本,贷方登记发出或摊销低值易耗品的成本,期末余额在借方,表示在库低值易耗品的成本以及在用低值易耗品的摊余价值。

该账户应分别设置"在库""在用""摊销"等明细账户进行明细分类核算。"周转材料——低值易耗品"账户结构,如图 5-11 所示。

周转材料——低值易耗品

期初:库存低值易耗品的成本 本期:登记验收入库的低值易耗品的成本	登记发出或摊销低值易耗品的成本
期末:在库低值易耗品的成本以及在用低值易耗品的摊余价值	

图 5-11 "周转材料——低值易耗品"账户结构

3. 会计核算

小企业购进低值易耗品的核算与原材料购进的核算基本相同,这里不再复述。小企业领用低值易耗品,通常采用一次转销法,对于金额较大的低值易耗品也可以采用分次摊销法进行核算。

1)一次转销法

一次转销法是指在领用低值易耗品时,将其成本一次性(全部)计入生产成本或当期损益的方法。采用一次转销法,领用低值易耗品时,应按领用部门或用途,借记"生产成本""制造费用""管理费用"等账户,贷记"周转材料——低值易耗品——在库"账户。

【例 5-16】 2019 年 8 月 1 日,广东新力电器有限公司生产车间领用专用修理工具 1 套,实际成本为 500 元,行政办公室领用办公椅 2 张,价值 320 元。该专用修理工具与办公椅采用一次摊销法进行核算。新力公司账务处理如下所述。

```
借:制造费用                                          500.00
    管理费用                                          320.00
    贷:周转材料——低值易耗品——在库                    820.00
```

附原始凭证:低值易耗品出库单,如图 5-12 和图 5-13 所示。

低值易耗品出库单

用途:生产车间用　　　　　2019 年 8 月 1 日　　　　　　　　　　单位:元

名称及规格	单位	请领数量	实发数量	单价	金额(元)
修理工具	套	1	1	500.00	500.00

仓库主管:陈伟峰　　　　　经手人:刘江　　　　　　保管员:谢丽敏

图 5-12 低值易耗品出库单

低值易耗品出库单

用途：行政办公室用　　　　　2019 年 8 月 1 日　　　　　　　　　　单位：元

名称及规格	单位	请领数量	实发数量	单价	金额(元)
办公椅	张	2	2	160.00	320.00

仓库主管：陈伟峰　　　　　经手人：刘江　　　　　　　　保管员：谢丽敏

图 5-13　低值易耗品出库单

2）分次摊销法

分次摊销法是指在领用低值易耗品时，根据其可使用的次数，按照其受益对象平均计入生产成本或当期损益的摊销方法。低值易耗品采用该方法进行核算，主要有以下几个环节：

(1) 小企业领用低值易耗品时，按其成本，借记"周转材料——低值易耗品——在用"账户，贷记"周转材料——低值易耗品——在库"账户。

(2) 按其使用次数平均摊销时，借记"生产成本""制造费用""管理费用"等账户，贷记"周转材料——低值易耗品——摊销"账户。

(3) 全部摊销完时，应转销低值易耗品的成本及其摊销的价值，借记"周转材料——低值易耗品——摊销"账户，贷记"周转材料——低值易耗品——在用"账户。

【例 5-17】 2019 年 8 月 2 日，广东新力电器有限公司生产车间领用文件柜 1 个，实际成本为 1 500 元，预计使用 2 年，使用期满，文件柜报废，入库残料作价 100 元。该文件柜采用分次摊销法（按 2 次进行摊销）进行核算。新力公司账务处理如下所述。

(1) 领用文件柜时：

借：周转材料——低值易耗品——在用　　　　　　　　　　　　　　1 500.00
　　贷：周转材料——低值易耗品——在库　　　　　　　　　　　　　　1 500.00

附原始凭证：低值易耗品出库单，如图 5-14 所示。

低值易耗品出库单

用途：生产车间用　　　　　2019 年 8 月 2 日　　　　　　　　　　单位：元

名称及规格	单位	请领数量	实发数量	单价	金额
文件柜	个	1	1	1 500.00	1 500.00

仓库主管：陈伟峰　　　　　经手人：刘江　　　　　　　　保管员：谢丽敏

图 5-14　低值易耗品出库单

(2) 领用时，摊销其 50% 的成本：

借：制造费用　　　　　　　　　　　　　　　　　　　　　　　　　　750.00
　　贷：周转材料——低值易耗品——摊销　　　　　　　　　　　　　　750.00

附原始凭证：低值易耗品摊销计算表，如图 5-15 所示。

低值易耗品摊销计算表

用途:生产车间用　　　　　　　　2019年8月2日　　　　　　　　　　单位:元

名称及规格	单位	数量	待摊金额	本期摊销比例	摊销金额
文件柜	个	1	1 500	50%	750.00

会计主管:陈海涛　　　　　　　会计:杨晓梅　　　　　　　制表:朱玲玲

图 5-15　低值易耗品摊销计算表

（3）文件柜报废时,残料入库并摊销剩余50%成本:

借:原材料　　　　　　　　　　　　　　　　　　　　　　　　100.00
　　制造费用　　　　　　　　　　　　　　　　　　　　　　　650.00
　　贷:周转材料——低值易耗品——摊销　　　　　　　　　　750.00

（4）转销低值易耗品的成本及其摊销价值:

借:周转材料——低值易耗品——摊销　　　　　　　　　　　1 500.00
　　贷:周转材料——低值易耗品——在用　　　　　　　　　　1 500.00

5.3.2　包装物核算

1. 核算内容

包装物是指为包装小企业的商品或产品而储备的各种包装物,如桶、箱、瓶、坛、袋等。

1) 包装物核算内容

(1) 生产过程领用作为产品组成部分的包装物。

(2) 随产品出售单独计价的包装物。

(3) 随产品出售不单独计价的包装物。

(4) 在销售中出租或出借给购货方使用的包装物。

2) 不属于包装物核算范围

(1) 各种包装材料,如纸、绳、铁丝、铁皮等,应作为"原材料"进行核算。

(2) 用于储存和保管商品、材料而不对外出售的包装物,应按其价值大小分别作为"固定资产"或"周转材料——低值易耗品"进行管理和核算。

(3) 单独作为小企业商品或产品的自制包装物,应作为"库存商品"进行核算。

2. 账户设置

小企业应设置"周转材料——包装物"账户,核算包装物的增减变动及其价值损耗、结存等情况。该账户属于资产类账户,借方登记验收入库的包装物的成本,贷方登记小企业领用、摊销、对外销售而减少包装物的成本,期末余额在借方,表示小企业库存包装物的成本以及在用包装物的摊余价值。

该账户应分别设置"在库""在用""摊销"等明细账户进行明细分类核算。"周转材料——包装物"账户结构,如图5-16所示。

周转材料——包装物	
期初:库存包装物的成本 本期:登记验收入库的包装物的成本	登记领用、摊销、对外销售而减少包装物的成本
期末:库存包装物的成本以及在用包装物的摊余价值	

图 5-16 "周转材料——包装物"账户结构

3. 会计核算

小企业购进包装物的核算与原材料购进的核算基本相同,这里不再复述。发出包装物主要包括有生产领用、随产品出售、出租或出借等情形。

1) 生产领用包装物核算

生产领用包装物,应按领用包装物的实际成本,借记"生产成本"账户,贷记"周转材料——包装物——在库"账户。

【例 5-18】 2019 年 8 月 6 日,广东新力电器有限公司生产车间为包装电磁炉而领用包装纸箱一批,实际成本为 800 元。新力公司账务处理如下所述。

借:生产成本——电磁炉　　　　　　　　　　　　　　　　　　　　　800.00
　　贷:周转材料——包装物——在库　　　　　　　　　　　　　　　　　　800.00

附原始凭证:包装物出库单,如图 5-17 所示。

包装物出库单

用途:包装产品用　　　　2019 年 8 月 6 日　　　　　　　　单位:元

名称及规格	单位	请领数量	实发数量	单价	金额
包装纸箱	批	1	1	800.00	800.00

仓库主管:陈伟峰　　　　　经手人:刘江　　　　　保管员:谢丽敏

图 5-17 包装物出库单

2) 随产品出售不单独计价包装物核算

随产品出售不单独计价包装物,主要是为了保证产品销售的顺利进行而提供的服务,因此,这部分包装物的成本应作为小企业的销售费用处理,记入"销售费用"账户,按其成本,借记"销售费用"账户,贷记"周转材料——包装物——在库"账户。

【例 5-19】 2019 年 8 月 7 日,广东新力电器有限公司为销售电热水壶而领用不单独计价的包装纸箱一批,实际成本为 400 元。新力公司账务处理如下所述。

借:销售费用　　　　　　　　　　　　　　　　　　　　　　　　　　400.00
　　贷:周转材料——包装物——在库　　　　　　　　　　　　　　　　　　400.00

附原始凭证:包装物出库单,如图 5-18 所示。

包装物出库单

用途：销售产品用　　　　　　2019 年 8 月 7 日　　　　　　　　　　单位：元

名称及规格	单位	请领数量	实发数量	单价	金额（元）
包装纸箱	批	1	1	400.00	400.00

仓库主管：陈伟峰　　　　　　经手人：刘江　　　　　　　　　保管员：谢丽敏

图 5-18　包装物出库单

3）随产品出售单独计价包装物核算

随产品出售单独计价包装物，实际上是出售包装物。核算时，一方面，应反映包装物销售收入，记入"其他业务收入"账户，借记"银行存款"等账户，贷记"其他业务收入""应交税费——应交增值税——销项税额"等账户；另一方面，应反映包装物实际销售成本，记入"其他业务成本"账户，借记"其他业务成本"账户，贷记"周转材料——包装物——在库"账户。

4）出租或出借包装物核算

出租包装物是指小企业因销售产品，以出租方式有偿提供给购货单位暂时使用的包装物。出借包装物是指小企业因销售产品，以出借形式无偿提供给购货单位使用的包装物。出租/出借包装物不需要结转其成本，但应当进行备查登记。出租/出借包装物的核算主要包括以下几个环节：

（1）收取出租/出借包装物的押金时，借记"银行存款"账户，贷记"其他应付款"账户。

（2）取得出租包装物的租金时，借记"银行存款"账户，贷记"营业外收入""应交税费——应交增值税——销项税额"等账户。

（3）出租/出借包装物到期，如数收回包装物，退回押金时，借记"其他应付款"账户，贷记"银行存款"账户；若包装物逾期不能收回或者包装物破损而没收押金时，借记"其他应付款"账户，贷记"营业外收入""应交税费——应交增值税——销项税额"等账户。

> **知识拓展 5-3**　　出租包装物收入核算的差别
>
> 《小企业会计准则》规定，小企业出租包装物取得的租金收入以及没收押金的收益计入营业外收入。而《企业会计准则》下企业出租包装物取得的租金收入以及没收押金的收益计入其他业务收入。

5.4　委托加工物资核算

5.4.1　委托加工物资核算内容

委托加工物资是指小企业委托外单位加工的各种材料、商品等物资。委托加工物资虽然存放在外单位，但其所有权属于委托小企业，加工完成后要收回，是小企业的存货资产。

委托加工物资一般应按实际成本计价核算，其实际成本包括发出加工材料、半成品或商品的实际成本、支付的加工费用、应负担的往返运杂费以及相关税费(但不包括可以抵扣的增值税)。

5.4.2 委托加工物资账户设置

小企业应设置"委托加工物资"账户,核算委托加工物资增减变动及其结存情况。该账户属于资产类账户,借方登记发出加工物资的成本、支付的加工费、应负担的运杂费以及应计入委托加工物资的相关税费等,贷方登记加工完成收回并验收入库物资的成本和退还剩余物资的实际成本,期末余额在借方,表示小企业尚未完工的委托加工物资的实际成本。

"委托加工物资"账户应按加工合同、委托加工单位以及加工物资的品种设置明细分类账,进行明细分类核算。"委托加工物资"账户结构,如图5-19所示。

委托加工物资

期初:结存委托加工物资的实际成本 本期:登记发出加工物资的成本、支付的加工费、应负担的运杂费以及应计入委托加工物资的相关税费	登记加工完成收回并验收入库物资的成本和退还剩余物资的实际成本
期末:尚未完工的委托加工物资的实际成本	

图 5-19 "委托加工物资"账户结构

5.4.3 委托加工物资会计核算

委托加工物资的核算主要包括发出加工物资、支付加工费用和相关税费、收回委托加工物资和剩余加工物资等几个环节。

1. 发出加工物资

小企业发出委托外单位加工的物资时,应按物资的实际成本,借记"委托加工物资"账户,贷记"原材料""库存商品"等账户。

2. 支付加工费、运杂费

小企业支付加工费、应负担的运杂费等时,应借记"委托加工物资""应交税费——应交增值税——进项税额"账户,贷记"银行存款"等账户。如果加工物资收回后用于免征增值税项目的,以及未能取得增值税专用发票的一般纳税人或小规模纳税人的加工物资,应将缴纳的增值税计入加工物资成本,借记"委托加工物资"账户,贷记"银行存款"等账户。

3. 支付应缴纳的消费税

委托加工物资属于应纳消费税的应税消费品,应由受托方在向委托方交货时代收代缴消费税。委托方在支付应缴纳的消费税时,应视不同情况区别处理:

(1) 如果委托加工的应税消费品收回后直接用于销售的,所支付的消费税应计入加工物资的成本,借记"委托加工物资"账户,贷记"银行存款"等账户。

(2) 如果委托加工的应税消费品收回后用于连续生产应税消费品的,所支付的消费税按规定准予抵扣以后销售环节应缴纳的消费税,核算时,借记"应交税费——应交消费税"账户,贷记"银行存款"等账户。

4. 加工完成收回加工物资和退回剩余物资

委托加工物资加工完成,收回加工物资并验收入库以及退回多余物资,应按加工收回物资的实际成本、剩余物资的成本,借记"原材料""库存商品"等账户,贷记"委托加工物资"账户。

5.5 存货清查核算

5.5.1 存货清查概述

存货清查是指通过对存货的实际盘点,确定存货的实有数量,并与账面结存数进行核对,从而确定存货实存数与账面结存数是否相符的一种专门方法。

存货清查的内容包括核对存货的账存数和实存数,查明盘盈、盘亏存货的品种、规格和数量,查明变质、毁损、积压存货的品种、规格和数量。对于存货的盘盈、盘亏,应填写存货盘点报告单(如实存账存对比表),及时查明原因,按规定程序报经股东大会、董事会或经理(厂长)会议批准,盘盈存货实现的收益计入营业外收入,盘亏存货发生的损失计入营业外支出。

> **知识拓展 5-4　　小企业不需对存货进行减值核算**
>
> 《小企业会计准则》规定,小企业的存货资产按照成本计量,不计提存货跌价准备(即不需对存货进行减值核算)。
>
> 而《企业会计准则》规定,企业期末存货应按成本与可变现净值孰低法进行计价,当有迹象表明存货发生减值时,企业应于期末计算存货的可变现净值,计提存货跌价准备,按其金额,借记"资产减值损失"账户,贷记"存货跌价准备"账户。

5.5.2 存货清查核算

小企业发生存货盘盈、盘亏或毁损通过"待处理财产损溢"账户进行核算。

1. 存货盘盈核算

小企业发生存货盘盈时,应按同类或类似存货的市场价格,借记"原材料""库存商品"等账户,贷记"待处理财产损溢——待处理流动资产损溢"账户;查明原因,报经批准后,借记"待处理财产损溢——待处理流动资产损溢"账户,贷记"营业外收入"账户。

> **知识拓展 5-5　　存货盘盈收入核算的差别**
>
> 《小企业会计准则》规定,小企业存货盘盈收入通过"营业外收入"核算。而《企业会计准则》下企业发生存货盘盈,其收入经批准冲减当期的"管理费用"。

【例5-20】 2019年7月31日,广东新力电器有限公司对原材料进行盘点,发现盘盈塑料50千克,实际成本为550元,经查属于材料收发计量方面的错误,经批准计入营业外收入。新力公司账务处理如下所述。

(1) 查明原因前:

借:原材料——塑料　　　　　　　　　　　　　　　　　　　　　　　　550.00
　　贷:待处理财产损溢——待处理流动资产损溢　　　　　　　　　　　550.00

附原始凭证:存货盘点报告单,如图5-20所示。

存货盘点报告单

2019年7月31日　　　　　　　　　　　　　　　　　　　　　单位:元

存货名称	规格型号	单位	数量		单价	盘盈		盘亏	
			账存	实存		数量	金额	数量	金额
塑料		千克	1 000	1 050	11.00	50	550.00		
合计		—	—	—	—	—	550.00		

仓库主管:陈伟峰　　　　　　　清查人:刘江　　　　　　　保管员:谢丽敏

图5-20　存货盘点报告单

(2) 查明原因,报经批准后:

借:待处理财产损溢——待处理流动资产损溢　　　　　　　　　　　550.00
　　贷:营业外收入——盘盈收益　　　　　　　　　　　　　　　　　550.00

2. 存货盘亏核算

小企业发生存货盘亏或毁损时,应按其账面成本及时转销,借记"待处理财产损溢——待处理流动资产损溢"账户,贷记"原材料""库存商品""应交税费——应交增值税——进项税额转出"(因管理不善造成被盗、丢失、霉烂变质的损失部分,应进行"增值税进项税额转出"核算)等账户;查明原因,报经批准处理后,根据造成盘亏或毁损的原因,分别进行核算处理。对于入库的残料价值,记入"原材料"等账户,对于应由保险公司和过失人赔偿的,记入"其他应收款"账户,扣除残料价值和保险公司、过失人的赔款后的净损失,记入"营业外支出"账户。

小企业发生存货盘亏或毁损损失,应按规定的程序和要求向主管税务机关申报后方可在税前扣除,未经申报的损失,不得在税前扣除。

【例5-21】 2019年8月31日,广东新力电器有限公司因管理不善造成一批DRH电路板毁损,实际成本为5 400元,增值税税率为13%,根据保险合同规定,应由保险公司赔偿5 000元。残料已办理入库手续,价值为500元。新力公司账务处理如下所述。

(1) 查明原因前:

进项税额转出 = 5 400 × 13% = 702(元)

借：待处理财产损溢——待处理流动资产损溢 6 102.00
  贷：原材料——DRH 电路板 5 400.00
    应交税费——应交增值税——进项税额转出 702.00

附原始凭证：存货盘点报告单，如图 5-21 所示。

存货盘点报告单

2019 年 8 月 31 日 单位：元

存货名称	规格型号	单位	数量		单价	盘盈		盘亏	
			账存	实存		数量	金额	数量	金额
DRH电路板		块	2 000	1 550	12.00			450	5 400.00
合计		—				—		—	5 400.00

仓库主管：陈伟峰 清查人：刘江 保管员：谢丽敏

图 5-21 存货盘点报告单

（2）查明原因，报经批准后：

借：其他应收款——保险赔偿 5 000.00
  原材料——DRH 电路板 500.00
  营业外支出——盘亏损失 602.00
  贷：待处理财产损溢——待处理流动资产损溢 6 102.00

【本章小结】

1. 存货是指小企业在日常经营活动中持有以备出售的产品或商品、处在生产过程中的在产品、在生产过程或提供劳务过程中耗用的材料或物料等，以及农、林、牧、渔小企业为出售而持有的，或在将来收获为农产品的消耗性生物资产。确认一项货物是否属于小企业的存货，首先需要符合存货的概念；其次要满足存货确认的两个条件：一是该存货包含的经济利益很可能流入小企业；二是该存货的成本能够可靠地计量。

2. 原材料是指小企业在生产过程中经过加工改变其形态或性质并构成产品主要实体的各种原料及主要材料、辅助材料、外购半成品（外购件）、修理用备件（备品备件）、包装材料、燃料等。原材料的日常核算方法有两种：实际成本法核算和计划成本法核算。实际成本法核算是指原材料的日常收入、发出及结存，无论是总分类核算，还是明细分类核算，全部按实际成本进行核算。计划成本法核算是指原材料的日常收入、发出及结存，无论是总分类核算，还是明细分类核算，全部按计划成本进行核算。

3. 周转材料是指小企业能够多次使用，逐渐转移其价值，但仍保持原有形态，不能确认为固定资产的材料。周转材料包括低值易耗品、包装物以及建筑小企业的钢模板、木模板、脚手架等。低值易耗品是指不符合固定资产确认条件的各种用具物品，如工具、管理用具、玻璃器皿、劳动保护用品以及在经营过程中周转使用的容器等。包装物是指为包装本小企业商品或产品而储备的各种包装物,如桶、箱、瓶、坛、袋等。

4. 委托加工物资是指小企业委托外单位加工的各种材料、商品等物资。委托加工物资一般应按实际成本计价核算,其实际成本包括发出加工材料、半成品或商品的实际成本、支付的加工费用、应负担的往返运杂费以及相关税费(但不包括可以抵扣的增值税)。

5. 存货清查是指通过对存货的实际盘点,确定存货的实有数量,并与账面结存数进行核对,从而确定存货实存数与账面结存数是否相符的一种专门方法。存货清查的内容包括核对存货的账存数和实存数,查明盘盈、盘亏存货的品种、规格和数量,查明变质、毁损、积压存货的品种、规格和数量。

第6章　固定资产核算

【目的要求】

1. 知识目标
(1) 能叙述固定资产的概念及其特征。
(2) 能叙述和列举固定资产的分类。
(3) 能叙述固定资产经营租赁的核算方法。
(4) 能正确进行固定资产折旧计算。
2. 技能目标
(1) 能编制固定资产购进的核算分录。
(2) 能编制固定资产建造的核算分录。
(3) 能编制固定资产折旧的核算分录。
(4) 能编制固定资产后续支出核算分录。
(5) 能编制固定资产处置与清查核算分录。
3. 情感目标
不为失败找借口，只为成功找办法。

【重点难点】

1. 固定资产购进核算。
2. 固定资产建造核算。
3. 固定资产折旧计算。
4. 固定资产处置核算。
5. 固定资产清查核算。

【情智故事】

不找借口的"最后一名"

1968年10月的一个晚上，一些忠实的田径迷们和少数记者仍然守候在墨西哥奥林匹克城的运动场上，他们要看看究竟是谁获得了"倒数第一名"，最后一个姗姗来迟的人。

1小时前，埃塞俄比亚的一名选手已经在上万名观众们的热烈掌声中摘走了金牌，接着银牌和铜牌也各有其主。

可左等右等，最后一名还是没出现，室外变得更暗了，还淅淅沥沥地下起了雨，不少人动了回家的念头。可就在他们决定转身离去时，从远处突然传来一阵警笛和哨子声——最后一名长跑者终于一瘸一拐地冲进了体育场内,只见他的腿上绑着一根绷带,而且还一直在流血。

熟悉的人一眼便认出了他,他是一名坦桑尼亚选手,名叫约翰·斯蒂芬·阿克瓦里。阿克瓦里之所以这么晚才到达,是因为在比赛中他被其他选手挤倒并踩伤,造成膝盖严重受伤和肩膀脱臼,在经过简单的包扎后,他依然选择了继续跑下去。

当播音员将阿克瓦里意外受伤并坚持跑完全程的内情播报出来后,场内的所有观众不约而同地起立并报以最热烈的掌声,由此也诞生了"奥林匹克历史上最伟大的一幕"。

当阿克瓦里朝观众席深深鞠完几个躬,然后跛着脚打算离开时,有记者上前挡住了他并问道:"受伤后,您为什么不选择退出比赛呢?你很清楚自己是不可能问鼎冠军的,完全有理由和必要退出比赛的。"

阿克瓦里看了看那名记者,然后认真地回应道:"我的祖国和教练花了那么多的财富和精力培养我,并把我送到万里之外的墨西哥来,不是为了听我说退出的借口,也不是为了开始比赛。"

"那究竟是为什么?"还没等阿克瓦里把话说完,记者便迫不及待地插话追问道。

"他们送我来是为了跑完比赛,在终点线上添上坦桑尼亚人脚印的!"阿克瓦里大声地回应道。

百分之九十九的失败都来自习惯为自己找借口的人,而成功者的心态和目标则是无论发生什么都要跑完比赛!因此,他们会果断地作出决定,并为之努力。

[情智点评] 不要把宝贵的时间和精力浪费在寻找合适的借口上,借口再好,也改变不了"没有成功"的结局,而且一旦养成习惯,就难免会一事无成。作为会计人员,在工作过程中,会遇到各种艰辛的挑战,此时必须要积极向上、勇于进取、淡定应对,绝不可以找借口推辞。

【基础知识】

6.1 固定资产概述

6.1.1 固定资产概念及确认

1. 固定资产概念

固定资产是指小企业为生产产品、提供劳务、出租或经营管理而持有的、使用寿命超过1个会计年度的有形资产。

从这一概念可以看出,作为小企业的固定资产具有以下三个特征:

(1) 固定资产是为生产产品、提供劳务、出租或经营管理而持有。其中,出租的固定资产是指用于出租的机器设备类固定资产,不包括以经营租赁方式出租的建筑物,后者属于小企业的投资性房地产,不属于固定资产。

(2) 固定资产使用寿命超过1个会计年度。固定资产属于长期资产,随着使用和磨损,通过计提折旧方式逐渐减少其账面价值。

(3) 固定资产为有形资产。固定资产具有实物特征,将固定资产与无形资产区别开来。

2. 固定资产确认

符合固定资产概念的资产,要确认为小企业的固定资产,还需要同时满足以下两个条件:

(1) 与该固定资产有关的经济利益很可能流入小企业。

(2) 该固定资产的成本能够可靠地计量。

判断某项固定资产所包含的经济利益是否很可能流入小企业,主要依据与该固定资产所有权相关的风险和报酬是否转移到了小企业。通常,只要与固定资产所有权相关的风险和报酬已转移到小企业,即使没有所有权也应确认为小企业的固定资产,如融资租入固定资产。

6.1.2 固定资产分类

小企业的固定资产种类繁多,在实际工作中,为了满足固定资产日常管理和会计核算的需要,可以按不同的标准予以分类。

1. 按经济用途分类

固定资产按经济用途,可分为生产经营用固定资产和非生产经营用固定资产两类。

(1) 生产经营用固定资产是指直接用于小企业的生产经营活动中的固定资产,如厂房、机器设备等。

(2) 非生产经营用固定资产是指不直接用于小企业的生产经营活动中的固定资产,如办公楼、食堂、职工宿舍等。

2. 按使用情况分类

固定资产按使用情况,可分为使用中的固定资产、未使用的固定资产和不需用的固定资产三种。

(1) 使用中的固定资产是指正在使用中的生产用和非生产用固定资产以及因季节性停工而暂停使用的固定资产和小企业正在经营性出租中的固定资产。

(2) 未使用的固定资产是指已完工尚未交付使用的固定资产、购入的尚未使用的固定资产,以及因改扩建等原因而暂停使用的固定资产。

(3) 不需用的固定资产是指小企业多余或不适用的固定资产。

3. 按所有权分类

固定资产按所有权,可分为自有的固定资产和租入的固定资产两种。

(1) 自有的固定资产是指固定资产的所有权属于本小企业的固定资产。

(2) 租入的固定资产是指固定资产的所有权不属于本小企业的固定资产。

4. 综合分类

固定资产按经济用途和使用情况进行综合分类,可分为:

(1) 生产经营用固定资产。

(2) 非生产经营用固定资产。

(3) 租出固定资产是指在经营租赁方式下,租给其他单位使用的机器设备类固定资产。

(4) 未使用的固定资产。

(5) 不需用的固定资产。

(6) 土地是指过去已经估价单独入账的土地。因征地而支付的补偿费,应计入与土地有关的房屋、建筑物的价值内,不单独作为土地价值入账。小企业取得的土地使用权,应作为无形资产管理,不作为固定资产。

(7) 融资租入固定资产是指小企业以融资租赁方式租入的固定资产,在租赁期内,应视同自有固定资产进行管理。

6.1.3 固定资产初始计量

小企业固定资产应当按照实际成本进行初始计量。由于小企业取得固定资产的途径和方式不同,其入账成本也有所不同。

1. 外购固定资产入账成本

外购固定资产,应按实际支付的购买价款、相关税费以及固定资产竣工结算前发生的可直接归属于该资产的运输费、装卸费、安装费和专业人员服务费等,作为入账成本,但不包括按税法规定可以抵扣的增值税进项税额。

2. 自行建造固定资产入账成本

自行建造固定资产,应按建造该项固定资产竣工结算前所发生的必要支出,包括建造固定资产所需的材料费、人工费、管理费、缴纳的相关税费、应予资本化的借款费用等作为入账成本。此外,小企业在建工程在试运行过程中形成的产品、副产品或试车收入应冲减在建工程成本。

3. 改扩建固定资产入账成本

改扩建固定资产,应按原固定资产的账面价值加上由于改扩建该项固定资产竣工结算前所发生的必要支出(不含按规定可以抵扣的增值税),减去改扩建过程中发生的变价收入和被替换部分的账面价值后的金额,作为入账成本。

4. 投资者投入固定资产入账成本

投资者投入固定资产,应按评估价值和相关税费(即投资合同或协议约定的价值),作为入账成本。

5. 融资租入固定资产入账成本

融资租入固定资产,应按租赁合同约定的付款总额加上在签订租赁合同过程中发生的租赁手续费、律师费、差旅费、印花税等相关税费后的金额,作为入账成本。

6. 盘盈固定资产入账成本

盘盈固定资产,应按同类或类似固定资产的市场价格,减去按该项固定资产的新旧程度估计的折旧后的余额,作为入账成本。

6.2 固定资产购建核算

6.2.1 购建核算账户设置

小企业固定资产购建的核算,一般需要设置"固定资产""在建工程"和"工程物资"等账户。

1. "固定资产"账户

"固定资产"账户核算小企业固定资产原始价值增减变化及其结存情况。该账户属于资产类账户,借方登记小企业增加固定资产的原价,贷方登记小企业减少固定资产的原价,期末余额在借方,表示小企业期末固定资产的账面原价。

该账户应按固定资产类别和项目设置明细分类账,进行明细分类核算。"固定资产"账户结构,如图6-1所示。

固定资产

期初:期初固定资产的账面原价 本期:登记增加固定资产的原价	登记减少固定资产的原价
期末:期末固定资产的账面原价	

图 6-1 "固定资产"账户结构

2. "在建工程"账户

"在建工程"账户核算小企业需要安装的固定资产、固定资产新建、改扩建等发生的成本。该账户属于资产类账户,借方登记小企业各项在建工程发生的实际支出,包括领用工程物资、职工薪酬、安装设备、安装成本、出包工程价款和基建管理费等,贷方登记完工工程转出的成本,期末余额在借方,表示小企业尚未办理竣工决算的在建工程的成本。

该账户应按在建工程项目设置明细分类账,进行明细分类核算。"在建工程"账户结构,如图6-2所示。

在建工程

期初:期初在建工程的成本 本期:登记小企业各项在建工程发生的实际支出	登记完工工程转出的成本
期末:期末尚未办理竣工决算的在建工程的成本	

图 6-2 "在建工程"账户结构

3. "工程物资"账户

"工程物资"账户核算小企业为在建工程而准备的各种物资(包括工程用材料、尚未安装的设备、为工程准备的工器具等)的实际成本。该账户属于资产类账户,借方登记小企业购入工程物资的实际成本,贷方登记小企业领用工程物资的实际成本,期末余额在借方,表示小企业为在建工程准备、尚未领用的各种物资的成本。

该账户可按专用材料、专用设备、工器具等设置明细分类账,进行明细分类核算。"工程物资"账户结构,如图6-3所示。

工程物资

期初:期初为在建工程准备而结存尚未领用的各种物资的成本 本期:登记小企业购入工程物资的实际成本	登记小企业领用工程物资的实际成本
期末:期末为在建工程准备、尚未领用的各种物资的成本	

图 6-3 "工程物资"账户结构

6.2.2 固定资产购进核算

1. 购进不需安装固定资产核算

不需安装固定资产是指小企业购进后不需要安装就可直接交付使用的固定资产。小企业购进(含以分期付款方式购进)不需安装固定资产,应按实际支付的购买价款、相关税费(不含可以抵扣的增值税进项税额)、运输费、装卸费、保险费和专业人员服务费等,借记"固定资产"账户,按税法规定可以抵扣的增值税进项税额,借记"应交税费——应交增值税——进项税额"账户,贷记"银行存款""长期应付款"等账户。

【例6-1】 2019年6月12日,广东新力电器有限公司向珠海通用设备有限公司购入不需安装的生产设备10台,取得增值税专用发票,发票注明价款240 000元,增值税额31 200元,设备已交付使用,款项已通过银行汇出。新力公司账务处理如下所述。

  借:固定资产——生产设备   240 000.00
    应交税费——应交增值税——进项税额   31 200.00
    贷:银行存款   271 200.00

附原始凭证:增值税专用发票,如图6-4所示。

广东增值税专用发票

4205241141　　　　　　　　　　　　　　　　　　　No 420066201

开票日期:2019年06月12日

购买方	名　　称:广东新力电器有限公司 纳税人识别号:440703256268024 地址、电话:惠州市仲恺大道248号 88327589 开户行及账号:惠州市建行仲恺支行 71682674052	密码区	(略)

货物或应税劳务、服务名称	规格型号	单位	数量	单价	金额	税率	税额
*通用设备*生产设备		台	10	24000.00	240000.00	13%	31200.00
合　　计					¥240000.00		¥31200.00

价税合计(大写)	⊗贰拾柒万壹仟贰佰圆整	(小写) ¥271200.00

销售方	名　　称:珠海通用设备有限公司 纳税人识别号:440606258268341 地址、电话:横琴中路12号 88695423 开户行及账号:建行横琴支行 16682683058	备注	

收款人:　　　　复核:　　　　开票人:陈材栋　　　　销售方:(章)

第三联:发票联 购买方记账凭证

图6-4 增值税专用发票

2. 购进需要安装固定资产核算

需要安装固定资产是指不能直接交付使用,必须经过安装调试后才能投入使用的固定资产。小企业购进需要安装的固定资产,应按实际支付的购买价款、运输费、装卸费、相关税费等,借记"在建工程"账户,贷记"银行存款"等账户;支付安装费时,借记"在建工程"账户,贷记"银行存款"等账户;安装完毕办理竣工决算时,按其实际成本,借记"固定资产"账户,贷记"在建工程"账户。

【例 6-2】 2019 年 6 月 20 日,广东新力电器有限公司向佛山工业制造有限公司购入需要安装的全自动生产设备 1 台,取得增值税专用发票,发票注明价款 600 000 元,增值税额 78 000 元,款项已支付。6 月 26 日,设备安装完工交付使用,支付安装费 1 800 元,增值税额 162 元。新力公司账务处理如下所述。

(1) 6 月 20 日,购进设备时:

借:在建工程——在安装设备——全自动生产设备	600 000.00
应交税费——应交增值税——进项税额	78 000.00
贷:银行存款	678 000.00

附原始凭证:增值税专用发票,如图 6-5 所示。

广东增值税专用发票

4402241381　　　　　　　　　　　　　　　　　　　　　　№ 440266201

开票日期:2019 年 06 月 20 日

购买方	名　　称:广东新力电器有限公司 纳税人识别号:440703256268024 地　址、电话:惠州市仲恺大道 248 号 88327589 开户行及账号:惠州市建行仲恺支行 71682674052	密码区	(略)

货物或应税劳务、服务名称	规格型号	单位	数量	单价	金额	税率	税额
*通用设备*全自动生产设备		台	1	600000.00	600000.00	13%	78000.00
合　　计					¥600000.00		¥78000.00

价税合计(大写)	⊗陆拾柒万捌仟圆整	(小写)¥678000.00

销售方	名　　称:佛山工业制造有限公司 纳税人识别号:440206258262047 地　址、电话:南海路 128 号 53695423 开户行及账号:工行南海支行 36534183058	备注	

收款人:　　　　复核:　　　　开票人:林晓敏　　　　销售方:(章)

图 6-5　增值税专用发票

(2) 6 月 26 日,支付安装费时:

借:在建工程——在安装设备——全自动生产设备	1 800.00
应交税费——应交增值税——进项税额	162.00
贷:银行存款	1 962.00

附原始凭证:增值税专用发票,如图6-6所示。

图6-6 增值税专用发票

(3) 设备安装完工办理竣工决算时:

借:固定资产——全自动生产设备　　　　　　　　　　　　　601 800.00
　　贷:在建工程——在安装设备——全自动生产设备　　　　　　601 800.00

知识拓展6-1　固定资产初始计量的区别

《小企业会计准则》规定,外购或自行建造固定资产,应按该项固定资产竣工结算前所实际支付或发生的必要支出作为入账成本。

而《企业会计准则》规定,外购或自行建造固定资产,应按该项固定资产达到预定可使用状态前所实际支付或发生的必要支出作为入账成本。

6.2.3 固定资产建造核算

小企业自行建造固定资产主要有自营和出包两种方式,由于建设方式的不同,其会计核算也有所不同。

1. 自营方式建造固定资产核算

自营方式建造固定资产是指小企业自行组织工程物资采购、自行组织施工人员施工的建筑工程和安装工程。自营方式建造固定资产,主要通过"工程物资""在建工程""固定资产"等账户进行账务处理。

(1) 购入工程物资时,借记"工程物资""应交税费"等账户,贷记"银行存款"等账户。领用工程物资时,借记"在建工程"账户,贷记"工程物资"账户。

(2) 在建工程领用本企业原材料时,借记"在建工程"账户,贷记"原材料"等账户;领用本企业生产的产品时,借记"在建工程"账户,贷记"库存商品"等账户。

(3) 自营工程发生其他费用(如计算分配工程人员工资等),借记"在建工程"账户,贷记"银行存款""应付职工薪酬"等账户。

(4) 在建工程在试运行过程中形成的产品、副产品对外销售或转为库存商品,借记"银行存款""库存商品"等账户,贷记"在建工程"账户。

(5) 自营工程办理竣工决算时,按其成本,借记"固定资产"账户,贷记"在建工程"账户。

(6) 工程完工后剩余的工程物资转作本企业存货,借记"原材料"等账户,贷记"工程物资"账户。

【例 6-3】 广东新力电器有限公司为自建一条电磁炉生产线,购入生产线设备与材料 360 000 元,增值税税率为 13%,领用生产用不锈钢板 1 000 千克,实际成本为 10 000 元,计算并分配工程人员工资 16 000 元,工程竣工结算时,支付施工管理费 9 800 元,增值税税率为 9%。新力公司账务处理如下所述。

(1) 购入生产线设备与材料时:

借:工程物资——生产线设备与材料	360 000.00
应交税费——应交增值税——进项税额	46 800.00
贷:银行存款	406 800.00

附原始凭证:增值税专用发票,如图 6-7 所示。

广东增值税专用发票

4402241381　　　　　　　　　　　　　　　　　　　　　No 440266231

开票日期:2019 年 07 月 18 日

购买方	名　　称: 广东新力电器有限公司 纳税人识别号: 440703256268024 地址、电话: 惠州市仲恺大道 248 号 88327589 开户行及账号: 惠州市建行仲恺支行 71682674052	密码区	(略)

货物或应税劳务、服务名称	规格型号	单位	数量	单价	金额	税率	税额
*通用设备*生产线设备与材料		套	1	360000.00	360000.00	13%	46800.00
合　　计					¥360000.00		¥46800.00

价税合计(大写)	⊗肆拾万零陆仟捌佰圆整　　　　　　(小写) ¥406800.00

销售方	名　　称: 佛山工业制造有限公司 纳税人识别号: 440206258262047 地址、电话: 南海路 128 号 53695423 开户行及账号: 工行南海支行 36534183058	备注	

收款人:　　　　　复核:　　　　　开票人:林晓敏　　　　　销售方:(章)

图 6-7　增值税专用发票

(2) 领用生产线设备与材料时：

借：在建工程——电磁炉生产线　　　　　　　　　　　　　360 000.00
　　贷：工程物资——生产线设备与材料　　　　　　　　　　　　360 000.00

(3) 领用生产用不锈钢板时：

借：在建工程——电磁炉生产线　　　　　　　　　　　　　　10 000.00
　　贷：原材料——不锈钢板　　　　　　　　　　　　　　　　　　10 000.00

附原始凭证：领料单，如图6-8所示。

领　料　单

用途：建造生产线　　　　　2019年7月26日　　　　　　　　　单位：元

材料名称	规格型号	单位	请领数量	实发数量	金额
不锈钢板		千克	1 000	1 000	10 000.00

仓库主管：陈伟峰　　　　　　复核：杨晓梅　　　　　　　制单：谢丽敏

图6-8　领料单

(4) 分配工程人员工资时：

借：在建工程——电磁炉生产线　　　　　　　　　　　　　　　16 000
　　贷：应付职工薪酬——工资　　　　　　　　　　　　　　　　　16 000

(5) 支付施工管理费时：

借：在建工程——电磁炉生产线　　　　　　　　　　　　　　9 800.00
　　应交税费——应交增值税——进项税额　　　　　　　　　　882.00
　　贷：银行存款　　　　　　　　　　　　　　　　　　　　　　10 682.00

附原始凭证：增值税专用发票，如图6-9所示。

(6) 办理竣工决算时：

借：固定资产——电磁炉生产线　　　　　　　　　　　　　395 800.00
　　贷：在建工程——电磁炉生产线　　　　　　　　　　　　　　395 800.00

2. 出包方式建造固定资产核算

出包方式建造固定资产是指小企业通过招标方式将工程项目发包给建造承包商，由建造承包商组织施工的建筑工程和安装工程。出包方式建造固定资产的核算主要包括：

(1) 小企业以出包方式建造固定资产，按规定向承建企业预付工程价款时，借记"预付账款"账户，贷记"银行存款"账户。

(2) 按工程进度结算工程进度款时，借记"在建工程""应交税费"等账户，贷记"预付账款""银行存款"等账户。

```
广东增值税专用发票
```
4402241381   No 440266239

开票日期:2019 年 07 月 30 日

| 购买方 | 名　　称：广东新力电器有限公司
纳税人识别号：440703256268024
地址、电话：惠州市仲恺大道 248 号 88327589
开户行及账号：惠州市建行仲恺支行 71682674052 | 密码区 | （略） |

货物或应税劳务、服务名称	规格型号	单位	数量	单价	金额	税率	税额
*工程服务*生产线施工管理			1	9800.00	9800.00	9%	882.00
合　　计					¥9800.00		¥882.00

| 价税合计（大写） | ⊗壹万零陆佰捌拾贰圆整 | （小写）¥10682.00 |

| 销售方 | 名　　称：佛山工业制造有限公司
纳税人识别号：440206258262047
地址、电话：南海路 128 号 53695423
开户行及账号：工行南海支行 36534183058 | 备注 | （发票专用章） |

收款人：　　　　复核：　　　　开票人：林晓敏　　　　销售方：（章）

图 6-9　增值税专用发票

(3) 工程完工,按合同规定补付工程款时,借记"在建工程""应交税费"等账户,贷记"银行存款"账户。

(4) 工程办理竣工决算时,结转工程成本,借记"固定资产"账户,贷记"在建工程"账户。

【例 6-4】 2019 年 6 月,广东新力电器有限公司将仓库建造工程出包给广东泰和建筑工程公司承建,按合同约定向泰和建筑工程公司预付工程款 800 000 元,10 月工程完工并竣工结算,根据有关结算单据,补付工程款 700 000 元,增值税税率为 9%。新力公司账务处理如下所述。

(1) 预付工程款时:

借:预付账款——泰和建筑公司　　　　　　　　　　　　　　　　800 000.00
　　贷:银行存款　　　　　　　　　　　　　　　　　　　　　　　　800 000.00

(2) 工程完工结算并补付工程款时:

借:在建工程——仓库工程　　　　　　　　　　　　　　　　　1 500 000.00
　　应交税费——应交增值税——进项税额　　　　　　　　　　　135 000.00
　　贷:预付账款——泰和建筑公司　　　　　　　　　　　　　　　800 000.00
　　　　银行存款　　　　　　　　　　　　　　　　　　　　　　　835 000.00

附原始凭证:增值税专用发票,如图 6-10 所示。

广东增值税专用发票

4401048562　　　　　　　　　　　　　　　　　　　　　　No 014023206

开票日期：2019年10月18日

购买方	名称：广东新力电器有限公司 纳税人识别号：440703256268024 地址、电话：惠州市仲恺大道248号 88327589 开户行及账号：惠州市建行仲恺支行 71682674052	密码区	（略）

货物或应税劳务、服务名称	规格型号	单位	数量	单价	金额	税率	税额
*建设服务*建造工程费					1500000.00	9%	135000.00
合　　计					¥1500000.00		¥135000.00

价税合计（大写）	⊗壹佰陆拾叁万伍仟圆整	（小写）¥1635000.00

销售方	名称：广东泰和建筑工程公司 纳税人识别号：440106868223518 地址、电话：天河东路102号 86697777 开户行及账号：工行天河支行 11685483236	备注	仓库所在地：仲恺大道248号

收款人：　　　复核：　　　开票人：杨欣燕　　　销售方：（章）

图6-10　增值税专用发票

（3）工程完工办理竣工决算时：

借：固定资产——仓库　　　　　　　　　　　　　　　　　　1 500 000.00
　　贷：在建工程——仓库工程　　　　　　　　　　　　　　　1 500 000.00

知识拓展6-2　固定资产进项税额的规定

根据财税〔2008〕170号文件规定，自2009年1月1日起，增值税一般纳税人购进、接受捐赠、接受实物投资或者自制（包括改扩建、安装）机器、机械、运输工具以及其他与生产、经营有关的设备、工具、器具等固定资产发生的进项税额，可凭增值税专用发票、海关进口增值税专用缴款书和运输费用发票从销项税额中抵扣，其进项税额应当记入"应交税费——应交增值税——进项税额"账户，但房屋、建筑物等不动产以及纳税人自用的应纳消费税的摩托车、汽车、游艇，其进项税额不得从销项税额中抵扣。

财政部、国家税务总局发布《关于在全国开展交通运输业和部分现代服务业营业税改征增值税试点税收政策的通知》财税〔2013〕37号文，自2013年8月1日起，原增值税一般纳税人〔指按照《中华人民共和国增值税暂行条例》（以下称《增值税暂行条例》）缴纳增值税的纳税人〕自用的应征消费税的摩托车、汽车、游艇，其进项税额准予从销项税额中抵扣。

根据财政部、税务总局、海关总署《关于深化增值税改革有关政策的公告》（2019年第39号）规定，自2019年4月1日起，不动产进项税额实行一次性全额抵扣。

6.3 固定资产折旧核算

6.3.1 固定资产折旧概述

1. 折旧影响因素

固定资产折旧是指在固定资产预计使用寿命内,按照确定的方法对应计提折旧额进行系统分摊。即将固定资产的取得成本在其使用寿命内进行合理分摊,使之与各期的收入相配比,以正确确认小企业的损益。影响固定资产折旧的因素主要有:

(1) 固定资产原价是指固定资产的原值(成本)。

(2) 固定资产使用寿命是指固定资产的预计使用年限,或者该固定资产所能生产产品或提供劳务的数量。

(3) 固定资产折旧方法是指固定资产折旧额计算的方法。

(4) 固定资产预计净残值是指假定固定资产预计使用寿命已满,并处于使用寿命终了时的预期状态,小企业目前从该项固定资产处置中获得的扣除预计处置费用后的金额。

2. 计提折旧范围

1) 计提折旧项目范围

(1) 应计提折旧的固定资产包括:①生产经营用固定资产。②非生产经营用固定资产。③出租固定资产。④融资租入固定资产。⑤季节性、大修理停用固定资产。⑥未使用、不需用固定资产。

> **知识拓展 6-3** 固定资产计提折旧的起始时间的区别
>
> 《小企业会计准则》下,自行建造的固定资产在办理竣工决算,形成固定资产时,计提固定资产折旧。而《企业会计准则》下,自行建造的固定资产只要竣工结算,达到预定可使用状态,就可从在建工程转入固定资产,开始计提固定资产折旧。

(2) 不应计提折旧的固定资产包括:①已提足折旧仍然继续使用的固定资产。②单独计价入账的土地。③提前报废固定资产,不再补提折旧。

2) 计提折旧时间范围

(1) 当月增加的固定资产,当月不提折旧,从下月开始计提折旧。

(2) 当月减少的固定资产,当月照提折旧,从下月开始不提折旧。

6.3.2 固定资产折旧方法

小企业应当按照年限平均法(直线法)计提折旧。小企业的固定资产由于技术进步等原因,确需加速折旧,可以采用双倍余额递减法和年数总和法计提折旧。固定资产折旧方法一经选定,不得随意变更。

1. 年限平均法

年限平均法又称直线法,是指将固定资产的应计提折旧额在固定资产预计使用寿命内进行平均分摊的一种方法。应计提折旧额是指应当计提折旧的固定资产原值扣除其预计净残值后的金额。年限平均法计算公式为：

$$年折旧额 = \frac{固定资产原值 - 预计净残值}{预计使用年限} = \frac{固定资产原值 \times (1 - 预计净残值率)}{预计使用年限}$$

$$月折旧额 = 年折旧额 / 12$$

实际工作中，每月应计提的折旧额一般是根据固定资产的原值乘以月折旧率计算确定的。其计算公式为：

$$年折旧率 = \frac{1 - 预计净残值率}{预计使用年限} \times 100\%$$

$$月折旧率 = 年折旧率 / 12$$

$$月折旧额 = 固定资产原值 \times 月折旧率$$

【例 6-5】 2018 年 9 月，广东新力电器有限公司投入使用的生产厂房原值为 1 000 000 元，预计使用寿命为 16 年，该资产预计净残值率为 4%，采用年限平均法计算 2018 年、2019 年折旧额。计算过程如下：

$$年折旧率 = \frac{1 - 4\%}{16} \times 100\% = 6\%$$

月折旧率 = 6%/12 = 0.5%

月折旧额 = 1 000 000 × 0.5% = 5 000(元)

2018 年折旧额（应计折旧月份为 10～12 月）= 5 000 × 3 = 15 000(元)

2019 年折旧额（应计折旧月份为 1～12 月）= 5 000 × 12 = 60 000(元)

2. 双倍余额递减法

双倍余额递减法是指在不考虑固定资产预计净残值的情况下，根据每年年初固定资产净值和双倍的直线折旧法折旧率计算固定资产折旧额的一种方法。采用该方法计提固定资产折旧，一般应在固定资产使用寿命到期前 2 年内，将固定资产账面净值扣除预计净残值后的净值平均摊销。其计算公式为：

$$年折旧率 = \frac{2}{预计使用年限} \times 100\%$$

$$年折旧额 = 固定资产期初账面净值 \times 年折旧率$$

【例 6-6】 2015 年 5 月，广东新力电器有限公司购进电磁炉生产设备 1 台，原值为 300 000 元，预计使用寿命为 5 年，预计净残值率为 3%，采用双倍余额递减法计算各年应计折旧额。计算过程，如表 6-1 所示。

年折旧率 = 2/5 × 100% = 40%

预计净残值 = 300 000 × 3% = 9 000(元)

表 6-1　　　　　　　　各年折旧额计算表（双倍余额递减法）　　　　　　　　单位：元

折旧年度	期初账面净值	年折旧率	年折旧额	月折旧额	期末账面净值	会计年度折旧额	
						会计年度	年折旧额
第1年	300 000	40%	120 000	10 000	180 000	2015.6～12	70 000
						2016.1～5	50 000
第2年	180 000	40%	72 000	6 000	108 000	2016.6～12	42 000
						2017.1～5	30 000
第3年	108 000	40%	43 200	3 600	64 800	2017.6～12	25 200
						2018.1～5	18 000
第4年	64 800	—	27 900	2 325	36 900	2018.6～12	16 275
						2019.1～5	11 625
第5年	36 900	—	27 900	2 325	9 000	2019.6～12	16 275
						2020.1～5	11 625

3. 年限总和法

年限总和法又称年限合计法，是指将固定资产的原值减去预计净残值后的净额作为折旧基数，乘以一个逐年递减的分数计算各期固定资产折旧额的一种方法。其计算公式为：

$$年折旧率 = \frac{尚可使用年限}{预计使用年限的年数总和}$$

$$年折旧额 = （固定资产原值 - 预计净残值）\times 年折旧率$$

【例6-7】 2015年8月，广东新力电器有限公司购进电热水壶生产设备1台，原值为280 000元，预计使用寿命为5年，预计净残值为10 000元，采用年数总和法计算各年应计折旧额。计算过程，如表6-2所示。

原值 - 预计净残值 = 280 000 - 10 000 = 270 000（元）

表 6-2　　　　　　　　各年折旧额计算表（年数总和法）

单位：元

折旧年度	尚可使用年限	原值－净残值	年折旧率	年折旧额	月折旧额	会计年度折旧额	
						会计年度	年折旧额
第1年	5	270 000	5/15	90 000	7 500	2015.9～12	30 000
						2016.1～8	60 000
第2年	4	270 000	4/15	72 000	6 000	2016.9～12	24 000
						2017.1～8	48 000
第3年	3	270 000	3/15	54 000	4 500	2017.9～12	18 000
						2018.1～8	36 000

(续表)

折旧年度	尚可使用年限	原值－净残值	年折旧率	年折旧额	月折旧额	会计年度折旧额	
						会计年度	年折旧额
第4年	2	270 000	2/15	36 000	3 000	2018.9~12	12 000
						2019.1~8	24 000
第5年	1	270 000	1/15	18 000	1 500	2019.9~12	6 000
						2020.1~8	12 000

6.3.3 固定资产折旧核算

1. 账户设置

小企业应设置"累计折旧"账户,核算固定资产折旧的增减变动及其结余情况。该账户属于资产类账户,是"固定资产"账户的备抵调整账户,贷方登记小企业按月计提的固定资产折旧,借方登记处置固定资产转出的累计折旧,期末余额在贷方,表示小企业固定资产的累计折旧额。

该账户可按固定资产的类别和项目设置明细分类账,进行明细分类核算。"累计折旧"账户结构,如图6-11所示。

累计折旧	
本期:登记处置固定资产转出的累计折旧	期初:已计提固定资产的累计折旧额 登记小企业按月计提的固定资产折旧
	期末:已计提固定资产的累计折旧额

图6-11 "累计折旧"账户结构

2. 会计核算

小企业应按月计提折旧,计提的折旧应记入"累计折旧"账户,并根据其用途计入相关资产的成本或当期损益,其中,车间固定资产折旧记入"制造费用"账户,行政管理部门(厂部)固定资产折旧,记入"管理费用"账户,专设销售机构固定资产折旧,记入"销售费用"账户,经营租出固定资产折旧,记入"其他业务成本"账户。

【例6-8】 2019年8月份,广东新力电器有限公司计提折旧情况,如表6-3所示。

表6-3　　　　　　　固定资产折旧计算表

2019年8月31日　　　　　　　　　　　　　　　　单位:元

使用部门	资产种类	月初原值	月折旧率	月折旧额
生产车间	设备	892 800.00	0.8%	7 142.40
	房屋	1 500 000.00	0.35%	5 250.00

(续表)

使用部门	资产种类	月初原值	月折旧率	月折旧额
管理部门	设备	148 800.00	0.75%	1 116.00
	房屋	250 400.00	0.25%	626.00
合计		2 792 000.00	—	14 134.40

新力公司账务处理如下所述。

借：制造费用　　　　　　　　　　　　　　　　　　　　12 392.40
　　　管理费用　　　　　　　　　　　　　　　　　　　　 1 742.00
　　贷：累计折旧　　　　　　　　　　　　　　　　　　　14 134.40

6.4 固定资产租赁核算

6.4.1 固定资产租赁概述

租赁是指在约定的期限内，出租人将资产使用权让与承租人，以获取租金的协议。租赁的主要特征是，在租赁期内转移资产的使用权，而不是转移资产的所有权，这种转移是有偿的，取得使用权以支付租金为代价。

固定资产租赁，按其性质可分为经营租赁固定资产与融资租赁固定资产两种。满足下列标准之一的，就应认定为融资租赁，否则，就应认定为经营租赁。

(1) 在租赁期届满时，租赁资产的所有权转移给承租人。

(2) 承租人有购买租赁资产的选择权，所订立的购买价款预计将远低于行使选择权时租赁资产的公允价值。

(3) 即使资产的所有权不转移，但租赁期占租赁资产使用寿命的大部分(通常占租赁开始日租赁资产使用寿命的75%及以上)。

(4) 承租人租赁开始日的最低租赁付款额的现值，几乎相当于租赁开始日租赁资产公允价值。

(5) 租赁资产性质特殊，如果不作较大改造，只有承租人才能使用。

6.4.2 经营租赁固定资产核算

1. 经营租入固定资产核算

在经营租赁下，承租人不能将租赁资产资本化，一般只可将支付或应付的租金在租赁期内按直线法计入相关资产成本或当期损益；其他方法更为系统合理的，也可以采用其他方法。承租人对经营租入的固定资产列为代管物资，在固定资产备查簿中进行登记。租入固定资产的核算主要包括：

(1) 经营租入固定资产时，承租人发生的初始直接费用(指在租赁谈判和签订合同过程中发生的可直接归属于租赁项目的费用，包括租赁手续费、律师费、差旅费、印花税等)，应当计入当期损益,借记"管理费用"等账户,贷记"银行存款"账户。

(2) 小企业经营租入固定资产所支付的押金,应在"其他应收款——存出保证金"账户进行核算。

(3) 小企业对经营租入固定资产发生的改良支出(如改装、装修、改建等支出),应列为"长期待摊费用"进行核算。

(4) 承租人确认的租金费用,应按租入固定资产使用部门或用途,计入相关成本费用账户,其中属于生产车间使用的,记入"制造费用"账户;属于行政管理部门使用的,记入"管理费用"账户;属于专设销售机构使用的,记入"销售费用"账户。

2. 经营租出固定资产核算

经营租赁下,租出的固定资产仍然属于出租方,出租方应将它作为自身的资产在资产负债表中列示,账面不能减少该资产价值。租出固定资产的核算主要包括:

(1) 收到承租人支付的固定资产押金时,按其实际金额,借记"银行存款"账户,贷记"其他应付款"账户。

(2) 出租人收到并确认租赁收入时,应借记"银行存款"账户,贷记"其他业务收入""应交税费——应交增值税——销项税额"等账户。

(3) 出租固定资产计提折旧时,应借记"其他业务成本"账户,贷记"累计折旧"账户。

(4) 出租人为出租固定资产发生的维护费等直接费用,应借记"其他业务成本"账户,贷记"银行存款"账户。

6.4.3 融资租赁固定资产核算

融资租入固定资产是指实质上转移了与资产所有权有关的全部风险和报酬的租赁。

小企业融资租入固定资产的成本由按照合同约定的付款总额加上在签订租赁合同过程中发生的相关税费以及为租入固定资产支付的佣金、律师费、差旅费、谈判费、运输费、装卸费、保险费、安装调试费等确定。其中,付款总额是指租赁合同中承租人与出租人双方协议约定的付款总额;相关税费包括承租人为融资租入固定资产产生的印花税等税费。

1. 融资租入固定资产

小企业融资租入固定资产,在租赁期开始日,按照租赁合同约定的付款总额和在签订租赁合同过程中发生的相关税费等,借记"在建工程"或"固定资产"账户,贷记"长期应付款"账户。

2. 按期支付融资租入固定资产租赁费

小企业按期支付融资租入固定资产租赁费时,应冲减长期应付款,借记"长期应付款"账户,贷记"银行存款"账户。

3. 计提融资租入固定资产的折旧

对于融资租入固定资产,小企业应计提租入固定资产的折旧,采用的方法与自有固定资产的折旧政策相同,按其使用部门或用途,借记"制造费用""管理费用"等账户,贷记"累计折旧"账户。

6.5 固定资产后续支出核算

6.5.1 固定资产后续支出概述

固定资产后续支出是指固定资产使用过程中发生的更新改造支出、修理费用等。

《小企业会计准则》不要求对固定资产后续支出资本化或费用化进行职业判断，而是统一规定固定资产日常修理费在发生时，根据受益对象计入相关资产成本或者当期损益；固定资产大修理支出计入长期待摊费用，未提足折旧的固定资产的改建支出计入固定资产成本，已提足折旧的固定资产的改建支出计入长期待摊费用。

6.5.2 固定资产日常修理核算

固定资产日常修理是指为了维护固定资产的正常运转和使用，充分发挥其使用效能，小企业对该固定资产进行必要维护时所发生的相关支出。

此时，应区别固定资产日常修理费与固定资产大修理支出。固定资产大修理支出，是指同时符合下列条件的支出：①修理支出达到固定资产取得成本50%以上；②修理后固定资产的使用年限延长2年以上。

固定资产的日常修理费，应当在其发生时根据固定资产的受益对象计入相关资产成本或者当期损益。小企业生产车间（部门）发生的固定资产修理费用计入制造费用，行政管理部门发生的固定资产修理费用计入管理费用，专设销售机构发生的固定资产修理费用计入销售费用。

> **知识拓展6-4** 固定资产修理费用核算的区别
>
> 《小企业会计准则》下，小企业生产车间（部门）发生的固定资产修理费用计入制造费用，行政管理部门发生的固定资产修理费用计入管理费用，专设销售机构发生的固定资产修理费用计入销售费用；小企业发生的固定资产大修理支出计入长期待摊费用。
>
> 而《企业会计准则》下，固定资产日常修理费用应当根据不同情况分别计入当期管理费用或销售费用。企业发生的固定资产大修理支出，有确凿证据表明符合固定资产确认条件的，可以计入固定资产成本；不符合固定资产确认条件的，应当费用化，计入当期损益。

【例6-9】2019年8月20日，广东新力电器有限公司请惠州精工修配有限公司对一台生产用机器进行修理，支付修理费用1 600元、增值税额208元。新力公司账务处理如下所述。

借：制造费用　　　　　　　　　　　　　　　　　　　　　　　1 600.00
　　应交税费——应交增值税——进项税额　　　　　　　　　　　208.00
　　贷：银行存款　　　　　　　　　　　　　　　　　　　　　　1 808.00

附原始凭证：增值税专用发票，如图6-12所示。

购买方	名　　称: 广东新力电器有限公司 纳税人识别号: 440703256268024 地　址、电话: 惠州市仲恺大道248号 88327589 开户行及账号: 惠州市建行仲恺支行 71682674052				密码区	(略)	
货物或应税劳务、服务名称	规格型号	单位	数量	单　价	金　　额	税率	税　　额
*劳务*修理费				1600.00	1600.00	13%	208.00
合　　计					¥1600.00		¥208.00
价税合计（大写）	⊗壹仟捌佰零捌圆整				（小写）¥1808.00		
销售方	名　　称: 惠州精工修配有限公司 纳税人识别号: 440706861357026 地　址、电话: 惠南大道16号 86669999 开户行及账号: 中行惠南支行 71632161464				备注		

收款人：　　　复核：　　　开票人：黄益林　　　销售方：（章）

图6-12　增值税专用发票

6.5.3 固定资产改建支出核算

固定资产改建支出是指改变房屋或者建筑物结构、延长使用年限等发生的支出。一般情况下，固定资产改建支出应当计入固定资产的成本，但已提足折旧的固定资产和经营租入的固定资产发生的改建支出，应当计入长期待摊费用。

1. 账户设置

小企业应设置"长期待摊费用"账户，核算小企业已提足折旧的固定资产和经营租入的固定资产发生的改建支出、固定资产大修理支出等长期待摊费用的发生及其摊销情况。该账户属于资产类账户，借方登记小企业发生的各项长期待摊费用，贷方登记小企业转销或分期摊销的长期待摊费用，期末余额在借方，表示小企业尚未转销或摊销的长期待摊费用。

"长期待摊费用"账户应按费用项目设置明细分类账，进行明细分类核算。"长期待摊费用"账户结构，如图6-13所示。

长期待摊费用	
期初：尚未转销或摊销的长期待摊费用 本期：登记小企业发生的各项长期待摊费用	登记小企业转销或分期摊销的长期待摊费用
期末：尚未转销或摊销的长期待摊费用	

图6-13　"长期待摊费用"账户结构

2. 会计核算

1) 一般情况下固定资产改建支出核算

小企业在对固定资产(未提足折旧)进行改扩建时,应将该固定资产的原价、已计提的累计折旧转销,将固定资产的账面价值转入在建工程,并停止计提折旧,改扩建过程中发生的相关支出,通过"在建工程"账户核算。

(1) 对固定资产进行改扩建时,应当按照该固定资产账面价值,借记"在建工程"账户,按照已计提的累计折旧,借记"累计折旧"账户,按其原价,贷记"固定资产"账户。

(2) 在固定资产改扩建过程中发生的相关支出,借记"在建工程""应交税费——应交增值税——进项税额"等账户,贷记"银行存款""原材料""应付职工薪酬"等账户。

(3) 固定资产改扩建完成,办理竣工决算时,借记"固定资产"账户,贷记"在建工程"账户。

【例 6-10】 2019 年 7 月 12 日,广东新力电器有限公司将电磁炉生产车间出包给广东泰和建筑工程公司进行改扩建,厂房原价 560 000 元,已提折旧 260 000 元,出包改建工程发生费用 375 000 元,增值税税率为 9%,11 月 28 日,工程竣工决算。新力公司账务处理如下所述。

(1) 车间厂房转为改扩建工程时:

借:在建工程——电磁炉车间改扩建	300 000.00
累计折旧	260 000.00
贷:固定资产——厂房	560 000.00

(2) 支付改扩建工程费用时:

借:在建工程——电磁炉车间改扩建	375 000.00
应交税费——应交增值税——进项税额	33 750.00
贷:银行存款	408 750.00

附原始凭证:增值税专用发票,如图 6-14 所示。

(3) 工程完工办理竣工决算时:

借:固定资产——厂房	675 000.00
贷:在建工程——电磁炉车间改扩建	675 000.00

2) 计入长期待摊费用的固定资产改建支出核算

已提足折旧的固定资产和经营租入的固定资产发生的改建支出以及固定资产大修理支出,不能计入固定资产的成本,只能计入长期待摊费用,在其摊销期限内采用年限平均法自支出发生月份的下月起开始进行摊销。

(1) 小企业发生已提足折旧的固定资产和经营租入的固定资产发生的改建支出以及固定资产大修理支出等长期待摊费用,借记"长期待摊费用""应交税费"等账户,贷记"银行存款""原材料""应付职工薪酬"等账户。

4401048562		广东增值税专用发票					No 014023256		
购买方	名　　称	广东新力电器有限公司		密码区	（略）		开票日期：2019 年 11 月 28 日		
	纳税人识别号	440703256268024							
	地址、电话	惠州市仲恺大道 248 号 88327589							
	开户行及账号	惠州市建行仲恺支行 71682674052							
货物或应税劳务、服务名称	规格型号	单位	数量	单价	金　额	税率	税　额		
*建筑工程服务*改建工程费			1		375000.00	9%	33750.00		
合　计					¥375000.00		¥33750.00		
价税合计（大写）	⊗肆拾万捌仟柒佰伍拾圆整					（小写）¥408750.00			
销售方	名　　称	广东泰和建筑工程公司		备注					
	纳税人识别号	440106868223518							
	地址、电话	天河东路 102 号 86697777							
	开户行及账号	工行天河支行 11685483236							
收款人：		复核：		开票人：杨欣燕			销售方：（章）		

图 6-14　增值税专用发票

（2）按月采用年限平均法摊销长期待摊费用，应当按照长期待摊费用的受益对象，借记"制造费用""管理费用"等账户，贷记"长期待摊费用"账户。

【例 6-11】 2019 年 8 月 9 日，广东新力电器有限公司在广州市天河路租入铺面一间，创办新力电器天河专卖店，租赁期 2 年，从承租日开始，公司出包给广东泰和建筑工程公司对该铺面进行装修，8 月 31 日，工程完工，支付出包工程款 120 000 元，增值税税率为 9%。新力公司账务处理如下所述。

（1）支付出包工程款时：

借：长期待摊费用——租入固定资产改建支出　　　　　　　　　　　　120 000.00
　　应交税费——应交增值税——进项税额　　　　　　　　　　　　　 10 800.00
　　贷：银行存款　　　　　　　　　　　　　　　　　　　　　　　　130 800.00

附原始凭证：增值税专用发票，如图 6-15 所示。

（2）每月摊销长期待摊费用时：

每月摊销额＝120 000/(2×12)＝5 000(元)

借：管理费用　　　　　　　　　　　　　　　　　　　　　　　　　　5 000.00
　　贷：长期待摊费用——租入固定资产改建支出　　　　　　　　　　5 000.00

		广东增值税专用发票						No 014023248	
4401048562									
							开票日期：2019 年 08 月 31 日		
购买方	名　　称：广东新力电器有限公司 纳税人识别号：440703256268024 地址、电话：惠州市仲恺大道 248 号 88327589 开户行及账号：惠州市建行仲恺支行 71682674052					密码区	（略）		
货物或应税劳务、服务名称	规格型号	单位	数量	单价	金　额		税率	税　额	
*装修工程服务*装修工程费			1	120000.00	120000.00		9%	10800.00	
合　　计					¥120000.00			¥10800.00	
价税合计（大写）		⊗壹拾叁万零捌佰圆整					（小写）¥130800.00		
销售方	名　　称：广东泰和建筑工程公司 纳税人识别号：440106868223518 地址、电话：天河东路 102 号 86697777 开户行及账号：工行天河支行 11685483236					备注	装修工程所在地：天河路 8 号		
收款人：		复核：		开票人：杨欣燕			销售方：（章）		

图 6-15　增值税专用发票

6.6　固定资产处置与清查核算

6.6.1　固定资产处置核算

1. 账户设置

固定资产处置包括固定资产的出售、报废、毁损等。小企业处置固定资产的处置收入扣除其账面价值、相关税费和清理费用后的净额，应当计入营业外收入或营业外支出。小企业处置固定资产一般通过"固定资产清理"账户核算。

"固定资产清理"账户，核算小企业因出售、报废、毁损等原因，而转出的固定资产的净值及其在清理过程中发生的清理费用和清理收入。该账户属于资产类账户，借方登记转出的固定资产净值、清理过程中应支付的相关税费以及结转的清理净收益，贷方登记出售固定资产的价款、残料收入以及结转的清理净损失，该账户期末结转后应无余额。

该账户应按照被清理的固定资产项目设置明细分类账，进行明细分类核算。"固定资产清理"账户结构，如图 6-16 所示。

2. 会计核算

小企业因出售、报废、毁损等原因处置固定资产的会计核算主要包括以下几个环节。

固定资产清理	
期初:无余额	
本期:登记转出的固定资产净值、清理过程中应支付的相关税费以及结转的清理净收益	登记出售固定资产的价款、残料收入以及结转的清理净损失
期末:无余额	

图 6-16 "固定资产清理"账户结构

1) 固定资产转入清理

固定资产转入清理时,应按固定资产账面价值(净值),借记"固定资产清理"账户,按已计提的累计折旧,借记"累计折旧"账户,按固定资产账面原值(原价),贷记"固定资产"账户。同时,按税法规定不得从增值税销项税额中抵扣的进项税额,借记"固定资产清理"账户,贷记"应交税费——应交增值税——进项税额转出"账户。

2) 发生清理费用及相关税费

固定资产清理过程中发生的有关清理费用及相关税费,借记"固定资产清理""应交税费"等账户,贷记"银行存款"等账户。

3) 取得出售价款、残料价值或变卖收入和保险赔款

小企业应按实际收到的出售价款、残料价值或变价收入和保险赔款,借记"银行存款""原材料""其他应收款"等账户,贷记"固定资产清理"账户,并按出售固定资产收入计算的应交增值税额,贷记"应交税费——应交增值税——销项税额"账户。

4) 结转清理净损益

(1) 结转固定资产处置的净收益,按"固定资产清理"账户的贷方余额,借记"固定资产清理"账户,贷记"营业外收入——非流动资产处置净收益"账户。

(2) 结转固定资产处置的净损失,按"固定资产清理"账户的借方余额,借记"营业外支出——非流动资产处置净损失"账户,贷记"固定资产清理"账户。

知识拓展 6-5　固定资产处置核算的差别

《小企业会计准则》规定,小企业处置固定资产的净收益记入"营业外收入——非流动资产处置净收益"账户,净损失记入"营业外支出——非流动资产处置净损失"账户。

而《企业会计准则》规定,企业处置固定资产的净收益,属于生产经营期间正常的处置净收益,记入"资产处置损益——处置非流动资产利得"账户;属于因自然灾害发生毁损、已丧失使用功能等而报废等原因造成的处置净收益,记入"营业外收入"账户。处置固定资产的净损失,属于生产经营期间正常的处置净损失,记入"资产处置损益——处置非流动资产损失"账户;属于因自然灾害发生毁损、已丧失使用功能等而报废等原因造成的处置净损失,记入"营业外支出"账户。

【例 6-12】 2019 年 8 月 29 日,广东新力电器有限公司由于性能原因出售一台 2015 年

7月购置的全自动生产设备,原值为200 000元,已计提折旧100 000元,取得不含税价款80 000元,增值税税率13%,款项已存入银行,用银行存款支付清理费用1 600元,增值税税率9%。新力公司账务处理如下所述。

(1) 固定资产转入清理时:

借:固定资产清理　　　　　　　　　　　　　　　　　　　　　　　　100 000.00
　　累计折旧　　　　　　　　　　　　　　　　　　　　　　　　　　100 000.00
　　贷:固定资产——全自动生产设备　　　　　　　　　　　　　　　　　　　　200 000.00

(2) 收到出售价款时:

$$销项税额 = 80\,000 \times 13\% = 10\,400(元)$$

借:银行存款　　　　　　　　　　　　　　　　　　　　　　　　　　90 400.00
　　贷:固定资产清理　　　　　　　　　　　　　　　　　　　　　　　　80 000.00
　　　　应交税费——应交增值税——销项税额　　　　　　　　　　　　　　10 400.00

附原始凭证:增值税专用发票,如图6-17所示。

广东增值税专用发票

4400041141　　　　　　　　　　　　　　　　　　　　　　　No 201342062

此联不作报销及抵税凭证使用

广东省税务局

开票日期:2019年08月29日

购买方	名　　称:广东红杉电器有限公司 纳税人识别号:440102565268058 地址、电话:广州芳村中路18号 75695636 开户行及账号:建行芳村支行 79152683024	密码区	(略)

货物或应税劳务、服务名称	规格型号	单位	数量	单　价	金　额	税率	税　额
*通用设备*生产设备		台	1	80000.00	80000.00	13%	10400.00
合　　计					¥80000.00		¥10400.00

价税合计(大写)	⊗玖万零肆佰圆整	(小写) ¥90400.00

销售方	名　　称:广东新力电器有限公司 纳税人识别号:440703256268024 地址、电话:惠州市仲恺大道248号 88327589 开户行及账号:惠州市建行仲恺支行 71682674052	备注	

收款人:李芬　　　复核:　　　开票人:李欣　　　销售方:(章)

第一联:记账联　销售方记账凭证

图6-17 增值税专用发票

(3) 支付清理费用时:

借:固定资产清理　　　　　　　　　　　　　　　　　　　　　　　　1 600.00
　　应交税费——应交增值税——进项税额　　　　　　　　　　　　　　　144.00
　　贷:银行存款　　　　　　　　　　　　　　　　　　　　　　　　　1 744.00

（4）结转清理净损益时：

借：营业外支出——非流动资产处置净损失 21 600.00
　　贷：固定资产清理 21 600.00

6.6.2 固定资产清查核算

小企业应定期或者至少于每年年末对固定资产进行清查盘点，以保证固定资产核算的真实性，充分挖掘小企业现有固定资产的潜力。在固定资产清查过程中，如果发现盘盈、盘亏的固定资产，应填制固定资产盘盈盘亏报告单。固定资产清查的损益，应及时查明原因，并根据小企业的管理权限，经股东大会或董事会或经理（厂长）会议或类似机构批准后，在期末结账前处理完毕。小企业在财产清查中盘盈、盘亏固定资产，通过"待处理财产损溢——待处理非流动资产损溢"账户核算。

1. 固定资产盘盈核算

（1）盘盈固定资产时，按同类或类似固定资产的市场价格或评估价值扣除按照该固定资产新旧程度估计的折旧后的余额，借记"固定资产"账户，贷记"待处理财产损溢——待处理非流动资产损溢"账户。

（2）报经审批处理时，按"待处理财产损溢——待处理非流动资产损溢"账户余额，借记"待处理财产损溢——待处理非流动资产损溢"账户，贷记"营业外收入"账户。

> **知识拓展 6-6　　固定资产盘盈核算的差别**
>
> 《小企业会计准则》规定，在财产清查中盘盈的固定资产通过"待处理财产损溢"账户核算。而《企业会计准则》规定，企业盘盈的固定资产应作为前期差错处理，通过"以前年度损益调整"账户核算。

【例6-13】 2019年7月31日，广东新力电器有限公司在财产清查中，发现盘盈电动机1台，其重置价值为24 000元，有8成新，估计折旧为4 800元。新力公司账务处理如下所述。

（1）盘盈固定资产时：

盘盈固定资产净值 = 24 000 - 4 800 = 19 200（元）

借：固定资产——电动机 19 200.00
　　贷：待处理财产损溢——待处理非流动资产损溢 19 200.00

附原始凭证：固定资产清查报告单，如图6-18所示。

（2）报经审批处理时：

借：待处理财产损溢——待处理非流动资产损溢 19 200.00
　　贷：营业外收入 19 200.00

固定资产清查报告单

2019 年 7 月 31 日　　　　　　　　　　　　　　　　　　　　　　　　　　　单位：元

资产名称	单位	数量		盘盈			盘亏		
		账存	实存	数量	原值	折旧	数量	原值	折旧
电动机	台	11	12	1	24 000	4 800			
合计	台	11	12	1	24 000	4 800	—	—	—

仓库主管：陈伟峰　　　　　　　清查人：刘江　　　　　　　保管员：谢晓娜

图 6-18　固定资产清查报告单

2. 固定资产盘亏核算

（1）盘亏固定资产时，按盘亏固定资产的账面价值（净值），借记"待处理财产损溢——待处理非流动资产损溢"账户，按已计提折旧额，借记"累计折旧"账户，按盘亏固定资产的原始价值，贷记"固定资产"账户。

（2）报经审批处理时，按可收回的保险赔偿或过失人赔偿，借记"其他应收款"账户，按盘亏固定资产的净值，贷记"待处理财产损溢——待处理非流动资产损溢"账户，按其差额，借记"营业外支出"账户。

【例 6-14】　2019 年 10 月 30 日，广东新力电器有限公司在财产清查中，发现盘亏车床一台，其原值为 25 000 元，已计提折旧为 18 000 元。经批准，该盘亏固定资产作为营业外支出处理。新力公司账务处理如下所述。

（1）盘亏固定资产时：

借：待处理财产损溢——待处理非流动资产损溢　　　　　　　　　　7 000.00
　　累计折旧　　　　　　　　　　　　　　　　　　　　　　　　18 000.00
　贷：固定资产——车床　　　　　　　　　　　　　　　　　　　25 000.00

附原始凭证：固定资产清查报告单，如图 6-19 所示。

固定资产清查报告单

2019 年 10 月 30 日　　　　　　　　　　　　　　　　　　　　　　　　　　　单位：元

资产名称	单位	数量		盘盈			盘亏		
		账存	实存	数量	原值	折旧	数量	原值	折旧
车床	台	9	8				1	25 000	18 000
合计	台	9	8	—	—	—	1	25 000	18 000

仓库主管：陈伟峰　　　　　　　清查人：刘江　　　　　　　保管员：谢晓娜

图 6-19　固定资产清查报告单

（2）报经批准，计入营业外支出时：

借：营业外支出　　　　　　　　　　　　　　　　　　　　　　　7 000.00
　贷：待处理财产损溢——待处理非流动资产损溢　　　　　　　　7 000.00

【本章小结】

1. 固定资产是指小企业为生产产品、提供劳务、出租或经营管理而持有的、使用寿命超过1个会计年度的有形资产。判断某项固定资产所包含的经济利益是否很可能流入小企业，主要依据与该固定资产所有权相关的风险和报酬是否转移到了小企业。

2. 小企业固定资产应当按照实际成本进行初始计量。小企业固定资产购建的核算，一般需要设置"固定资产""在建工程"和"工程物资"等账户。

3. 固定资产折旧是指在固定资产预计使用寿命内，按照确定的方法对应计提折旧额进行系统分摊。小企业应当按照年限平均法（直线法）计提折旧。小企业的固定资产由于技术进步等原因，确需加速折旧，可以采用双倍余额递减法和年数总和法计提折旧。

4. 租赁是指在约定的期限内，出租人将资产使用权让与承租人，以获取租金的协议。租赁的主要特征是，在租赁期内转移资产的使用权，而不是转移资产的所有权，这种转移是有偿的，取得使用权以支付租金为代价。固定资产租赁按其性质，可分为经营租赁固定资产与融资租赁固定资产两种。

5.《小企业会计准则》不要求对固定资产后续支出资本化或费用化进行职业判断，而是统一规定固定资产日常修理费在发生时，根据受益对象计入相关资产成本或者当期损益；固定资产大修理支出计入长期待摊费用，未提足折旧的固定资产的改建支出计入固定资产成本，已提足折旧的固定资产的改建支出计入长期待摊费用。

6. 固定资产处置包括固定资产的出售、报废、毁损等。小企业处置固定资产的处置收入扣除其账面价值、相关税费和清理费用后的净额，应当计入营业外收入或营业外支出。小企业处置固定资产一般通过"固定资产清理"账户核算。

7. 小企业应定期或者至少于每年年末对固定资产进行清查盘点，以保证固定资产核算的真实性，充分挖掘小企业现有固定资产的潜力。小企业在财产清查中盘盈、盘亏固定资产，通过"待处理财产损溢——待处理非流动资产损溢"账户核算。

第7章　无形资产核算

【目的要求】

1. 知识目标
（1）能叙述无形资产的特征与内容。
（2）能分析和应用无形资产的初始计量方法。
（3）能正确应用无形资产摊销的方法。
2. 技能目标
（1）能编制无形资产取得的核算分录。
（2）能编制无形资产出租的核算分录。
（3）能编制无形资产处置的核算分录。
3. 情感目标
不断学习、不断更新自己的知识，提升岗位适应能力。

【重点难点】

1. 无形资产取得核算。
2. 无形资产摊销核算。
3. 无形资产处置核算。

【情智故事】

提高专业技能水平　成功在于精益求精

5年前，小王和小李共同走进了一家工厂，做了一名普通的员工。工作很简单，就是开冲压机，班长把模具装好，交给两人作业就行了。刚开始，他们都十分认真，工作也很努力。3个月后，小王就感到不耐烦了，这样的工作，既辛苦又累，每天重复着同样的工作，真是没趣；凭我的聪明才智，应该做好一点的工作；再说了，工资又这么低，干得再好，我也不能从公司那里得到更多的好处，老板也不会多给我一点工资。因此，这份工作根本就不值得我好好做；于是，他整天做事也不动一点脑筋，等待着，只想着跳出这个车间。

小李可就不一样了，他干了一段时间后，发现开冲压机并不是一份简单的工作，整天与模具打交道，于是，他对模具产生了很大的兴趣，他一边工作，一边仔细地观察模具的结构以及生产的原理；经常向同事、朋友们了解关于模具的知识；下了班就扎进图书室查阅资料；凭着他熟练的工作实践和丰富的知识积累，渐渐地，他也学会了装模、修模、调模以及处理各种问题，他精艺的技能水平和对工作认真负责的态度，很快被上级领导观察到了，他被调入了工模部做了一名制模工。

3年以后,小王仍然开着那台冲压机,拿着一份并不高的薪水;而小李却成为了一名优秀的制模师傅,他们之间的工资水平和各种福利待遇有着明显的差距,这是为什么呢?很简单,是专业水平的高低决定了你在工作中能够创造价值的大小。当今社会的竞争形势如此激烈,如果我们不能在某一专业上做到精益求精,那么,实现成长与目标,就无从谈起,而且下一个遭受淘汰命运的人就是我们。

[情智点评] 在这个竞争日益激烈的社会,追求卓越、精益求精对我们每个人来说,都是非常重要的。学习无止境,奋斗无止境。作为会计人员,我们不能满足于现状,必须不断学习,不断更新自己的知识,提升自我,将精益求精坚持到底。

【基础知识】

7.1 无形资产概述

7.1.1 无形资产及其特征

无形资产是指小企业为生产产品、提供劳务、出租或经营管理而拥有的、没有实物形态的可辨认非货币性资产。相对于其他资产,无形资产具有以下特征:

(1) 不具有实物形态。无形资产通常表现为某种权利、某项技术或是某种获取超额利润的综合能力,它们不具有实物形态,如土地使用权、非专利技术等。

(2) 具有可辨认性,即无形资产能够从小企业中分离或划分出来,并能单独用于出售或转让等。商誉,因其不具有可辨认性,所以不列为无形资产。

(3) 属于非货币性资产。非货币性资产是指小企业持有的货币资金和将以固定或可确定的金额收取的资产以外的其他资产。无形资产一般不容易转化为现金,在持有过程中为小企业带来未来经济利益具有不确定性,不属于以固定或可确定的金额收取的资产,属于非货币性资产。

7.1.2 无形资产的内容

无形资产通常包括专利权、非专利技术、商标权、著作权和土地使用权等。

1. 专利权

专利权是指国家专利主管机关依法授予发明创造专利申请人,对其发明创造在法定期限内所享有的专有权利,包括发明专利权、实用新型专利权和外观设计专利权。

2. 非专利技术

非专利技术也称专有技术,是指不为外界所知、在生产经营活动中已采用了的、不享有法律保护的、可以带来经济效益的各种技术和诀窍。非专利技术一般包括工业专有技术、商业贸易专有技术和管理专有技术等。

3. 商标权

商标是指用来辨认特定的商品或劳务的标记。商标权是指专门在某类指定的商品或产品上使用的特定的名称或图案的权利。

4. 著作权

著作权又称版权,是指作者对其创作的文学、科学和艺术作品依法享有的某些特殊权利。著作权包括作品署名权、发表权、修改权和保护作品完整权等。

5. 土地使用权

土地使用权是指国家准许某小企业在一定期间内对国有土地享有开发、利用、经营的权利。

7.1.3 无形资产初始计量

小企业取得无形资产,应按实际成本计价入账。不同的取得方式,其成本构成不尽相同。无形资产取得方式主要包括外购、投资者投入和自行研究开发等。

1. 外购无形资产入账成本

外购无形资产,应按取得时实际支付的价款(包括购买价款、相关税费以及相关的其他支出)入账。其中,相关税费是指在购买无形资产过程中发生的直接相关的税费,如商标权的注册费等;相关的其他支出包括购买无形资产过程中发生的专业测试费、使用借款购买无形资产应负担的借款费用等。

2. 投资者投入无形资产入账成本

小企业接受投资者投入无形资产,应按其评估价值和相关税费(即投资合同或协议约定的价值)入账。

3. 自行研究开发无形资产入账成本

小企业自行研究开发无形资产,应按符合资本化条件后至达到预定用途前所发生的支出(含相关的借款费用)入账。

> **知识拓展 7-1**　自行开发无形资产有关支出资本化的条件

研究是指为获取新的技术和知识等进行的有计划的调查研究活动;开发是指在进行商业性生产或使用前,将研究成果或其他知识应用于某项计划或设计,以生产出新的或具有实质性改进的材料、装置、产品等。

在开发阶段,判断可以将有关支出资本化确认为无形资产,必须同时满足下列条件:

(1) 完成该无形资产以使其能够使用或出售在技术上具有可行性。

(2) 具有完成该无形资产并使用或出售的意图。

(3) 能够证明运用该无形资产生产的产品存在市场或无形资产自身存在市场,无形资产将在内部使用的,应当证明其有用性。

(4) 有足够的技术、财务资源和其他资源支持,以完成该无形资产的开发,并有能力使用或出售该无形资产。

(5) 归属于该无形资产开发阶段的支出能够可靠地计量。

7.2 无形资产核算

7.2.1 无形资产账户设置

小企业无形资产的核算一般需设置"无形资产""研发支出""累计摊销"等账户。

1."无形资产"账户

"无形资产"账户,核算小企业无形资产的增减变动及其结余情况。该账户属于资产类账户,借方登记取得无形资产的价值(成本),贷方登记处置无形资产的价值(成本),期末余额在借方,表示小企业现有无形资产的价值(成本)。

该账户应按无形资产项目或类别设置明细分类账,进行明细分类核算。"无形资产"账户结构,如图 7-1 所示。

无形资产

期初:期初无形资产的账面价值 本期:登记取得无形资产的价值	登记处置无形资产的价值
期末:期末无形资产的账面价值	

图 7-1 "无形资产"账户结构

2."累计摊销"账户

"累计摊销"账户,核算无形资产摊销的增减变动及其结余情况。该账户属于资产类账户,是"无形资产"账户的备抵调整账户,贷方登记按月计提的无形资产摊销,借方登记处置转出的无形资产的累计摊销额,期末余额在贷方,表示小企业无形资产的累计摊销额。

"累计摊销"账户应按无形资产项目或类别设置明细分类账,进行明细分类核算。"累计摊销"账户结构,如图 7-2 所示。

累计摊销

本期:登记处置转出的无形资产的累计摊销额	期初:期初无形资产的累计摊销额 登记按月计提的无形资产摊销
	期末:期末无形资产的累计摊销额

图 7-2 "累计摊销"账户结构

3."研发支出"账户

"研发支出"账户,核算小企业自行研究与开发无形资产发生的支出。该账户属于成本类账户,借方登记自行研究开发无形资产发生的研发支出,贷方登记研发项目形成无形资产转出的资本化支出和按期转出研发项目的费用化支出,期末余额在借方,表示小企业正在进行研究开发项目满足资本化条件的支出。

"研发支出"账户应按研究开发项目,并分别按"费用化支出"与"资本化支出"设置明细分类账,进行明细分类核算。"研发支出"账户结构,如图7-3所示。

研发支出	
期初:期初结存正在进行研究开发项目满足资本化条件的支出 本期:登记自行研究开发无形资产发生的研发支出	登记研发项目形成无形资产转出的资本化支出和按期转出研发项目的费用化支出
期末:期末结存正在进行研究开发项目满足资本化条件的支出	

图 7-3 "研发支出"账户结构

7.2.2 无形资产取得核算

1. 外购无形资产核算

(1) 小企业外购无形资产,应按实际支付的价款,借记"无形资产"账户,按增值税专用发票注明的增值税额,借记"应交税费——应交增值税——进项税额"账户,贷记"银行存款"等账户。

【例 7-1】 2019年8月9日,广东新力电器有限公司因生产电热水壶需要,向广州市电器设计研究所购买1项电热水壶生产专利权,支付转让费80 000元、增值税额4 800元,支付注册登记及手续费3 600元。新力公司账务处理如下所述。

```
借:无形资产——专利权                              83 600.00
    应交税费——应交增值税——进项税额               4 800.00
  贷:银行存款                                      88 400.00
```

附原始凭证:增值税专用发票,如图7-4所示。

(2) 外购房产所支付的价款中包括土地使用权和建筑物价值的,所支付的价款应当在建筑物与土地使用权之间按合理的方法进行分配,其中,属于土地使用权的部分,借记"无形资产"账户,贷记"银行存款"等账户。

2. 自行研究开发无形资产核算

自行研究开发无形资产的支出,包括研究阶段和开发阶段发生的支出。

(1) 研究阶段发生的支出全部费用化,计入发生当期损益,借记"管理费用"账户,贷记"银行存款""原材料""应付职工薪酬"等账户。

(2) 开发阶段发生的支出,通过"研发支出"账户进行核算。

第一,研发支出的归集。开发阶段发生的支出,未满足资本化条件的,借记"研发支出——费用化支出"账户,满足资本化条件的,借记"研发支出——资本化支出"账户,贷记"银行存款""原材料""应付职工薪酬"等账户。

第二,研发支出的结转。期末(月末)结转费用化支出,借记"管理费用"账户,贷记"研发

广东增值税专用发票						
4401045346					No 201308141	
					开票日期：2019年08月09日	
购买方	名　称：广东新力电器有限公司 纳税人识别号：440703256268024 地址、电话：惠州市仲恺大道248号 88327589 开户行及账号：惠州市建行仲恺支行 71682674052				密码区	（略）
货物或应税劳务、服务名称	规格型号	单位项	数量	单价	金额	税率	税额
*无形资产*电热水壶生产专利权			1	80000.00	80000.00	6%	4800.00
合　计					¥80000.00		¥4800.00
价税合计（大写）	⊗捌万肆仟捌佰圆整				（小写）¥84800.00		
销售方	名　称：广州市电器设计研究所 纳税人识别号：440106868220521 地址、电话：广州中山大道102号 86695556 开户行及账号：工行中山支行 16534163984				备注		
收款人：	复核：		开票人：陈媛欣		销售方：（章）		

图7-4　增值税专用发票

支出——费用化支出"账户；研发项目达到预定用途形成无形资产的，应按"研发支出——资本化支出"账户的余额，借记"无形资产"账户，贷记"研发支出——资本化支出"账户。

（3）无法区分是研究阶段还是开发阶段支出的，应将所发生的研发支出全部费用化，计入当期损益（管理费用）。

【例7-2】 2019年6月1日，广东新力电器有限公司开始自行研究开发一项电磁炉专利技术，在研究开发过程中，发生材料费14 700元，人工费18 000元，以及用银行存款支付其他费用5 300元，其中，符合资本化条件的支出为2 800元。12月20日，专利技术研发成功，向专利局注册，支付专利注册登记及手续费16 000元，律师咨询费4 000元、增值税额240元。新力公司账务处理如下所述。

（1）研发过程中发生费用化支出时：

费用化支出的其他费用 = 5 300 - 2 800 = 2 500(元)

借：研发支出——费用化支出　　　　　　　　　　　　　　35 200.00
　　贷：原材料　　　　　　　　　　　　　　　　　　　　14 700.00
　　　　应付职工薪酬——工资　　　　　　　　　　　　　18 000.00
　　　　银行存款　　　　　　　　　　　　　　　　　　　 2 500.00

（2）结转费用化研发支出时：

借：管理费用　　　　　　　　　　　　　　　　　　　　　35 200.00
　　贷：研发支出——费用化支出　　　　　　　　　　　　35 200.00

(3) 发生符合资本化条件的支出时：

借：研发支出——资本化支出 22 800.00
  应交税费——应交增值税——进项税额 240.00
  贷：银行存款 23 040.00

附原始凭证：增值税专用发票，如图 7-5 所示。

4401265343					No 211309201		
					开票日期：2019 年 12 月 20 日		

购买方	名称	广东新力电器有限公司	密码区	（略）
	纳税人识别号	440703256268024		
	地址、电话	惠州市仲恺大道 248 号 88327589		
	开户行及账号	惠州市建行仲恺支行 71682674052		

货物或应税劳务、服务名称	规格型号	单位	数量	单价	金额	税率	税额
*其他咨询服务*律师咨询费				4000.00	4000.00	6%	240.00
合计					¥4000.00		¥240.00

价税合计（大写）	⊗肆仟贰佰肆拾圆整	（小写）¥4240.00

销售方	名称	惠州市智道律师事务所	备注	
	纳税人识别号	440706868532603		
	地址、电话	惠州中山路 116 号 88349999		
	开户行及账号	中行中山支行 71687561462		

收款人： 复核： 开票人：李东红 销售方：（章）

图 7-5 增值税专用发票

(4) 研发项目达到预定用途形成无形资产时：

借：无形资产——电磁炉专利权 22 800.00
  贷：研发支出——资本化支出 22 800.00

3. 投资者投入无形资产核算

小企业接受投资者投入无形资产，应按其评估价值和相关税费，借记"无形资产"账户，贷记"实收资本"账户。若无形资产的评估价值与其在资本（股本）中所拥有的份额有差额的，差额部分记入"资本公积"账户。

7.2.3 无形资产摊销核算

1. 摊销方法

小企业无形资产的摊销方法只有一种，即年限平均法（直线法）。小企业应当在无形资产使用寿命内采用年限平均法（直线法）进行摊销，根据其受益对象计入相关资产成本或当期损益。

2. 摊销期限

无形资产的摊销期自其可供使用的当月开始,至停止使用或出售时止(停止使用或出售当月不再进行摊销)。有关法律规定或合同约定了使用年限的,可按规定或约定的使用年限分期摊销;小企业不能可靠估计无形资产使用寿命的,摊销期限不得低于10年。

3. 会计核算

小企业应当采用年限平均法(直线法)按月计提无形资产摊销,按照无形资产的受益对象计入相关资产成本或当期损益,其中用于生产产品的,其摊销额计入该产品成本;用于日常行政管理的,其摊销额计入管理费用;用于营销活动的,其摊销额计入销售费用;用于开发某项新技术的,其摊销额计入该新技术的研发支出;用于建造某项固定资产的,其摊销额计入该固定资产的在建工程成本。

> **知识拓展 7-2　　无形资产摊销核算的区别**
>
> 与《企业会计准则》存在的主要差异:一是在无形资产分类上,没有区分使用寿命无限的无形资产和使用寿命不确定的无形资产;二是规定无法合理估计使用寿命的无形资产按照不低于10年的期限进行摊销;三是统一要求采用年限平均法摊销,不允许选用产量法等其他摊销方法。

【例 7-3】 2019 年 8 月 31 日,广东新力电器有限公司计提本月无形资产摊销额 3 855 元,无形资产全部用于产品生产。新力公司账务处理如下所述。

借:制造费用　　　　　　　　　　　　　　　　　　　　　　　　3 855.00
　　贷:累计摊销　　　　　　　　　　　　　　　　　　　　　　　　　3 855.00

7.2.4　无形资产处置核算

无形资产处置是指无形资产出售、对外投资或因无法为小企业带来未来经济利益而报废等。小企业处置无形资产,其处置收入扣除其账面价值、相关税费等后的净额,计入营业外收入或营业外支出。

> **知识拓展 7-3　　无形资产减值核算的区别**
>
> 《小企业会计准则》规定,小企业不用考虑无形资产减值的问题。
> 而《企业会计准则》规定,当无形资产发生减值时,企业应计提无形资产减值准备,借记"资产减值损失"账户,贷记"无形资产减值准备"账户。

处置无形资产时,小企业应按实际收到的金额,借记"银行存款"等账户,按已计提的累计摊销额,借记"累计摊销"账户,按应支付的相关税费,贷记"应交税费"账户,按无形资产账面成本,贷记"无形资产"账户,按其差额,贷记"营业外收入——非流动资产处置净收益"账户或借记"营业外支出——非流动资产处置净损失"账户。

知识拓展 7-4　无形资产处置核算的区别

《小企业会计准则》规定,小企业采用出售、对外投资等方式处置无形资产,其处置收入扣除其账面价值、相关税费等后的净额,计入营业外收入或营业外支出。

而《企业会计准则》规定,企业采用出售、对外投资等方式处置无形资产时,应将所取得的价款与该项无形资产账面价值的差额作为资产处置利得或损失,记入"资产处置损益"账户,贷记"资产处置损益——处置非流动资产利得"账户或借记"资产处置损益——处置非流动资产损失"账户。

【例 7-4】2019 年 8 月 8 日,广东新力电器有限公司将其拥有的一项专利权转让给广东华材电器有限公司,取得收入 260 000 元、增值税额 15 600 元,存入银行。该专利权账面成本为 180 000 元,已计提摊销额 50 625 元。新力公司账务处理如下所述。

借:银行存款	275 600.00
累计摊销	50 625.00
贷:无形资产——专利权	180 000.00
应交税费——应交增值税——销项税额	15 600.00
营业外收入——非流动资产处置净收益	130 625.00

附原始凭证:增值税专用发票,如图 7-6 所示。

广东增值税专用发票

4400041141　　　　　　　　　　　　　　　　　　　　　　No 246842023

此联不作报销、扣税凭证使用

开票日期:2019 年 08 月 08 日

购买方	名　　　称:广东华材电器有限公司 纳税人识别号:44010628691032 地址、电话:广州市北京路 163 号 88566525 开户行及账号:建行北京路支行 11682642612	密码区	（略）

货物或应税劳务、服务名称	规格型号	单位	数量	单价	金额	税率	税额
*无形资产*专利权		项	1	260000.00	260000.00	6%	15600.00
合　　计					¥260000.00		¥15600.00

价税合计（大写）	⊗贰拾柒万伍仟陆佰圆整	（小写）¥275600.00

销售方	名　　　称:广东新力电器有限公司 纳税人识别号:440703256268024 地址、电话:惠州市仲恺大道 248 号 88327589 开户行及账号:惠州市建行仲恺支行 71682674052	备注	

收款人:李芬　　　复核:　　　开票人:李欣　　　销售方:(章)

第一联:记账联　销售方记账凭证

图 7-6　增值税专用发票

知识拓展 7-5　出租无形资产的核算

《小企业会计准则》规定,小企业出租专利权、商标权、著作权、非专利技术及其他特许权取得的收入作为提供劳务收入予以确认,在"其他业务收入"账户核算。取得出租专利权、商标权、著作权、非专利技术及其他特许权收入时,应将无形资产的摊销作为营业成本,在"其他业务成本"账户核算。

【例 7-5】 2019 年 9 月 5 日,广东新力电器有限公司向广东枫叶电器有限公司出租一项专利权,当月 15 日收到出租收入 2 000 元、增值税额 120 元,存入银行。该项专利权 9 月应计摊销 750 元。新力公司账务处理如下所述。

(1) 取得无形资产出租收入时:

借:银行存款　　　　　　　　　　　　　　　　　　　　　　　　2 120.00
　　贷:其他业务收入——出租专利权　　　　　　　　　　　　　　2 000.00
　　　　应交税费——应交增值税——销项税额　　　　　　　　　　　120.00

附原始凭证:增值税专用发票,如图 7-7 所示。

广东增值税专用发票							
4400041141						No 246842053	
此联不作报销抵扣税凭证使用						开票日期:2019 年 09 月 15 日	
购买方	名　　称:广东枫叶电器有限公司 纳税人识别号:44070834691030 地址、电话:惠州南岸西路 37 号 86966525 开户行及账号:农行南岸支行 71623142619					密码区	(略)
货物或应税劳务、服务名称	规格型号	单位	数量	单　价	金　额	税率	税　额
*经营租赁*出租专利权		项	1	2000.00	2000.00	6%	120.00
合　　计					¥2000.00		¥120.00
价税合计(大写)	⊗贰仟壹佰贰拾圆整				(小写) ¥2120.00		
销售方	名　　称:广东新力电器有限公司 纳税人识别号:440703256268024 地址、电话:惠州市仲恺大道 248 号 88327589 开户行及账号:惠州市建行仲恺支行 71682674052					备注	
收款人:李芬　　　复核:　　　开票人:李欣　　　销售方:(章)							

第一联:记账联　销售方记账凭证

图 7-7　增值税专用发票

(2) 计提无形资产摊销额时:

借:其他业务成本　　　　　　　　　　　　　　　　　　　　　　750.00
　　贷:累计摊销　　　　　　　　　　　　　　　　　　　　　　　750.00

【本章小结】

1. 无形资产是指小企业为生产产品、提供劳务、出租或经营管理而拥有的、没有实物形态的可辨认非货币性资产。小企业的无形资产通常包括专利权、非专利技术、商标权、著作权和土地使用权等。

2. 小企业取得无形资产,应按实际成本计价入账。小企业无形资产的核算一般需设置"无形资产""研发支出""累计摊销"等账户。

3. 小企业无形资产的摊销方法只有一种,即年限平均法(直线法)。小企业应当在无形资产使用寿命内采用年限平均法(直线法)进行摊销,根据其受益对象计入相关资产成本或当期损益。

4. 小企业无形资产的摊销期自其可供使用的当月开始,至停止使用或出售时止(停止使用或出售当月不再进行摊销)。小企业应当采用年限平均法(直线法)按月计提无形资产摊销,按照无形资产的受益对象计入相关资产成本或当期损益。

5. 无形资产处置是指无形资产出售、出租、对外投资或因无法为小企业带来未来经济利益而报废等。小企业处置无形资产,其处置收入扣除其账面价值、相关税费等后的净额,计入营业外收入或营业外支出。

第8章 生物资产核算

【目的要求】

1. 知识目标

（1）能叙述生物资产的特征与分类。

（2）能叙述消耗性生物资产后续支出核算。

（3）能叙述生产性生物资产后续支出核算。

（4）能叙述生产性生物资产折旧核算方法。

2. 技能目标

（1）能编制消耗性生物资产取得核算分录。

（2）能编制消耗性生物资产出售核算分录。

（3）能编制生产性生物资产取得核算分录。

（4）能编制生产性生物资产处置核算分录。

3. 情感目标

成功的秘诀不在于一蹴而就，而在于持之以恒，成功需要多一点坚持。

【重点难点】

1. 消耗性生物资产取得核算。

2. 消耗性生物资产出售核算。

3. 生产性生物资产折旧核算。

4. 生产性生物资产处置核算。

【情智故事】

成功在于多坚持一会儿

她是一位游泳健将，平生最大的心愿就是成为世界上第一个横渡英吉利海峡的人。为了实现这一理想，在许多年里，她都坚持天天练习，为这重要的一刻做了最好的准备。

极具历史意义的一天终于来临了，在众多媒体、观众的关注下，信心十足的女选手跃入海中，开始朝对岸的英国游去。

天气很好，气温适宜，女选手愉快地前进着，不像是在挑战自己，而像是在享受生命。但当她就快接近海峡对岸时，海上突然起了浓雾，而且越来越浓，最后达到了伸手不见五指的程度。因为身处茫茫大海而失去方向的她一下子恐慌起来，她不晓得还要游多远才能到达对岸，所以她越来越心虚，越来越感觉筋疲力尽。最后，她终于宣布放弃了。

可是,你知道当时她距对岸还有多远吗? 不到100米!

当知道这一结果时,遗憾和惋惜一下子把她击倒了,她说:"如果我知道距离目标只有这么近时,我一定会坚持到底、完成挑战的,不管多辛苦!"但是一切都过去了,"如果"是不存在的。

想一想,现实生活中不知道有多少这样的"游泳健将",都是在最接近成功的时候放弃的,因为那个时候,同时也是当局者最疲惫、最沉重、最迷茫的时候。

看来,"否极泰来"的确是一个真理,成功往往会在我们最苦、最累、最艰难的时候现身。既然如此,当坠入"谷底"时,我们就应该多徘徊一会儿。对,哪怕是"徘徊",我们也要比别人多坚持一会儿,因为成败之间,差的往往就是这么一点。

[情智点评] 最艰苦、最沉重的时刻,往往就是最接近目标的时刻。大多数失败者,都是因为在这个时候选择了放弃;而大多数成功者,则是因为在这个时候多坚持了一会儿,成功需要持之以恒的努力。

【基础知识】

8.1 生物资产概述

8.1.1 生物资产及其特征

生物资产是指与农业生产相关的有生命的动物和植物。生物资产具有两个显著特征:

(1) 生物资产是具有生命的动物和植物,具有能够进行生物转化的能力。生物转化是指导致生物资产质量或数量发生变化的生长、蜕化、生产和繁殖的过程,如农作物从种植开始到收获前的生长过程。

(2) 生物资产与农业生产密切相关,包括种植业、畜牧养殖业、林业、水产业等行业。

8.1.2 生物资产的分类

依据不同的分类标准,对生物资产可进行不同的分类。小企业通常按照价值转移方式,将生物资产划分为消耗性生物资产与生产性生物资产。

1. 消耗性生物资产

消耗性生物资产是指小企业(农、林、牧、渔业)为出售而持有的,或在将来收获为农产品的生物资产,包括生长中的大田作物、蔬菜、用材林以及存栏待售的牲畜等。

消耗性生物资产通常是一次性消耗并终止其服务能力或未来经济利益,在一定程度上具有存货的特征,应当作为存货在资产负债表中列报。

2. 生产性生物资产

生产性生物资产是指小企业(农、林、牧、渔业)为生产农产品、提供劳务或出租等目的而持有的生物资产,包括经济林、薪炭林、产畜和役畜等。

根据生产性生物资产是否具备生产能力(即是否达到预定生产经营目的),可以将其进一步划分为未成熟生产性生物资产与成熟生产性生物资产。未成熟生产性生物资产是指尚未达到预定生产经营目的,还不能够多年连续稳定产出农产品、提供劳务或出租的生产性生物资产;成熟生产性生物资产是指已达到预定生产经营目的的生产性生物资产。

与消耗性生物资产相比较,生产性生物资产具有能够在生产经营中长期、反复使用,从而不断产出农产品或者长期役用的特征,如水果树每年产水果、奶牛每年产奶等。

8.2 消耗性生物资产核算

8.2.1 账户设置

小企业应设置"消耗性生物资产"账户,核算小企业持有的消耗性生物资产的实际成本。该账户属于资产类账户,借方登记取得消耗性生物资产的成本,贷方登记小企业收获或出售消耗性生物资产而结转的成本以及结转记入"待处理财产损溢"账户的盘亏、毁损消耗性生物资产的实际成本,期末余额在借方,表示小企业持有消耗性生物资产的实际成本。

"消耗性生物资产"账户应按其种类、群别等设置明细分类账,进行明细分类核算。"消耗性生物资产"账户结构,如图 8-1 所示。

消耗性生物资产

期初:期初消耗性生物资产的成本 本期:登记取得消耗性生物资产的成本	登记收获或出售消耗性生物资产而结转的成本以及结转记入"待处理财产损溢"账户的盘亏、毁损消耗性生物资产的实际成本
期末:期末消耗性生物资产的成本	

图 8-1 "消耗性生物资产"账户结构

8.2.2 会计核算

1. 消耗性生物资产取得核算

1) 外购消耗性生物资产

小企业外购消耗性生物资产,按照应计入消耗性生物资产成本的金额,借记"消耗性生物资产"账户,贷记"银行存款""应付账款"等账户。可以计入外购消耗性生物资产的成本包括购买价款、相关税费、运输、保险费以及可直接归属于购买该资产的其他支出,如场地整理费、装卸费、栽植费、专业人员服务费等。

【例 8-1】 2019 年 8 月 1 日,广东精点农业有限公司从市场上购入 3 000 只小鸡苗,单价为 2 元,此外发生运输费 200 元,保险费 150 元,装卸费 150 元,款项全部以银行存款支付。精点公司账务处理如下所述。

借:消耗性生物资产　　　　　　　　　　　　　　　　　　　　　　　6 500.00
　　贷:银行存款　　　　　　　　　　　　　　　　　　　　　　　　　6 500.00

2）自行营造、繁殖消耗性生物资产

（1）自行栽培大田作物、蔬菜，应按收获前发生的必要支出，借记"消耗性生物资产"账户，贷记"银行存款""应付职工薪酬"等账户。可以计入自行栽培大田作物、蔬菜的成本包括收获前耗用的种子、肥料、农药等材料费、人工费和应分摊的间接费用，如农业机械的折旧费、维修费、灌溉发生的水电费等。

（2）自行营造林木类消耗性生物资产，应按郁闭前发生的必要支出，借记"消耗性生物资产"账户，贷记"银行存款""应付职工薪酬"等账户。可以计入自行营造林木类消耗性生物资产的成本包括郁闭前发生的造林费、抚育费、营林设施费、良种试验费、调查设计费和应分摊的间接费用，如林业机械的折旧费、修理费、灌溉发生的水电费等。

【例 8-2】 2019 年 8 月，广东精点农业有限公司种植作为用材林的杨树 4 000 株，单株购入成本为 10 元，运输费 400 元，以银行存款支付。发生种植人员工资 2 000 元，尚未支付，使用库存肥料 1 600 元；种植后达到郁闭前的森林管护费用共计 4 000 元，其中，人员工资 2 000 元，尚未支付，管护设备折旧 2 000 元。精点公司账务处理如下所述。

借：消耗性生物资产　　　　　　　　　　　　　　　　　　　　48 000.00
　　贷：银行存款　　　　　　　　　　　　　　　　　　　　　　40 400.00
　　　　原材料　　　　　　　　　　　　　　　　　　　　　　　 1 600.00
　　　　应付职工薪酬　　　　　　　　　　　　　　　　　　　　 4 000.00
　　　　累计折旧　　　　　　　　　　　　　　　　　　　　　　 2 000.00

知识拓展 8-1　郁闭与郁闭度

郁闭是林木类消耗性生物资产成本确定中的一个重要界限。郁闭为林学概念，通常是指一块林地上的林木的树干、树冠生长达到一定标准，林木成活率和保持率达到一定的技术规程要求。郁闭通常是指林木类消耗性生物资产的郁闭度达 0.20 以上（含 0.20）。郁闭度是指森林中乔木树冠遮蔽地面的程度，它是反映林分密度的指标，以林地树冠垂直投影面积与林地面积之比表示，以十分数表示，完全覆盖地面为 1。根据联合国粮农组织规定，郁闭度达 0.20 以上（含 0.20）的为郁闭林，其中一般 0.20～0.70（不含 0.70）为中度郁闭，0.70 以上（含 0.70）为密郁闭，0.20 以下（不含 0.20）的为疏林（即未郁闭林）。

郁闭是判断消耗性生物资产相关支出（包括借款费用）资本化或者费用化的时点。郁闭之前的林木类消耗性生物资产处在培育阶段，需要发生较多的造林费、抚育费、营林设施费、良种试验费、调查设计费等相关支出，这些支出应予以资本化计入存货成本；郁闭之后的林木类消耗性生物资产进入稳定的生长期，基本上可以比较稳定地成活，主要依靠林木本身的自然生长，一般只需要发生较少的管护费用，从重要性和谨慎性考虑应当计入当期管理费用。

（3）自行繁殖的育肥畜，应按出售前发生的必要支出，借记"消耗性生物资产"账户，贷记"银行存款""应付职工薪酬"等账户。可以计入自行繁殖育肥畜的成本包括出售前发生的饲料费、人工费和应分摊的间接费用，如应负担的固定资产（猪圈、鸡舍、羊圈、牛棚等）的折旧费、修理费、水电费、卫生防疫费等。

（4）水产养殖的动植物，应按出售前发生的必要支出，借记"消耗性生物资产"账户，贷记"银行存款""应付职工薪酬"等账户。可以计入水产养殖动植物的成本包括出售或入库前耗用的苗种、饲料、肥料等材料费、人工费和应分摊的间接费用，如应负担的固定资产（网箱等）的折旧费、修理费、水电费、捕捞费等。

【例8-3】 2019年5月，广东精点农业有限公司外购120只猪苗，每只成本100元。截至12月10日，该批120只育肥猪出售前，共支出饲料费180 000元，支付人工费60 000元，应分摊的养殖场折旧为36 000元。精点公司账务处理如下所述。

借：消耗性生物资产		288 000.00
贷：银行存款		12 000.00
原材料		180 000.00
应付职工薪酬		60 000.00
累计折旧		36 000.00

2. 消耗性生物资产后续支出核算

（1）择伐、间伐或抚育更新性质采伐而补植林木类消耗性生物资产发生的后续支出，借记"消耗性生物资产"账户，贷记"银行存款""应付职工薪酬"等账户。

（2）林木类消耗性生物资产达到郁闭后发生的管护费用等后续支出，借记"管理费用"账户，贷记"银行存款""应付职工薪酬"等账户。

【例8-4】 2019年8月，广东精点农业有限公司对用材林择伐迹地进行更新造林，应支付临时人员工资15 000元，领用材料20 000元。精点公司账务处理如下所述。

借：消耗性生物资产	35 000.00
贷：原材料	20 000.00
应付职工薪酬	15 000.00

3. 消耗性生物资产收获核算

（1）消耗性生物资产收获为农产品，如肉猪宰杀后的猪肉、收获后的蔬菜、用材林采伐后的木材等，小企业应按其账面价值，借记"农产品"账户，贷记"消耗性生物资产"账户。

（2）消耗性生物资产出售时，小企业应按实际收到的金额，借记"银行存款"等账户，贷记"主营业务收入"等账户；同时按其账面余额结转成本，借记"主营业务成本"等账户，贷记"消耗性生物资产"等账户。

【例8-5】 2018年9月，广东精点农业有限公司将育成的40头肉猪出售给广东新成食品加工厂，价款总额为80 000元，货款尚未收到。出售时肉猪的账面余额为48 000元。精点公司账务处理如下所述。

（1）实现收入时：

借：应收账款——新成食品厂	80 000.00
贷：主营业务收入	80 000.00

（2）结转成本时：

借：主营业务成本	48 000.00	
贷：消耗性生物资产		48 000.00

4. 消耗性生物资产毁损核算

消耗性生物资产发生盘亏、死亡或毁损时，应将处置收入扣除其账面价值和相关税费后的余额先记入"待处理财产损溢"账户，待查明原因后，根据股东大会、董事会、经理会议或类似机构批准后，将消耗性生物资产因盘亏、死亡或毁损造成的损失在扣减过失人或保险公司的赔款和残余价值后的余额计入营业外支出。

【例 8-6】 2019 年 6 月，广东精点农业有限公司丢失 3 头育肥牛，账面原值为 12 000 元；经查实，属于饲养员赵利的管理责任，应由其赔偿 1 000 元。精点公司账务处理如下所述。

（1）丢失原因查明前：

借：待处理财产损溢	12 000.00	
贷：消耗性生物资产		12 000.00

（2）丢失原因查明时：

借：其他应收款——赵利	1 000.00	
营业外支出	11 000.00	
贷：待处理财产损溢		12 000.00

8.3 生产性生物资产核算

8.3.1 账户设置

为了核算生产性生物资产的取得、计提折旧、处置等业务，小企业应设置"生产性生物资产""生产性生物资产累计折旧"等账户。

1."生产性生物资产"账户

"生产性生物资产"账户，核算小企业持有的生产性生物资产的原价（成本）。该账户属于资产类账户，借方登记增加生产性生物资产的原价（成本），贷方登记小企业减少生产性生物资产的原价，期末余额在借方，表示小企业持有生产性生物资产的原价。

"生产性生物资产"账户应按"未成熟生产性生物资产"和"成熟生产性生物资产"，分别生物资产的种类、群别等设置明细分类账，进行明细分类核算。"生产性生物资产"账户结构，如图 8-2 所示。

生产性生物资产

期初：期初生产性生物资产的原价 本期：登记增加生产性生物资产的原价	登记减少生产性生物资产的原价
期末：期末生产性生物资产的原价	

图 8-2　"生产性生物资产"账户结构

2."生产性生物资产累计折旧"账户

"生产性生物资产累计折旧"账户,核算小企业成熟生产性生物资产的累计折旧。该账户属于资产类账户,是"生产性生物资产"账户的备抵调整账户,贷方登记小企业按月计提的生产性生物资产累计折旧,借方登记处置生产性生物资产转出的生产性生物资产累计折旧,期末余额在贷方,表示小企业成熟生产性生物资产的累计折旧额。

"生产性生物资产累计折旧"账户应按成熟生产性生物资产的种类、群别等设置明细分类账,进行明细分类核算。"生产性生物资产累计折旧"账户结构,如图8-3所示。

生产性生物资产累计折旧

本期:登记处置生产性生物资产转出的生产性生物资产累计折旧	期初:期初成熟生产性生物资产的累计折旧额
	登记小企业按月计提的生产性生物资产累计折旧
	期末:期末成熟生产性生物资产的累计折旧额

图8-3 "生产性生物资产累计折旧"账户结构

8.3.2 会计核算

1. 生产性生物资产取得核算

1)外购生产性生物资产

小企业外购生产性生物资产,应按实际购买价款和相关税费,借记"生产性生物资产"账户,贷记"银行存款""应付账款"等账户。

【例8-7】 2019年6月,广东精点农业有限公司从市场上一次性购买了20头种猪,单价1 600元,此外发生运输费用1 500元,保险费用800元,装卸费用500元,款项全部以银行存款支付。精点公司账务处理如下所述。

```
借:生产性生物资产——种猪                    34 800.00
    贷:银行存款                              34 800.00
```

2)自行营造、繁殖生产性生物资产

(1)达到预定生产经营目的前。自行营造林木类生产性生物资产,应按达到预定生产经营目的前发生的造林费、抚育费、营林设施费、良种试验费、调查设计费和应分摊的间接费用等必要支出,借记"生产性生物资产——未成熟生产性生物资产"账户,贷记"银行存款""原材料""应付职工薪酬"等账户。

自行繁殖的产畜和役畜,应按达到预定生产经营目的前发生的饲料费、人工费和应分摊的间接费用等必要支出,借记"生产性生物资产——未成熟生产性生物资产"账户,贷记"银行存款""原材料""应付职工薪酬"等账户。

(2)达到预定生产经营目的时。未成熟生产性生物资产达到预定生产经营目的时,应按照其账面余额,借记"生产性生物资产——成熟生产性生物资产"账户,贷记"生产性生物资产——未成熟生产性生物资产"账户。

2. 生产性生物资产折旧核算

1) 生产性生物资产折旧概述

生产性生物资产折旧是指在生产性生物资产的使用寿命期内,按照确定的方法对应计折旧额进行系统分摊,其中,应计折旧额是指应当计提折旧的生产性生物资产的原价扣除净残值后的余额。

小企业持有的生产性生物资产在其使用寿命期内应当选择年限平均法计提折旧。小企业应当自生产性生物资产投入使用月份的下月起按月计提折旧;停止使用的生产性生物资产,应当自停止使用月份的下月起停止计提折旧。

2) 会计核算

生产性生物资产的折旧额应根据其受益对象分别计入相关资产成本(如将收获的农产品成本)或当期损益。小企业按月计提成熟生产性生物资产的折旧,借记"生产成本""管理费用"等账户,贷记"生产性生物资产累计折旧"账户。

【例8-8】 广东精点农业有限公司养殖场饲养奶牛,其成本为72 000元,奶牛按3年计提折旧,每年应计提的折旧为24 000元。精点公司账务处理如下所述。

借:生产成本　　　　　　　　　　　　　　　　　　　　　　　　24 000.00
　　贷:生产性生物资产累计折旧　　　　　　　　　　　　　　　　　24 000.00

3. 生产性生物资产后续支出核算

(1) 择伐、间伐或抚育更新等生产性采伐而补植林木类生产性生物资产发生的后续支出,借记"生产性生物资产——未成熟生产性生物资产"账户,贷记"银行存款""应付职工薪酬"等账户。

(2) 生产性生物资产发生的管护、饲料费用等后续支出,借记"管理费用"账户,贷记"银行存款""应付职工薪酬"等账户。

4. 生产性生物资产收获核算

生产性生物资产收获是指农产品从生产性生物资产中分离,如从水果树上采摘水果、奶牛产出牛奶、绵羊产出羊毛等。

从生产性生物资产上收获农产品的过程中发生的直接材料、直接人工等直接费用以及应分摊的间接费用,应计入相关农产品的生产成本,借记"生产成本"账户,贷记"银行存款""原材料""应付职工薪酬"等账户。

【例8-9】 2019年8月,广东精点农业有限公司发生奶牛(已进入产奶期)的饲养费用如下:领用饲料5 000千克,计10 000元,应付饲养人员工资3 000元,以现金支付防疫费500元。精点公司账务处理如下所述。

借:生产成本　　　　　　　　　　　　　　　　　　　　　　　　13 500.00
　　贷:原材料　　　　　　　　　　　　　　　　　　　　　　　　10 000.00
　　　　库存现金　　　　　　　　　　　　　　　　　　　　　　　　 500.00
　　　　应付职工薪酬　　　　　　　　　　　　　　　　　　　　　3 000.00

5. 生产性生物资产处置核算

（1）小企业将育肥畜转为产畜或役畜，应按其账面价值，借记"生产性生物资产"账户，贷记"消耗性生物资产"账户。

小企业将产畜或役畜淘汰转为育肥畜，应按转群时其账面价值，借记"消耗性生物资产"账户，按照已计提的累计折旧，借记"生产性生物资产累计折旧"，按产畜或役畜的原价，贷记"生产性生物资产"账户。

【例 8-10】 2019 年 8 月，广东精点农业有限公司将 50 头种猪淘汰转为育肥猪，此批种猪的账面原价为 150 000 元，已经计提的累计折旧为 100 000 元。精点公司账务处理如下所述。

借：消耗性生物资产　　　　　　　　　　　　　　　　　50 000.00
　　生产性生物资产累计折旧　　　　　　　　　　　　　100 000.00
　　贷：生产性生物资产　　　　　　　　　　　　　　　150 000.00

（2）小企业因出售、报废、毁损、对外投资等原因处置生产性生物资产，应按取得的出售生产性生物资产的价款、残料价值和变价收入等处置收入，借记"银行存款"等账户，按照已计提的累计折旧，借记"生产性生物资产累计折旧"账户，按产畜或役畜的原价，贷记"生产性生物资产"账户，按其差额，贷记"营业外收入——非流动资产处置净收益"账户或借记"营业外支出——非流动资产处置净损失"账户。

知识拓展 8-2 生产性生物资产处置核算的区别

《小企业会计准则》规定，小企业处置生产性生物资产的净收益记入"营业外收入——非流动资产处置净收益"账户，净损失记入"营业外支出——非流动资产处置净损失"账户。

而《企业会计准则》规定，企业处置生产性生物资产的净损益，属于出售生产性生物资产的净损益，记入"资产处置损益——处置非流动资产利得"或"资产处置损益——处置非流动资产损失"账户；属于报废、毁损生产性生物资产的净损失，记入"营业外支出"账户。

【例 8-11】 2019 年 9 月，广东精点农业有限公司将 10 头淘汰的种猪作价 25 000 元出售，款项已收存银行，此批种猪的账面原价为 30 000 元，已计提的累计折旧为 20 000 元。精点公司账务处理如下所述。

借：银行存款　　　　　　　　　　　　　　　　　　　　25 000.00
　　生产性生物资产累计折旧　　　　　　　　　　　　　 20 000.00
　　贷：生产性生物资产　　　　　　　　　　　　　　　 30 000.00
　　　　营业外收入——非流动资产处置净收益　　　　　 15 000.00

【本章小结】

1. 生物资产是指与农业生产相关的有生命的动物和植物。生物资产具有两个显著特征：①生物资产是具有生命的动物和植物，具有能够进行生物转化的能力；②生物资产与农业生产密切相关。

2. 小企业按照价值转移方式,可以将生物资产划分为消耗性生物资产与生产性生物资产。

3. "消耗性生物资产"账户,核算小企业持有的消耗性生物资产的实际成本。消耗性生物资产的核算包括有消耗性生物资产取得、后续支出、收获、处置以及毁损等核算。

4. "生产性生物资产"账户,核算小企业持有的生产性生物资产的原价。生产性生物资产的核算包括生产性生物资产取得、计提折旧、后续支出、收获和处置等方面的核算。

5. 小企业持有的生产性生物资产在其使用寿命期内应当选择"年限平均法"计提折旧。小企业应当自生产性生物资产投入使用月份的下月起按月计提折旧;停止使用的生产性生物资产,应当自停止使用月份的下月起停止计提折旧。

第 9 章　应付款项核算

【目的要求】

1. 知识目标

（1）能叙述应付账款的确认与计量。

（2）能叙述应付票据的种类与计价。

（3）能叙述其他应付款的内容。

（4）能叙述长期应付款的概念及内容。

（5）能叙述长期应付款的核算方法。

2. 技能目标

（1）能编制应付账款的会计核算分录。

（2）能编制预收账款的会计核算分录。

（3）能编制带息与不带息应付票据核算分录。

（4）能编制其他应付款的会计核算分录。

3. 情感目标

强化责任意识,勇于担当尽责,提升履职能力。

【重点难点】

1. 预收账款核算。

2. 应付账款核算。

3. 应付票据核算。

【情智故事】

黄旭华:赫赫无名的"中国核潜艇之父"

黄旭华,我国核潜艇研究设计专家,原籍广东省揭东县玉湖镇新寮村,祖辈大多从医,很小的时候,父母就希望他未来能够从医。因为家乡在海边,他对海有很深的感情,战乱中目睹日军的舰艇炮击沿海城市,他就暗下决心,要为振兴祖国造船事业作出贡献。

1949 年,黄旭华从上海交通大学造船系毕业。1958 年,聂荣臻元帅以战略家的勇气向中央请求搞核潜艇,党中央、毛主席很快批准。我国批准核潜艇工程立项,核潜艇研制马上进入准备状态。曾有过几年仿制苏式常规潜艇经历,又毕业于上海交大造船系的黄旭华被选中参研,黄旭华成为中华人民共和国最早参加核潜艇设计的 29 个人之一。从那一时刻起,黄旭华的人生就牢牢地和核潜艇拴在了一起。

为了中国的核潜艇,新婚不久,黄旭华告别妻子只身来到风暴经常光顾的试验基地。后来,他干脆把家也搬到了荒凉的小岛。为了艇上千万台设备,上百公里长的电缆、管道,他要联络全国24个省市的2000多家科研单位,工程复杂。那时没有计算机,他和同事们用算盘和计算尺演算出成千上万个数据,送走了一个个不眠之夜。

1964年,我国研制出第一艘核潜艇,比美国的第一艘核潜艇研制时间缩短了近2年,各项性能也均超过美国1954年的第一艘核潜艇。中国,成为继美、苏、英、法之后世界上第五个拥有核潜艇的国家。

世界上曾有10多艘核潜艇在进行试验或航行时沉没了。20世纪60年代,美国的王牌核潜艇"长尾鲨"号作深潜试验,还不到200米,潜艇上129人就全部葬身海底。1988年年初,我国核潜艇要进行最后的深潜试验。这是举世公认的危险试验,已经62岁的黄旭华亲自下潜,成为世界上核潜艇总设计师亲自下水作深潜试验的第一人。黄旭华回忆,当年有人强调"任务光荣",越讲光荣,艇员的思想就越乱,有的人甚至给家里人写了遗书。"有人下艇之前唱了一首《血染的风采》,这首歌很好,但我当时说,'今天要下潜,不希望大家唱这首歌,而要唱一个雄赳赳气昂昂'。"

下潜到设计要求深度时,艇上鸦雀无声……100米、200米、250米、300米,巨大的水压使艇身多处发出"咔嗒""咔嗒"的声响。当核潜艇重新平安上升到水下100米左右时,气氛一下子变了,艇员们激动得相互拥抱。黄旭华诗兴大发,现场作诗曰:"花甲痴翁,自探龙宫;惊涛骇浪,乐在其中。"

正是这一年,我国政府对外宣布:中国进行核潜艇水下发射运载火箭试验成功,中国成为继美、苏、英、法之后,世界上第五个拥有第二次核打击力量的国家。至此,中国第一代核潜艇的研制走完了它的全过程,人民海军也由此成为一支战略性军种。

2013年2月11日,"感动中国2013年度人物"颁奖典礼揭晓,被誉为"中国核潜艇之父"的黄旭华榜上有名。颁奖词高度凝练地概括道:时代到处是惊涛骇浪,你埋下头,甘心做沉默的砥柱;一穷二白的年代,你挺起胸,成为国家最大的财富。三十载赫赫而无名,花甲年不弃使命。你的人生,正如深海中的潜艇,无声,但有无穷的力量。

[情智点评] 黄旭华三十载赫赫而无名,花甲年不弃使命,作为总设计师亲自下水作深潜试验,用担当的责任精神献身于祖国的核潜艇事业。作为会计人员,也应有勇于担当的责任意识,在困难和问题面前不退缩、不动摇;遇事不避难,对事业和工作永远充满激情、保持干劲。

【基础知识】

9.1 应付及预收账款核算

9.1.1 应付账款核算

1. 应付账款概述

应付账款是指小企业因购买材料、商品或接受劳务供应等日常生产经营活动应支付的款项。

1) 应付账款确认

应付账款一般应在与所购买材料、商品等物资所有权相关的主要风险和报酬已经转移，或者所接受的劳务已经接受时确认。在实际工作中，应区别情况处理：

（1）在材料、商品等物资和发票等结算凭证同时到达的情况下，应付账款一般在所购物资验收入库后，根据发票等结算凭证所列金额入账。

（2）在材料、商品等物资已经验收入库，但发票等结算凭证尚未到达的情况下，应付账款可暂不入账，待收到发票等结算凭证后再入账；若到月份终了仍未收到发票等结算凭证，应按估计价或计划价暂估入账，下月月初用红字作同样的会计分录予以冲回，以便下月收到发票等结算凭证时，按正常程序进行账务处理。

2) 应付账款计量

应付账款一般应按实际应付金额（即发票等结算凭证记载的金额）计价入账。存在购货折扣的，则应区别情况处理：

（1）系商业折扣的，应按扣除了商业折扣后的金额（净价）入账，即根据发票结算金额入账。

（2）系现金折扣的，应先按发票上记载的应付金额入账，即不扣除现金折扣的金额（总价）入账，待实际发生现金折扣时，再将折扣金额冲减当期财务费用。

知识拓展 9-1　商业折扣与现金折扣

商业折扣是指小企业为促进商品销售而在商品标价上给予的价格扣除。现金折扣是指债权人为鼓励债务人在规定的期限内付款而向债务人提供的债务扣除。

2. 账户设置

小企业应设置"应付账款"账户，核算小企业因购买材料、商品或接受劳务供应等日常生产经营活动应支付的款项。该账户属于负债类账户，贷方登记小企业购买材料、商品等物资和接受劳务等而发生的应付账款，借方登记小企业偿还的应付账款、开出商业汇票抵付的应付账款以及转销的无法支付的应付账款，期末余额一般在贷方，表示小企业尚未支付的应付账款余额。

"应付账款"账户一般应按债权人设置明细分类账，进行明细分类核算。"应付账款"账户结构，如图 9-1 所示。

应付账款	
本期：登记小企业偿还的应付账款、开出商业汇票抵付的应付账款以及转销的无法支付的应付账款	期初：尚未支付的应付账款余额 登记小企业购买材料、商品等物资和接受劳务等而发生的应付账款
	期末：尚未支付的应付账款余额

图 9-1　"应付账款"账户结构

不单独设置"预付账款"账户的小企业,其预付的账款也在"应付账款"账户核算。

3. 会计核算

1) 发生应付账款

小企业购入材料、商品等物资发生应付账款时,应根据发票等结算凭证记载的金额(或月末暂估金额),借记"在途物资""原材料""库存商品"等账户,按可抵扣的增值税额,借记"应交税费——应交增值税——进项税额"账户,按应付的金额,贷记"应付账款"账户。

小企业接受供应单位提供劳务而发生应付账款时,应根据供应单位开出的发票等结算凭证,借记"生产成本""制造费用""管理费用"等账户,贷记"应付账款"账户。

【例9-1】 2019年9月6日,广东新力电器有限公司根据合同向广东佳华电子有限公司采购DRH电路板一批,收到增值税专用发票一张,发票注明价款为30 000元,增值税额3 900元,运费增值税专用发票一张,发票注明运杂费150元,增值税额13.5元,款项尚未支付,电路板已验收入库。双方购销合同约定,按不含税价款提供现金折扣,付款期限为30天,现金折扣条件为(2/10,1/20,n/30)。新力公司账务处理如下所述。

借:原材料——DRH电路板　　　　　　　　　　　　　　　30 150.00
　　应交税费——应交增值税——进项税额　　　　　　　 3 913.50
　　贷:应付账款——佳华电子　　　　　　　　　　　　　　34 063.50

附原始凭证:增值税专用发票,如图9-2所示。

广东增值税专用发票

4401241145　　　　　　　　　　　　　　　　　　　№ 461066241

开票日期:2019年09月06日

购买方	名　称:广东新力电器有限公司 纳税人识别号:440703256268024 地址、电话:惠州市仲恺大道248号 88327589 开户行及账号:惠州市建行仲恺支行 71682674052	密码区	(略)

货物或应税劳务、服务名称	规格型号	单位	数量	单价	金额	税率	税额
*印制电路板*DRH电路板		块	3000	10.00	30000.00	13%	3900.00
合　计					¥30000.00		¥3900.00

价税合计(大写)	⊗叁万叁仟玖佰圆整	(小写) ¥33900.00

销售方	名　称:广东佳华电子有限公司 纳税人识别号:440105307268034 地址、电话:广州市芳村大道52号 83682585 开户行及账号:广州工行芳村支行 12629413054	备注	

收款人:　　　　复核:　　　　开票人:陈怡华　　　　销售方:(章)

图9-2 增值税专用发票

2）偿还应付账款

小企业偿付应付账款或开出商业汇票抵付应付账款时，借记"应付账款"账户，贷记"银行存款""应付票据"等账户，若在折扣期内付款而获得现金折扣，应在偿付应付账款时冲减财务费用。

【例 9-2】 承［例 9-1］，广东新力电器有限公司采用电汇方式支付佳华电子公司货款。新力公司账务处理如下所述。

（1）若在 10 天内付款时：

$$现金折扣 = 30\,000 \times 2\% = 600(元)$$

借：应付账款——佳华电子　　　　　　　　　　　　　　　　　34 063.50
　　贷：财务费用　　　　　　　　　　　　　　　　　　　　　　　　600.00
　　　　银行存款　　　　　　　　　　　　　　　　　　　　　　　33 463.50

附原始凭证：电汇凭证，如图 9-3 所示。

电 汇 凭 证 （回单）　1　No 006840901

第 0912 号　　　　　　委托日期　2019 年 09 月 15 日

汇款人	全 称	广东新力电器有限公司			收款人	全 称	广东佳华电子有限公司		
	账 号或住址	71682674052				账 号或住址	12629413054		
	汇出地点	广东省惠州	汇出行名 称	建行仲恺支行		汇入地点	广东广州	汇入行名 称	工行芳村支行
	金额人民币（大写）	叁万叁仟肆佰陆拾叁元伍角整			千 百 十 万 千 百 十 元 角 分　　　　　　￥ 3 3 4 6 3 5 0				
	汇款用途：	支付材料款							
	上列款项已根据委托办理，如需查询，请持此回单来行面谈								

（中国建设银行股份有限公司　惠州仲恺支行　2019.09.15　办讫章）
（汇出行盖章）

此联汇出行给汇款人的回单

图 9-3　电汇凭证

（2）若在 20 天内付款时：

$$现金折扣 = 30\,000 \times 1\% = 300(元)$$

借：应付账款——佳华电子　　　　　　　　　　　　　　　　　34 063.50
　　贷：财务费用　　　　　　　　　　　　　　　　　　　　　　　　300.00
　　　　银行存款　　　　　　　　　　　　　　　　　　　　　　　33 763.50

(3) 若在 30 天内付款时：

借：应付账款——佳华电子　　　　　　　　　　　　　　　　　34 063.50
　　贷：银行存款　　　　　　　　　　　　　　　　　　　　　　　　34 063.50

3) 转销应付账款

对于确实无法支付的应付账款(如因债权人撤销等原因而产生无法支付的应付账款)，小企业应按其账面余额予以转销，计入营业外收入，借记"应付账款"账户，贷记"营业外收入"账户。

9.1.2 预收账款核算

1. 预收账款概念

预收账款是指小企业按照合同规定，向购货单位或接受劳务方预先收取的款项，包括预收的购货款、工程款等。它是供货方或提供劳务方预先向购货方或接受劳务方收取一部分货款或订金而形成的一项负债，该项负债需要小企业在一定时间内提供货物或劳务偿付。

2. 账户设置

小企业应设置"预收账款"账户，核算小企业按照合同规定预收的款项。该账户属于负债类账户，贷方登记小企业收到购货方预付的货款及补付的货款，借方登记小企业向购货方发货后冲销的预收账款数额和退回购货方多付账款的数额，期末余额一般在贷方，表示小企业向购货方预收的但尚未向其发货的数额。期末如为借方余额，表示小企业应收的款项。

"预收账款"账户应按购货单位设置明细分类账，进行明细分类核算。"预收账款"账户结构，如图 9-4 所示。

预收账款

本期：登记小企业向购货方发货后冲销的预收账款数额和退回购货方多付账款的数额	期初：向购货方预收的但尚未向其发货的余额 登记小企业收到购货方预付的货款及补付的货款
	期末：小企业向购货方预收的但尚未向其发货的数额

图 9-4 "预收账款"账户结构

预收账款业务不多的小企业，可以不设置"预收账款"账户，所发生的预收账款业务，通过"应收账款"账户进行核算。

3. 会计核算

(1) 小企业预收购货单位的款项时，借记"银行存款"账户，贷记"预收账款"账户。

【例 9-3】 2019 年 9 月 10 日，广东新力电器有限公司与广东新怡百货有限公司签订电磁炉购销合同，当日收到新怡公司预付订金 10 000 元。新力公司账务处理如下所述。

借：银行存款　　　　　　　　　　　　　　　　　　　　　　　10 000.00
　　贷：预收账款——新怡百货　　　　　　　　　　　　　　　　　10 000.00

(2) 发出货物实现销售收入时,按售价和增值税额,借记"预收账款"账户,按实现的销售收入,贷记"主营业务收入"账户,按应交增值税额,贷记"应交税费——应交增值税——销项税额"账户。

(3) 收到购货单位补付货款,借记"银行存款"账户,贷记"预收账款"账户;向购货单位退回其多付款项时,借记"预收账款"账户,贷记"银行存款"账户。

【例9-4】 承[例9-3],2019年11月20日,广东新力电器有限公司按合同约定向广东新怡百货有限公司发出电磁炉200台,开出增值税专用发票,发票注明价款32 000元,增值税额4 160元,当日收到新怡公司补付货款26 160元。新力公司账务处理如下所述。

(1) 发出电磁炉,实现销售收入时:

借:预收账款——新怡百货　　　　　　　　　　　　　　　　　　　36 160.00
　　贷:主营业务收入——电磁炉　　　　　　　　　　　　　　　　　32 000.00
　　　　应交税费——应交增值税——销项税额　　　　　　　　　　　 4 160.00

附原始凭证:增值税专用发票,如图9-5所示。

广东增值税专用发票						
4400041141						No 201342336
此联不作报销抵扣税凭证使用						开票日期:2019年11月20日

购买方	名　称	广东新怡百货有限公司	密码区	(略)
	纳税人识别号	440718925468024		
	地址、电话	惠州市惠南大道215号 88247598		
	开户行及账号	惠州农行惠南支行 71235469056		

货物或应税劳务、服务名称	规格型号	单位	数量	单价	金　额	税率	税　额
*家用厨房电器具*电磁炉		台	200	160.00	32000.00	13%	4160.00
合　　计					¥32000.00		¥4160.00

| 价税合计(大写) | ⊗叁万陆仟壹佰陆拾圆整 | (小写) ¥36160.00 |

销售方	名　称	广东新力电器有限公司	备注	
	纳税人识别号	440703256268024		
	地址、电话	惠州市仲恺大道248号 88327589		
	开户行及账号	惠州市建行仲恺支行 71682674052		

收款人:李芬　　　　复核:　　　　开票人:李欣　　　　销售方:(章)

图9-5 增值税专用发票

(2) 收到新怡百货公司补付货款时:

借:银行存款　　　　　　　　　　　　　　　　　　　　　　　　　26 160.00
　　贷:预收账款——新怡百货　　　　　　　　　　　　　　　　　　26 160.00

9.2 应付票据核算

9.2.1 应付票据概述

1. 应付票据的种类

应付票据是指小企业因购买材料、商品和接受劳务供应等日常生产经营活动而开出、承兑的商业汇票。

商业汇票按承兑人的不同,分为商业承兑汇票和银行承兑汇票。在商业承兑汇票方式下,承兑人应为付款人,承兑人对该项债务作出在一定时期内支付的承诺;在银行承兑汇票方式下,商业汇票应由在承兑银行开立存款账户的存款人签发,由银行承兑。

2. 账户设置

小企业应设置"应付票据"账户,核算小企业因购买材料、商品和接受劳务供应等日常生产经营活动而开出、承兑的商业汇票。该账户属于负债类账户,贷方登记小企业开出、承兑商业汇票的票面金额,借方登记小企业到期支付(或结转)商业汇票的金额,期末余额在贷方,表示小企业开出、承兑的尚未到期的商业汇票的票面金额。

"应付票据"账户应按供货商(债权人)设置明细分类账,进行明细分类核算。"应付票据"账户结构,如图9-6所示。

应付票据	
本期:登记小企业到期支付(或结转)商业汇票的金额	期初:尚未到期的商业汇票的票面金额 登记小企业开出、承兑商业汇票的票面金额
	期末:尚未到期的商业汇票的票面金额

图 9-6 "应付票据"账户结构

9.2.2 应付票据会计核算

1. 开出、承兑商业汇票

小企业因购买材料、商品和接受劳务供应等开出、承兑商业汇票时,应按其票面金额,借记"在途物资""原材料""库存商品""应交税费——应交增值税——进项税额"等账户,贷记"应付票据"账户。

2. 支付银行承兑汇票手续费

小企业支付银行承兑汇票手续费,借记"财务费用"账户,贷记"银行存款"账户。

【例 9-5】 2019 年 9 月 7 日,广东新力电器有限公司向广东珠江钢材有限公司采购不锈钢板一批,收到增值税专用发票一张,发票注明价款 45 000 元,增值税额 5 850 元,不锈钢板已验收入库。新力公司签发一张面值 50 850 元、期限为 3 个月的银行承兑汇票结算货款,支付给银行承兑汇票手续费 25.43 元。新力公司账务处理如下所述。

(1) 支付银行承兑手续费时：

　　借：财务费用　　　　　　　　　　　　　　　　　　　　　　　25.43
　　　　贷：银行存款　　　　　　　　　　　　　　　　　　　　　　　25.43

(2) 交付银行承兑汇票结算货款时：

　　借：原材料——不锈钢板　　　　　　　　　　　　　　　　　45 000.00
　　　　应交税费——应交增值税——进项税额　　　　　　　　　5 850.00
　　　　贷：应付票据——珠江钢材　　　　　　　　　　　　　　50 850.00

附原始凭证：增值税专用发票，如图9-7所示。

广东增值税专用发票

4401241141　　　　　　　　　　　　　　　　　　　　　No 491043423

开票日期：2019年09月07日

购买方	名　　称：广东新力电器有限公司 纳税人识别号：440703256268024 地址、电话：惠州市仲恺大道248号 88327589 开户行及账号：惠州市建行仲恺支行 71682674052	密码区	（略）

货物或应税劳务、服务名称	规格型号	单位	数量	单价	金　额	税率	税　额
*黑色金属冶炼压延品*不锈钢板		千克	3000	15.00	45000.00	13%	5850.00
合　　计					¥45000.00		¥5850.00

价税合计（大写）	⊗伍万零捌佰伍拾圆整　　　　　　　　　　（小写）　¥50850.00

销售方	名　　称：广东珠江钢材有限公司 纳税人识别号：440703568268026 地址、电话：惠州市惠南大道96号 86637584 开户行及账号：惠州建行惠南支行 71606313052	备注	

收款人：　　　　复核：　　　　开票人：李少敏　　　　销售方：（章）

图9-7　增值税专用发票

3. 到期支付票据款

应付票据到期，支付票据款时，应按应付票据账面余额，借记"应付票据"账户，贷记"银行存款"账户。

【例9-6】承［例9-5］，2019年12月7日，银行承兑汇票到期，广东新力电器有限公司支付票据款。新力公司账务处理如下所述。

　　借：应付票据——珠江钢材　　　　　　　　　　　　　　　50 850.00
　　　　贷：银行存款　　　　　　　　　　　　　　　　　　　　50 850.00

附原始凭证：付款通知单，如图9-8所示。

中国建设银行对公客户付款通知单

账别：人民币　　　　2019 年 12 月 07 日　　　　交易种类：支付票据款

付款人	全称	广东新力电器有限公司	收款人	全称	广东珠江钢材有限公司	此联为付款人付款通知
	账号	71682674052		账号	71606313052	
	开户行	建行惠州市仲恺支行		开户行	建行惠南支行	
大写金额	（人民币）伍万零捌佰伍拾元整				￥50850.00	
上述款项已从你单位存款账户 71682674052 支付。			中国建设银行股份有限公司 惠州仲恺支行 2019.12.07 办讫章 (2)		（银行盖章）	

会计主管：　　　　复核：　　　　记账：

图 9-8　付款通知单

4. 到期无力支付票据款

应付商业承兑汇票到期，如小企业无力支付票据款，应将应付票据的账面余额转作应付账款，借记"应付票据"账户，贷记"应付账款"账户。

应付银行承兑汇票到期，如小企业无力支付票据款，应将应付票据的账面余额转作短期借款，借记"应付票据"账户，贷记"短期借款"账户。

9.3　长期应付款核算

9.3.1　账户设置

长期应付款是指小企业除长期借款以外的其他各种长期应付款项。长期应付款包括小企业采用融资租赁方式租入固定资产形成的应付融资租入固定资产的租赁费、以分期付款方式购入固定资产而形成的应付以分期付款方式购入资产的款项等。

小企业应设置"长期应付款"账户，核算小企业长期应付款的发生、偿还和结存情况。该账户属于负债类账户，贷方登记小企业长期应付款的发生额，借方登记小企业偿还长期应付款的金额，期末余额一般在贷方，表示小企业应付未付的长期应付款项。

"长期应付款"账户应按其种类和债权人设置明细分类账，进行明细分类核算。"长期应付款"账户结构，如图 9-9 所示。

长期应付款	
本期:登记偿还长期应付款的金额	期初:应付未付的长期应付款项 登记小企业长期应付款的发生额
	期末:应付未付的长期应付款项

图 9-9　"长期应付款"账户结构

9.3.2 会计核算

1. 应付融资租入固定资产租赁款核算

小企业融资租入固定资产,在租赁期开始日,按照租赁合同约定的付款总额和在签订租赁合同过程中发生的相关税费等,借记"固定资产""在建工程"等账户,贷记"长期应付款"等账户。

2. 应付以分期付款方式购入资产款核算

小企业以分期付款方式购入固定资产、无形资产等资产,应按实际支付的购买价款和相关税费(不包括可以抵扣的增值税进项税额),借记"固定资产""在建工程""无形资产"等账户,按税法规定可抵扣的增值税进项税额,借记"应交税费——应交增值税——进项税额"账户,贷记"长期应付款"账户。

【例9-7】 2019年9月28日,广东新力电器有限公司以分期付款方式向广州机电设备有限公司购入一台生产设备,按照双方协议,该设备的购买价款为200 000元,增值税额为26 000元。此外,公司还用银行存款支付了运输费、装卸费、调试费等5 000元。新力公司账务处理如下所述。

```
借:固定资产                                      205 000.00
    应交税费——应交增值税——进项税额              26 000.00
  贷:长期应付款                                          226 000.00
      银行存款                                              5 000.00
```

附原始凭证:增值税专用发票,如图9-10所示。

广东增值税专用发票

4401041348　　　　　　　　　　　　　　　　　　　No 421060241

开票日期:2019年09月28日

购买方	名　称:广东新力电器有限公司 纳税人识别号:440703256268024 地　址、电话:惠州市仲恺大道248号 88327589 开户行及账号:惠州市建行仲恺支行 71682674052	密码区	(略)

货物或应税劳务、服务名称	规格型号	单位	数量	单价	金　额	税率	税　额
*通用设备*生产设备		台	1	200000.00	200000.00	13%	26000.00
合　计					¥200000.00		¥26000.00

价税合计(大写)　⊗贰拾贰万陆仟圆整　　　　　　　　　　(小写)¥226000.00

销售方	名　称:广州机电设备有限公司 纳税人识别号:440105407268037 地　址、电话:广州市解放大道52号 88682586 开户行及账号:中行解放支行 19629413056	备注	

收款人:　　　复核:　　　开票人:郑东华　　　销售方:(章)

图9-10 增值税专用发票

9.4 其他应付款核算

9.4.1 其他应付款概述

1. 其他应付款概念

其他应付款是指小企业除应付票据、应付账款、预收账款、应付职工薪酬、应交税费、应付利息、应付利润等以外的各种其他应付、暂收的款项。其他应付款包括应付租入固定资产和包装物的租金、存入保证金（押金）等。

2. 账户设置

小企业应设置"其他应付款"账户，核算小企业其他应付款的增减变动及结存情况。该账户属于负债类账户，贷方登记小企业发生的各种其他应付、暂收款项，借方登记小企业偿还或转销的各种其他应付、暂收款项，期末余额一般在贷方，表示小企业应付未付的其他应付款项。

"其他应付款"账户应按其他应付款项的项目和对方单位（或个人）设置明细分类账，进行明细分类核算。"其他应付款"账户结构，如图 9-11 所示。

其他应付款	
本期：登记小企业偿还或转销的各种其他应付、暂收款项	期初：应付未付的其他应付款项 登记小企业发生的各种其他应付、暂收款项
	期末：应付未付的其他应付款项

图 9-11　"其他应付款"账户结构

9.4.2 其他应付款会计核算

（1）小企业发生各种其他应付、暂收款项时，借记"银行存款""管理费用""制造费用"等账户，贷记"其他应付款"账户。

（2）小企业支付或退回各种其他应付、暂收款项时，借记"其他应付款"账户，贷记"银行存款"等账户。

【例 9-8】 2019 年 10 月 9 日，广东新力电器有限公司在销售电热水壶时，出借给广东金程电器连锁公司一批包装物，收到包装物押金 500 元，存入银行。10 月 30 日，如数收回包装物，全额退还押金。新力公司账务处理如下所述。

(1) 收到押金时：

借：银行存款　　　　　　　　　　　　　　　　　　　　　　　　　　　500.00
　　贷：其他应付款——金程电器　　　　　　　　　　　　　　　　　　　500.00

(2) 退还押金时：

借：其他应付款——金程电器　　　　　　　　　　　　　　500.00
　　　贷：银行存款　　　　　　　　　　　　　　　　　　　　　500.00

【本章小结】

1. 应付账款是指小企业因购买材料、商品或接受劳务供应等日常生产经营活动应支付的款项。应付账款一般应按实际应付金额（即发票等结算凭证记载的金额）计价入账。

2. 预收账款是指小企业按照合同规定，向购货单位或接受劳务方预先收取的款项，包括预收的购货款、工程款等。它是供货方或提供劳务方预先向购货方或接受劳务方收取一部分货款或订金而形成的一项负债，该项负债需要小企业在一定时间内提供货物或劳务偿付。

3. 应付票据是指小企业因购买材料、商品和接受劳务供应等日常生产经营活动而开出、承兑的商业汇票。商业汇票按承兑人的不同，分为商业承兑汇票和银行承兑汇票。

4. 长期应付款是指小企业除长期借款以外的其他各种长期应付款项。长期应付款包括小企业采用融资租赁方式租入固定资产形成的应付融资租入固定资产的租赁费、以分期付款方式购入固定资产而形成的应付以分期付款方式购入资产的款项等。

5. 小企业融资租入固定资产，在租赁期开始日，按照租赁合同约定的付款总额和在签订租赁合同过程中发生的相关税费等，借记"固定资产""在建工程"等账户，贷记"长期应付款"等账户。

6. 其他应付款是指小企业除应付票据、应付账款、预收账款、应付职工薪酬、应交税费、应付利息、应付利润等以外的各种其他应付、暂收的款项。其他应付款包括应付租入固定资产和包装物的租金，存入保证金（押金）等。

第四部分　生产业务

生产业务结构导图

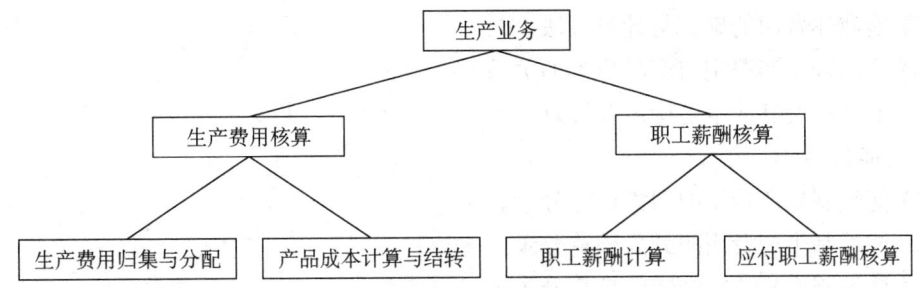

第10章　生产费用核算

【目的要求】

1. 知识目标
(1) 能列举费用的概念与分类。
(2) 能叙述费用的确认与计量方法。
(3) 能辨别生产费用与产品成本的关系。
(4) 能列举产品成本的构成及计算。

2. 技能目标
(1) 能编制生产费用的归集核算分录。
(2) 能编制生产费用的分配核算分录。
(3) 能编制产品成本结转的核算分录。

3. 情感目标
一分耕耘，一分收获。唯有脚踏实地、务实肯干才能成功。

【重点难点】

1. 生产费用的归集核算。
2. 生产费用的分配核算。
3. 产品成本结转的核算。

【情智故事】

拾海螺的启示

一个老人和一个年轻人一起到海边拾海螺，因为海螺可以拿到市场上去卖。

由于腿脚麻利，眼神又好使，年轻人觉得自己肯定能比老人拾到既大又多的海螺。因此，他一直把眼睛盯在又大又好的海螺上。

半个小时过去了，年轻人始终走在老人前面，腰也没见弯下去几次，虽然他的身后大大小小的海螺到处都是。而老人则正好相反，他一直落后，却频频弯腰，无论大海螺、小海螺，都如获至宝地拾起来。

结果1小时不到，老人的口袋里就有了很多海螺，而年轻人的口袋里却还像刚来时那样空荡荡的。

"小伙子，难道你没有看到这里有好多海螺吗？不要再那么挑剔了，否则你拾不了几个的。"老人对年轻人说。

年轻人却撇撇嘴回答:"我要的是又好又大的海螺,那样才能卖个好价钱。"

不知不觉中,太阳已经快落山了,可年轻人还是收获不多,因为他很少看到自己所希望的那么大的海螺。而老人的袋子,则已经满满当当,几乎装不下了。

[情智点评] 俗话说:万丈高楼平地起。不积跬步,无以至千里;不积小流,无以成江河。任何事物在发生质变之前都需有一个量的积累过程,人不可好高骛远,唯有脚踏实地、务实肯干才能成功。作为会计人员,我们同样得从小事做起,一步一个脚印,实现自己职业生涯的发展。

【基础知识】

10.1 生产费用归集与分配

10.1.1 费用概述

1. 费用分类

费用是指小企业在日常活动中发生的、会导致所有者权益减少的、与向所有者分配利润无关的经济利益的总流出。费用的类型主要包括以下几方面。

1) 按经济用途分类

费用按经济用途,可分为构成产品成本的费用和期间费用。

(1) 构成产品成本的费用也称生产成本或生产费用,是指与生产产品有关、应计入产品成本的费用,是以产品为成本对象进行归集的费用。构成产品成本的费用主要包括直接材料成本、直接人工成本和制造费用。

(2) 期间费用是指小企业当期发生的不能归属于某种产品的成本,应当从当期收入中得到补偿的费用。期间费用包括销售费用、管理费用和财务费用三大类。

2) 按经济内容分类

费用按经济内容分类,可分为外购材料费用、外购燃料费用、外购动力费、工资及福利费等费用要素。

(1) 外购材料费用是指小企业为生产而耗费的一切从外部购入的原材料、半成品、辅助材料、包装物、修理用备件和低值易耗品等。

(2) 外购燃料费用是指小企业为生产而耗用的从外部购入的各种燃料。

(3) 外购动力费是指小企业为生产而耗用的从外部购入的动力。

(4) 工资及福利费是指小企业应计入生产成本的职工工资,以及按照工资总额的一定比例提取的职工福利费。

(5) 折旧费是指小企业为所拥有或控制的固定资产按照使用情况计提的折旧费。

(6) 利息支出是指小企业为筹集生产经营资金而发生的利息支出。

(7) 税金是指小企业应计入税金及附加的各种税金,如房产税、车船税、土地使用税、环境保护税等。

(8) 其他支出是指不属于以上各项目的费用支出。

2. 费用确认与计量

1) 费用确认

（1）按费用与收入的因果关系进行确认。凡与本期收入有因果关系的耗费，都应当确认为本期费用，如主营业务成本随同本期的收入作为该期的费用。

（2）按合理、系统的分摊方式进行确认。一些资本性支出的资产在多个会计期间提供收益，应当由多个会计期间负担其费用，费用就应当按合理的分配方式摊入各个会计期间，如固定资产折旧费和无形资产摊销等。

（3）直接确认为当期费用。小企业发生的有些支出，如销售费用、管理费用、财务费用等，应在其发生时直接确认为当期的期间费用。

2) 费用计量

小企业应当按照实际发生额核算成本和费用。采用定额成本、计划成本方法核算的，应当合理计算分摊成本差异，月终计算确定实际成本费用，编制会计报表时采用实际成本。

10.1.2 生产费用

小企业在生产过程中发生的、用货币形式表示的生产耗费，称为生产费用。这些费用归集、分配到一定种类的产品中，从而形成各种产品的生产成本，即小企业为生产一定种类、一定数量产品所支出的各种生产费用对象化于产品，就形成了这些产品的成本。

生产费用是产品成本形成的基础。生产费用是在一定期间为了进行生产经营活动而发生的各种耗费，生产费用与发生的期间直接相关，即生产费用强调"期间"。而生产成本是为生产某一产品或提供某一劳务所消耗的生产费用，生产成本与负担者直接相关，即生产成本强调"对象"。

小企业生产费用按其计入产品成本的方式，可分为直接费用和间接费用两种。直接费用是指小企业生产产品过程中实际消耗的直接材料和直接人工。间接费用是指小企业为生产产品和提供劳务而发生的各项间接支出，即制造费用。

10.1.3 生产费用归集与分配

1. 账户设置

1)"生产成本"账户

"生产成本"账户，核算小企业进行工业性生产产生的各项生产成本，包括生产各种产品（产成品、自制半成品等）、自制材料、自制工具、自制备件等。该账户属于成本类账户，借方登记小企业工业性生产所发生的各项生产费用，贷方登记产品完工转出的生产成本，期末余额在借方，表示尚未加工完成的各项在产品的成本。

该账户应按产品品种等成本核算对象设置"基本生产成本"和"辅助生产成本"明细分类账，进行明细分类核算。其中，"基本生产成本"应当分别按基本生产车间和成本核算对象（产品品种、类别、订单、批别、生产阶段等）设置明细账，并按规定的成本项目设置专栏；"辅助生产成本"应按辅助生产车间和提供的产品、劳务设置明细账。"生产成本"账户结构，如图10-1所示。

生产成本

期初:结存各项在产品的成本	
本期:登记小企业工业性生产所发生的各项生产费用	登记产品完工转出的生产成本
期末:结存各项在产品的成本	

图 10-1 "生产成本"账户结构

2) "制造费用"账户

制造费用是指小企业为生产产品(或提供劳务)而发生的,应计入产品成本但没有专设成本项目的各项生产费用。"制造费用"账户,核算小企业生产车间(部门)为生产产品和提供劳务而发生的各项间接费用,包括生产车间(部门)管理人员的薪酬、折旧费、机物料消耗、修理费、办公费、水电费、劳动保护费、取暖费、设计制图费、试验检验费、季节性及修理期间停工损失等。小企业经过1年期以上的制造才能达到预定可销售状态的产品发生的借款费用,也在该账户核算。

该账户属于成本类账户,借方登记小企业生产车间(部门)发生的各项间接费用,贷方登记期末转入"生产成本"账户的制造费用,结转后该账户应无余额。该账户可按不同的生产车间、部门和费用项目设置明细分类账,进行明细分类核算。"制造费用"账户结构,如图10-2所示。

制造费用

期初:无余额	
本期:登记小企业生产车间(部门)发生的各项间接费用	登记期末转入"生产成本"账户的制造费用
期末:无余额	

图 10-2 "制造费用"账户结构

知识拓展 10-1　1年期以上制造的借款利息的核算

小企业经过1年期以上的制造才能达到预定可销售状态的产品在制造完成之前发生的借款利息,在应付利息日根据借款合同利率计算确定的利息费用,借记"制造费用"账户,贷记"应付利息"账户。制造完成之后发生的利息费用,借记"财务费用"账户,贷记"应付利息"账户。

2. 会计核算

小企业生产费用归集与分配核算,主要包括直接材料的归集与分配、直接人工的归集与分配以及制造费用的归集与分配等业务核算。

1) 直接材料的归集与分配

直接材料是指小企业在生产产品过程中实际消耗的、直接用于产品生产、构成产品实体的原材料、半成品、辅助材料、修理用备件和材料在使用过程中发生的运输、装卸、整理等费用。小企业为生产产品领用直接材料,根据各产品领用的材料量,借记"生产成本——基本生产成本"账户,贷记"原材料"账户。

【例10-1】 广东新力电器有限公司对原材料采用实际成本法进行核算,根据2019年10月份领料单等发料凭证汇总编制本月发出材料汇总表,如表10-1所示。

表10-1　　　　　　　　　　　　发出材料汇总表

2019年10月　　　　　　　　　　　　　　　金额单位:元

部门或用途	不锈钢板		塑料		DRH电路板		DCL电路板		合计
	数量	金额	数量	金额	数量	金额	数量	金额	
生产电热水壶	1 800	25 200	1 800	19 800	5 500	65 000			110 000
生产电磁炉	1 200	16 800	1 200	13 200			1 200	61 600	91 600
车间一般耗用	400	5 600	260	2 860					8 460
管理部门领用			40	440					440
合计	3 400	47 600	3 300	36 300	5 500	65 000	1 200	61 600	210 500

根据表10-1进行本月发出材料的总分类核算。新力公司账务处理如下所述。

借:生产成本——基本生产成本——电热水壶　　　　　　　110 000.00
　　　　　　　　　　　　　　　　——电磁炉　　　　　　　 91 600.00
　　制造费用　　　　　　　　　　　　　　　　　　　　　　 8 460.00
　　管理费用　　　　　　　　　　　　　　　　　　　　　　　 440.00
　　贷:原材料——不锈钢板　　　　　　　　　　　　　　　 47 600.00
　　　　　　——塑料　　　　　　　　　　　　　　　　　　36 300.00
　　　　　　——DRH电路板　　　　　　　　　　　　　　　65 000.00
　　　　　　——DCL电路板　　　　　　　　　　　　　　　61 600.00

2) 直接人工的归集与分配

直接人工是指小企业在生产产品过程中直接从事产品生产工人的职工薪酬。小企业为生产产品而发生的直接人工,应根据工资结算汇总表和有关分配标准等资料,借记"生产成本——基本生产成本"账户,贷记"应付职工薪酬"账户。

【例10-2】 2019年6月,广东新力电器有限公司应付工资总额为125 750元,工资费用分配汇总,如表10-2所示。

表10-2　　　　　　　　　　　　工资费用分配汇总表

2019年6月　　　　　　　　　　　　　　　　　　单位:元

应借账户		生产工人	车间管理	行政管理	销售人员	合计
生产成本	电热水壶	42 350.00				42 350.00
	电磁炉	28 700.00				28 700.00
制造费用			10 700.00			10 700.00

(续表)

应借账户	生产工人	车间管理	行政管理	销售人员	合计
管理费用			12 780.00		12 780.00
销售费用				31 220.00	31 220.00
合计	71 050.00	10 700.00	12 780.00	31 220.00	125 750.00

新力公司根据工资费用分配汇总表进行工资费用的分配,账务处理如下所述。

借:生产成本——基本生产成本——电热水壶　　　　　　42 350.00
　　　　　　　　　　　　　　——电磁炉　　　　　　　28 700.00
　　制造费用　　　　　　　　　　　　　　　　　　　　10 700.00
　　管理费用　　　　　　　　　　　　　　　　　　　　12 780.00
　　销售费用　　　　　　　　　　　　　　　　　　　　31 220.00
　　贷:应付职工薪酬——职工工资　　　　　　　　　　125 750.00

3)制造费用的归集与分配

制造费用是指小企业为生产产品和提供劳务而发生的各项间接费用。制造费用一般应按生产车间或部门进行归集,再根据制造费用的性质,合理选择方法进行分配。制造费用一般应先分配辅助生产的制造费用,将其计入辅助生产成本,然后再分配辅助生产成本,将其中应由基本生产负担的辅助生产成本计入基本生产的制造费用,最后再分配基本生产制造费用。小企业发生的各项制造费用,经归集与分配,最终转入产品生产成本。

(1)制造费用的归集。小企业生产车间发生的,不能直接计入产品成本的水电费、固定资产折旧、无形资产摊销等生产费用,在其发生时,统一归集到制造费用,借记"制造费用"账户,贷记"应付账款""银行存款""累计折旧""累计摊销"等账户。

(2)制造费用的分配。小企业归集的制造费用,应采用一定的分配标准(如产品生产工时、生产工人工资比例等),分配计入有关产品生产成本(具体分配公式如下)中,分配时,借记"生产成本——基本生产成本"账户,贷记"制造费用"账户。

制造费用分配率 = 制造费用总额 / 各产品生产工时(或生产工人工资)之和
某产品应分配的制造费用 = 制造费用分配率 × 该产品生产工时(或生产工人工资)

【例10-3】 广东新力电器有限公司归集汇总2019年7月份发生的制造费用,依据产品生产工时进行分配,制造费用分配,如表10-3所示。

表10-3　　　　　　　　　　　制造费用分配表
2019年7月31日

产品项目	分配标准(工时)	分配率(元/工时)	分配金额(元)
电热水壶	3 600	2.20	7 920.00
电磁炉	1 400	2.20	3 080.00
合计	5 000	2.20	11 000.00

根据表 10-3 进行本月制造费用分配的总分类核算。新力公司账务处理如下所述。

借：生产成本——基本生产成本——电热水壶　　　　　　　　　　7 920.00
　　　　　　　　　　　　——电磁炉　　　　　　　　　　　　　3 080.00
　　贷：制造费用　　　　　　　　　　　　　　　　　　　　　　11 000.00

10.2　产品成本计算与结转

10.2.1　产品成本计算

小企业产品成本计算，是指把生产过程中发生的应计入产品成本的费用，以产品作为成本核算对象进行归集，计算出各产品的总成本和单位成本。

由于产品工艺、生产成本、成本管理等要求的不同，产品项目不等于成本核算对象。成本核算对象，是指确定归集和分配生产成本的具体对象。成本核算对象的确定是设立成本明细分类账户、归集和分配生产成本以及选择成本计算方法、正确计算成本的前提。

一般情况下，对小企业（工业）而言，生产一种或几种产品的，应以产品品种为成本核算对象；分批、单件生产的产品，应以每批或每件产品为成本核算对象；多步骤、连续加工的产品，应以每种产品及各生产步骤为成本核算对象。相应地，以产品品种为成本核算对象的成本计算方法，简称为品种法；以产品批别为成本核算对象的成本计算方法，简称为分批法；以产品生产步骤为成本核算对象的成本计算方法，简称为分步法。

> **知识拓展 10-2　产品成本计算方法**
>
> 产品成本计算的方法主要包括三种：品种法（以产品品种为成本核算对象）、分批法（以产品批别为成本核算对象）和分步法（以产品生产步骤为成本核算对象）。
>
> 品种法计算产品成本的主要特点是：一是成本核算对象是产品品种；二是品种法下一般定期（每月月末）计算产品成本；三是如果小企业月末有在产品，要将生产成本在完工产品和在产品之间进行分配。
>
> 分批法计算产品成本的主要特点是：一是成本核算对象是产品的批别；二是产品成本的计算是与生产任务通知单的签发和结束紧密配合的，因此，产品成本计算是不确定的；三是由于成本计算期与产品生产周期基本一致，因此，在计算月末在产品成本时，一般不存在在完工产品和在产品之间分配成本的问题。
>
> 分步法计算产品成本的主要特点是：一是成本核算对象是各种产品的生产步骤；二是月末计算完工产品成本，还需要将归集在生产成本明细账中的生产成本在完工产品和在产品之间进行分配；三是除了按品种计算和结转产品成本外，还需要计算和结转产品的各步骤成本。在实际工作中，根据成本管理对各生产步骤成本资料的不同要求（如是否要求计算半成品成本）和简化核算的要求，各生产步骤成本的计算和结转，一般采用逐步结转和平行结转两种方法，称为逐步结转分步法和平行结转分步法。

每月月末,当月生产成本明细账中按照成本项目归集了本月生产成本以后,这些成本就是本月发生的生产成本,并不是本月完工产品的成本。计算本月完工产品成本,还需要将本月发生的生产成本,加上月初在产品成本,然后再将其在本月完工产品和月末在产品之间进行分配,以求得本月完工产品成本。

知识拓展 10-3　联产品与副产品成本核算

一、联产品成本核算

联产品是指使用同种原料,经过同一生产过程同时生产出来的两种或以上的主要产品。其生产特点是:在生产开始时,各产品尚未分离,同一加工过程中对联产品的联合加工。当生产过程进行到一定生产步骤,产品才会分离。在分离点以前发生的生产成本,称为联合成本。分离后的联产品,有的可以直接销售,有的还需要进一步加工才可供销售。

联产品成本的计算,通常分为两个阶段进行:一是联产品分离前发生的生产成本,即联合成本,可按一个成本核算对象设置一个成本明细账进行归集,然后将其总额按一定分配方法,如实物数量法,在各联产品之间进行分配;二是分离后按各种产品分别设置明细账,归集其分离后所发生的生产成本。

二、副产品成本核算

副产品是指在同一生产过程中,使用同种原料,在生产主产品的同时附带生产出来的非主要产品,如甘油是生产肥皂的副产品。由于副产品价值相对较低,而且在全部产品生产中所占的比重较小,因而,可以采用简化的方法确定其成本。

在分配主产品与副产品的生产成本时,通常先确定副产品的生产成本,比如副产品按预先规定的固定单价确定成本,然后从总成本中扣除副产品的成本,其余额即为主产品的成本。

在产品是指没有完成全部生产过程、不能作为商品销售的产品,包括正在车间加工中的在产品(包括正在返修的废品)和已经完成一个或几个生产步骤,但还需要继续加工的半成品(包括未经验收入库的产品和等待返修的废品),不包括对外销售的自制半成品。对某个车间或生产步骤而言,在产品只包括该车间或该生产步骤正在加工中的那部分在产品。

知识拓展 10-4　在产品清查结果处理

在产品清查工作应定期进行,也可以不定期轮流清查。对于没有建立在产品收发日常核算的车间,应当每月月末清查一次在产品,以取得在产品的实际盘存资料,用来计算产品成本。在产品盘存盈亏处理的核算,应在制造费用结账前进行。

清查结果,在产品发生盘盈的,按盘盈在产品成本(一般按定额成本计算),借记"生产成本——基本生产成本"账户,贷记"待处理财产损溢——待处理流动资产损溢"账户,经批准后转销"制造费用"账户;在产品发生盘亏或毁损的,借记"待处理财产损溢——待处理流动资产损溢"账户,贷记"生产成本——基本生产成本"账户;取得的残料,借记"原材料"等账户,贷记"待处理财产损溢——待处理流动资产损溢"账户,经批准处理时,应分别转入相应账户,其中由于车间管理不善造成的损失,转入"制造费用"账户。

常用的生产成本在完工产品与在产品之间进行分配的方法包括不计算在产品成本法、在产品按固定成本计价法、在产品按所耗直接材料成本计价法、约当产量比例法、在产品按定额成本计价法和定额比例法等。

知识拓展 10-5　厂租与边脚废料的核算

一、厂房租金的核算

预付情形:如1月支付第1季度(1、2、3月)的厂房租金的核算:1月支付厂租时,借记"管理费用""制造费用""预付账款"账户,贷记"银行存款"账户;2月、3月摊销预付厂租时,借记"管理费用""制造费用"账户,贷记"预付账款"账户。

后付情形:如3月支付第1季度(1、2、3月)的厂房租金的核算:1月、2月预提厂租时,借记"管理费用""制造费用"账户,贷记"其他应付款"账户;3月支付厂租时,借记"管理费用""制造费用""其他应付款"账户,贷记"银行存款"账户。

二、边脚废料的核算

边脚废料入库时,借记"原材料"账户,贷记"生产成本"账户;销售时,借记"银行存款"账户,贷记"其他业务收入""应交税费——应交增值税——销项税额"账户;月末结转边脚废料销售成本,借记"其他业务成本"账户,贷记"原材料"账户。

三、半成品销售的核算

如果小企业将半成品直接销售,应先将半成品的成本转入"库存商品",借记"库存商品"账户,贷记"生产成本——基本生产成本"账户,之后按产成品进行销售。

10.2.2　产品成本结转

1. 账户设置

小企业完工产品成本结转,一般需设置"库存商品"等账户进行核算。库存商品是指小企业已完成全部生产过程并已验收入库、合乎标准规格和技术条件,可以按照合同规定的条件送交订货单位,或可以作为商品对外销售的产品以及外购或委托加工完成验收入库用于销售的各种商品。库存商品具体包括库存产成品、外购商品、存放在门市部准备出售的商品、发出展览的商品、寄存在外的商品、接受来料加工制造的代制品和为外单位加工修理的代修品等。

"库存商品"账户,核算小企业库存商品的增减变动及其结存情况。该账户属于资产类账户,借方登记已完成生产过程并已验收入库的产成品的实际成本,以及盘盈产成品的实际成本,贷方登记发出(售出)产成品的实际成本,以及结转记入"待处理财产损溢"账户的盘亏、毁损产成品的实际成本,期末余额在借方,表示小企业各种库存商品的实际成本。

"库存商品"账户应按其品种、规格等设置明细分类账,进行明细分类核算。"库存商品"账户结构,如图10-3所示。

库存商品

期初:结存库存商品的实际成本 本期:登记已完成生产过程并已验收入库的产成品的实际成本,以及盘盈产成品的实际成本	登记发出(售出)产成品的实际成本,以及结转记入"待处理财产损溢"账户的盘亏、毁损产成品的实际成本
期末:各种库存商品的实际成本	

图10-3 "库存商品"账户结构

2. 会计核算

小企业生产产成品的入库与出库,平时只登记数量不计金额。产品生产完工并验收入库时,应由生产车间按照交库数量填写"完工产品入库单",交仓库点收数量并登记明细账。月末,根据完工产品入库单和成本计算资料,编制"完工产品入库汇总表",按其实际成本,借记"库存商品"账户,贷记"生产成本"账户。

【例10-4】 2019年10月30日,广东新力电器有限公司汇总编制本月完工产品入库汇总表,如表10-4所示。

表10-4　　　　　　　　　　完工产品入库汇总表

2019年10月30日　　　　　　　　　　单位:元

产品名称	单位	数量	单位成本	总成本
电热水壶	个	5 000	35.00	175 000.00
电磁炉	台	1 000	110.00	110 000.00
合计	—	—	—	285 000.00

根据上述完工产品入库汇总表,新力公司账务处理如下所述。

借:库存商品——电热水壶　　　　　　　　　　　　　　　　　　175 000.00
　　　　　　——电磁炉　　　　　　　　　　　　　　　　　　　　110 000.00
　　贷:生产成本——基本生产成本——电热水壶　　　　　　　　　175 000.00
　　　　　　　　　　　　　　　　——电磁炉　　　　　　　　　　110 000.00

【本章小结】

1. 费用是指小企业在日常活动中发生的、会导致所有者权益减少的、与向所有者分配利润无关的经济利益的总流出。费用的类型主要包括:①按经济用途,可分为构成产品成本的费用和期间费用;②按经济内容,可分为外购材料费用、外购燃料费用、外购动力费、工资及福利费等费用要素。

2. 小企业应当按照实际发生额核算成本和费用。采用定额成本、计划成本方法核算的,应当合理计算分摊成本差异,月终计算确定实际成本费用,编制会计报表时采用实际成本。

3. 小企业在生产过程中发生的、用货币形式表示的生产耗费,称为生产费用。这些费用归集、分配到一定种类的产品中,从而形成各种产品的生产成本,即小企业为生产一定种类、一定数量产品所支出的各种生产费用对象化于产品,就形成了这些产品的成本。

4. 直接材料是指小企业在生产产品过程中实际消耗的、直接用于产品生产、构成产品实体的原材料、半成品、辅助材料、修理用备件和材料在使用过程中发生的运输、装卸、整理等费用。小企业为生产产品领用直接材料,根据各产品领用的材料量,借记"生产成本——基本生产成本"账户,贷记"原材料"账户。

5. 直接人工是指小企业在生产产品过程中直接从事产品生产工人的职工薪酬。小企业为生产产品而发生的直接人工,应根据工资结算汇总表和有关分配标准等资料,借记"生产成本——基本生产成本"账户,贷记"应付职工薪酬"账户。

6. 制造费用是指小企业为生产产品和提供劳务而发生的各项间接费用。制造费用一般应按生产车间或部门进行归集,再根据制造费用的性质,合理选择方法进行分配。小企业发生的各项制造费用,经归集与分配,最终转入产品生产成本。

7. 小企业产品成本计算是指把生产过程中发生的应计入产品成本的费用,以产品作为成本核算对象进行归集,计算出各产品的总成本和单位成本。

8. 小企业产品生产完成并验收入库时,应由生产车间按照交库数量填写"完工产品入库单",交仓库点收数量并登记明细账。月末,根据完工产品入库单和成本计算资料,编制"完工产品入库汇总表",按其实际成本,借记"库存商品"账户,贷记"生产成本——基本生产成本"账户。

第11章 职工薪酬核算

【目的要求】

1. 知识目标
（1）能叙述职工薪酬的概念及内容。
（2）能叙述职工薪酬的原始记录方式。
（3）能正确进行职工工资的计算。
2. 技能目标
（1）能编制工资计算分配与发放核算分录。
（2）能编制职工福利费支出与分配核算分录。
（3）能编制社会保险费和住房公积金核算分录。
（4）能编制工会经费和职工教育经费核算分录。
（5）能编制非货币性职工薪酬核算分录。
3. 情感目标
勤于思考造就积极人生，锐意进取成就美好人生。

【重点难点】

1. 职工工资的计算。
2. 工资分配与发放核算。
3. 社会保险费核算。
4. 非货币性职工薪酬核算。

【情智故事】

卓良福：从车间工人做到教学名师

1981年，卓良福出生于广东陆丰一个农民家庭。1998年，他以几分之差与重点中学失之交臂。于是，他选择广东省机械学校模具专业就读中专，并选择了技术性较强的数控技术专业。2002年毕业，卓良福在学校的招聘会中受到众多公司的青睐。当时，深圳蓝玻集团开出每月2 000元的薪酬聘请卓良福，但他却选择到佛山市一家中小型模具公司工作，每月工资只有450元，工作环境很差。各个岗位都轮流干，经过一年多的工作，卓良福从学徒成长为技术员、编程师，能够独立完成模具设计和数控加工产品，积累了丰富的数控加工经验。

2005年，深圳宝安职校面向全国招聘优秀教师，经师傅介绍报名参加了应聘。因为没有本科学历，他一度被当时的招聘人员质疑。最终，他凭着一股"初生牛犊不怕虎"的自信，打动招聘人员,成为宝安职校的一名普通教师。

入职第一学年,他专门负责学校数控专业建设和全国技能大赛选手培训。他把所有时间都扑到学生身上。数控专业的操作很繁重,每加工一个零件就要用上六七个小时,且每次操作都不能中断,而且只能站着操作。因此,他经常一站就是一整天。

2006年,为备战第二届全国技能大赛,他放弃暑假休息,全程辅导3名参赛学生留校训练。整个校园只剩下他一名老师,食堂不开饭,只能天天吃外卖。功夫不负有心人。第二届全国技能大赛中,他个人荣获广东省赛区数控铣教师组第一名,被授予"广东省技术能手"称号和"广东省五一劳动奖章";他所带的3名学生,也捧回2个省级第二名,1个第三名。

成绩证明一切。中职毕业的他,由此赢得全校教师肯定。2008年,卓良福被省教育厅聘为广东省中职数控代表队专家组副组长,辅导广东省4名学生参加第四届全国数控技能大赛,获得全国一、二等奖;卓良福自己在全国数控技能大赛广东选拔赛(教师组)中获得数控铣工第一名,全国获第四名。2009年,他被认定为深圳市高层次专业人才,市政府给他发放了100万元的住房补贴,他是目前深圳教育中职系统唯一获得百万安家补贴的人才。

在他的带领下,宝安职校数控专业成为广东省重点专业、深圳市品牌专业,并被评为"国家级示范校重点建设专业"和"国家数控实训基地"。因为成绩突出,2016年,卓良福成为广东省为数不多被授予国务院特殊津贴的中职教师之一。2018年,卓良福成功入选第三批国家"万人计划"教学名师,为广东省唯一入选的中职学校老师。

[情智点评] 中职毕业的卓良福,从学徒成长为技术员、编程师,到国家"万人计划"教学名师,被授予国务院特殊津贴,凭借的就是其锐意进取的精神。我们每一个人都应传承卓良福老师的这种精神,扎实工作,砥砺前行,勇攀高峰。

【基础知识】

11.1 职工薪酬概述

11.1.1 职工薪酬构成

职工薪酬是指小企业为获得职工提供的服务而给予职工各种形式的报酬以及其他相关支出。职工薪酬主要由以下几个方面构成。

1. 职工工资、奖金、津贴和补贴

(1) 工资包括计时工资和计件工资。计时工资是指按计时工资标准(包括地区生活费补贴)和工作时间支付给职工个人的劳动报酬;计件工资是指对已做工作按计件单价计算支付的劳动报酬。

(2) 奖金是指小企业支付给职工的超额劳动报酬和增收节支的劳动报酬,如生产奖、年终奖、劳动竞赛奖等。

(3) 津贴补贴。津贴主要是指为补偿职工特殊或额外的劳动消耗和其他原因而支付给职工的津贴,如高温作业津贴、夜班津贴等。补贴是指为了保证职工工资水平不受物价变动影响而支付给职工的物价补贴,如粮差补贴、副食品补贴等。

2. 职工福利费

职工福利费是指小企业用于改善职工生活条件和医疗等方面的支出和费用。职工福利费主要包括职工因公负伤赴外地就医路费、职工生活困难补助、未实行医疗统筹小企业职工医疗费用，以及按规定发生的其他职工福利支出。

> **知识拓展 11-1　　交通补贴不能直接计入工资总额核算**
>
> 按照国家统计局关于工资总额组成的规定，交通补贴不属于工资总额范围内。交通补贴在国家规定标准范围内支付的，应记入"管理费用——交通费"账户；超过国家规定标准支出的部分，应记入"应付职工薪酬——职工福利费"账户。

3. 社会保险费

社会保险费是指小企业根据国务院、各地方人民政府规定的基准和比例计算，向社会保险经办机构缴纳的基本养老保险费、基本医疗保险费（含生育保险）、失业保险费和工伤保险费。小企业按照年金计划规定为职工缴纳的补充养老保险费以及以购买商业保险形式提供给职工的各种保险待遇也属于职工薪酬。

> **知识拓展 11-2　　关于全面推进生育保险和职工基本医疗保险合并实施的意见**
>
> 国办发〔2019〕10 号
>
> 各省、自治区、直辖市人民政府，国务院各部委、各直属机构：
>
> 全面推进生育保险和职工基本医疗保险（以下统称两项保险）合并实施，是保障职工社会保险待遇、增强基金共济能力、提升经办服务水平的重要举措。根据《中华人民共和国社会保险法》有关规定，经国务院同意，现就两项保险合并实施提出以下意见。
>
> 一、指导思想
>
> 以习近平新时代中国特色社会主义思想为指导，全面贯彻党的十九大和十九届二中、三中全会精神，认真落实党中央、国务院决策部署，统筹推进"五位一体"总体布局和协调推进"四个全面"战略布局，坚持以人民为中心，牢固树立新发展理念，遵循保留险种、保障待遇、统一管理、降低成本的总体思路，推进两项保险合并实施，实现参保同步登记、基金合并运行、征缴管理一致、监督管理统一、经办服务一体化。通过整合两项保险基金及管理资源，强化基金共济能力，提升管理综合效能，降低管理运行成本，建立适应我国经济发展水平、优化保险管理资源、实现两项保险长期稳定可持续发展的制度体系和运行机制。
>
> 二、主要政策
>
> （一）统一参保登记。参加职工基本医疗保险的在职职工同步参加生育保险。实施过程中要完善参保范围，结合全民参保登记计划摸清底数，促进实现应保尽保。
>
> （二）统一基金征缴和管理。生育保险基金并入职工基本医疗保险基金，统一征缴，统筹层次一致。按照用人单位参加生育保险和职工基本医疗保险的缴费比例之和确定新的用人单位职工基本医疗保险费率，个人不缴纳生育保险费。同时，根据职工基本医疗保险基金支出情况和生育待遇的需求，按照收支平衡的原则，建立费率确定和调整机制。

职工基本医疗保险基金严格执行社会保险基金财务制度,不再单列生育保险基金收入,在职工基本医疗保险统筹基金待遇支出中设置生育待遇支出项目。探索建立健全基金风险预警机制,坚持基金运行情况公开,加强内部控制,强化基金行政监督和社会监督,确保基金安全运行。

(三)统一医疗服务管理。两项保险合并实施后实行统一定点医疗服务管理。医疗保险经办机构与定点医疗机构签订相关医疗服务协议时,要将生育医疗服务有关要求和指标增加到协议内容中,并充分利用协议管理,强化对生育医疗服务的监控。执行基本医疗保险、工伤保险、生育保险药品目录以及基本医疗保险诊疗项目和医疗服务设施范围。

促进生育医疗服务行为规范。将生育医疗费用纳入医保支付方式改革范围,推动住院分娩等医疗费用按病种、产前检查按人头等方式付费。生育医疗费用原则上实行医疗保险经办机构与定点医疗机构直接结算。充分利用医保智能监控系统,强化监控和审核,控制生育医疗费用不合理增长。

(四)统一经办和信息服务。两项保险合并实施后,要统一经办管理,规范经办流程。经办管理统一由基本医疗保险经办机构负责,经费列入同级财政预算。充分利用医疗保险信息系统平台,实行信息系统一体化运行。原有生育保险医疗费用结算平台可暂时保留,待条件成熟后并入医疗保险结算平台。完善统计信息系统,确保及时全面准确反映生育保险基金运行、待遇享受人员、待遇支付等方面情况。

(五)确保职工生育期间的生育保险待遇不变。生育保险待遇包括《中华人民共和国社会保险法》规定的生育医疗费用和生育津贴,所需资金从职工基本医疗保险基金中支付。生育津贴支付期限按照《女职工劳动保护特别规定》等法律法规规定的产假期限执行。

(六)确保制度可持续。各地要通过整合两项保险基金增强基金统筹共济能力;研判当前和今后人口形势对生育保险支出的影响,增强风险防范意识和制度保障能力;按照"尽力而为、量力而行"的原则,坚持从实际出发,从保障基本权益做起,合理引导预期;跟踪分析合并实施后基金运行情况和支出结构,完善生育保险监测指标;根据生育保险支出需求,建立费率动态调整机制,防范风险转嫁,实现制度可持续发展。

三、保障措施

(一)加强组织领导。两项保险合并实施是党中央、国务院作出的一项重要部署,也是推动建立更加公平更可持续社会保障制度的重要内容。各省(自治区、直辖市)要高度重视,加强领导,有序推进相关工作。国家医保局、财政部、国家卫生健康委要会同有关方面加强工作指导,及时研究解决工作中遇到的困难和问题,重要情况及时报告国务院。

(二)精心组织实施。各地要高度重视两项保险合并实施工作,按照本意见要求,根据当地生育保险和职工基本医疗保险参保人群差异、基金支付能力、待遇保障水平等因素进行综合分析和研究,周密组织实施,确保参保人员相关待遇不降低、基金收支平衡,保证平稳过渡。各省(自治区、直辖市)要加强工作部署,督促指导各统筹地区加快落实,2019年底前实现两项保险合并实施。

(三)加强政策宣传。各统筹地区要坚持正确的舆论导向,准确解读相关政策,大力宣传两项保险合并实施的重要意义,让社会公众充分了解合并实施不会影响参保人员享受相关待遇,且有利于提高基金共济能力、减轻用人单位事务性负担、提高管理效率,为推动两项保险合并实施创造良好的社会氛围。

国务院办公厅
2019 年 3 月 6 日

4. 住房公积金

住房公积金是指小企业按照国家规定的基准和比例计算,向住房公积金管理机构缴存的住房公积金。

5. 工会经费和职工教育经费

工会经费是指小企业根据国家有关规定,按职工工资总额的一定比例提取并拨交工会使用的一项专门经费;职工教育经费是指小企业按工资总额的一定比例提取的专门用于职工文化教育、专业技术培训学习方面的一项专门经费。

6. 非货币性福利

非货币性福利是指小企业以非货币形式向职工提供的福利。通常包括小企业以自产的产品或外购商品发放给职工作为福利,向职工无偿提供自己拥有的资产或租赁资产供职工无偿使用,为职工无偿提供诸如医疗保健等服务等。

7. 辞退福利

辞退福利是指小企业因解除与职工的劳动关系而给予的补偿。一般包括小企业在职工劳动合同尚未到期前解除与职工的劳动关系或为鼓励职工自愿接受裁减而给予的经济补偿。

8. 其他职工薪酬

其他职工薪酬是指除以上 7 种薪酬以外的其他为获得职工提供的服务而给予的薪酬。

知识拓展 11-3　职工薪酬核算内容的区别

《小企业会计准则》规定,小企业职工薪酬由职工工资、奖金、津贴和补贴,职工福利费,社会保险费,住房公积金,工会经费和职工教育经费,非货币性福利,辞退福利以及其他职工薪酬等构成。

《企业会计准则》规定,企业职工薪酬由短期薪酬(包括职工工资、奖金、津贴和补贴,职工福利费,医疗保险费和工伤保险费等社会保险费,住房公积金,工会经费和职工教育经费,短期带薪缺勤,短期利润分享计划,非货币性福利以及其他短期薪酬)、离职后福利(包括设定提存计划和设定受益计划)、辞退福利和其他长期职工福利等构成。

11.1.2　职工工资计算的原始记录

小企业应按劳动工资和社会保障制度的规定,根据原始记录计算职工的工资。职工工资计算的原始记录主要有工资卡片、考勤记录、产量记录等三种。

1. 工资卡片

工资卡片主要记录职工的工资级别和工资标准,反映每个职工的基本情况,如职务、参加工作时间、工资级别、工资标准、工资调整情况以及有关津贴等。工资卡片一般格式,如表11-1所示。

表11-1　　　　　　　　　　　　职工工资卡片

姓名		性别		毕业院校	
部门		职务(岗位)		出生年月	
职称		学历		进本单位时间	
工资级别（标准）	基本工资	单位计时工资	单位计件工资	津贴	补贴
项　目	调整时间	金　额	项　目	调整时间	金　额
基本工资					
津贴					
补贴					

2. 考勤记录

考勤记录是记录和反映每个职工出勤与缺勤情况的原始记录。它是计算计时工资的主要依据。考勤记录应由各车间、班组和部门负责人或考勤员逐日登记、定期汇总并经单位负责人审查签章后,送财会部门据以计算应付工资。考勤记录一般格式,如表11-2所示。

表11-2　　　　　　　　　　　　考勤记录表

年　　月　　日

职工编号	姓名	出勤	病假	事假	旷工	公假	工伤	其他假	迟到	早退	加班	实际出勤	备注

3. 产量记录

产量记录是反映职工或生产小组在出勤时间内完成产品和耗用工时的原始记录。它是计算计件工资的主要依据。产量记录一般格式,如表 11-3 所示。

表 11-3　　　　　　　　　　　　产量记录表

职工编号		姓名		日期	
机号	产品名称	规格型号	实际产量	等级	备注

11.1.3　职工工资计算方法

职工工资的计算包括应付工资的计算和实发工资的计算两项内容。实行计时工资制的小企业,应按照职工的计时工资标准和工作时间计算应付给职工的工资;实行计件工资制的小企业,应按照计件工资标准和职工完成工作的数量计算职工的工资。

1. 计时工资制下职工工资的计算

1) 应付工资计算

$$应付工资 = 月基本工资 + 加班工资 + 津贴补贴 + 奖金 - 缺勤应扣工资$$

其中:

(1) 加班工资=日工资×加班天数×加班工资发放比例+小时工资×加点时数×加时工资发放比例

(2) 缺勤应扣工资=日工资×旷工天数+日工资×事假天数+日工资×病假天数×病假扣款比例

(3) 日工资的计算。

日工资的计算有两种方法:按月计薪天数(21.75 天)计算和按每月固定 30 天计算。

第一,按月计薪天数(21.75 天)(出勤期间双休日不算工资,缺勤期间的双休日不扣工资)

$$日工资 = 月基本工资 /21.75$$
$$小时工资 = 日工资 /8(每天工作 8 小时)$$

第二,按每月固定 30 天计算(出勤期间双休日、节假日计算工资,缺勤期间的双休日、节假日应扣工资)

$$日工资 = 月基本工资 /30$$

知识拓展 11-4　关于职工全年月平均工资时间和工资折算问题的通知

劳社部发〔2008〕3号

各省、自治区、直辖市劳动和社会保障厅(局)：

根据《全国年节及纪念日放假办法》(国务院令第513号)的规定,全体公民的节日假期由原来的10天增设为11天。据此,职工全年月平均制度工作天数和工资折算办法分别调整如下：

一、制度工作时间的计算

年工作日：365天－104天(休息日)－11天(法定节假日)＝250天

季工作日：250天÷4季＝62.5天/季

月工作日：250天÷12月＝20.83天/月

工作小时数的计算：以月、季、年的工作日乘以每日的8小时。

二、日工资、小时工资的折算

按照《劳动法》第五十一条的规定,法定节假日用人单位应当依法支付工资,即折算日工资、小时工资时不剔除国家规定的11天法定节假日。据此,日工资、小时工资的折算为：

日工资：月工资收入÷月计薪天数

小时工资：月工资收入÷(月计薪天数×8小时)

月计薪天数＝(365天－104天)÷12月＝21.75天

三、2000年3月17日劳动保障部发布的《关于职工全年月平均工作时间和工资折算问题的通知》(劳社部发〔2000〕8号)同时废止。

劳动和社会保障部
二〇〇八年一月三日

【例 11-1】　广东新力电器有限公司对管理部门工作人员实行计时工资制度。李芬是财务部出纳,月基本工资为3 800元,岗位津贴为680元,月度奖为320元,每周工作5天。2019年8月,李芬同志请事假2天(其中1天为双休日),病假1天,病假扣款比例为10%,法定节假日加班1天,双休日加班2天(无法安排调休)。李芬同志8月份应付工资的计算过程为：

(1) 按月计薪天数(21.75天)计算：

日工资 ＝ 3 800/21.75 ＝ 147.713(元)

加班工资 ＝ 1×147.713×300% ＋ 2×147.713×200% ＝ 1 033.991(元)

缺勤应扣工资 ＝ 1(双休日请事假不应扣工资)×147.713 ＋ 1×147.713×10% ＝ 162.484(元)

应付工资 ＝ 3 800 ＋ 1 033.991 ＋ 680 ＋ 320 － 162.484 ＝ 5 671.51(元)

(2) 按每月固定30天计算：

日工资 ＝ 3 800/30 ＝ 126.667(元)

加班工资 ＝ 1×126.667×300% ＋ 2×126.667×200% ＝ 886.669(元)

缺勤应扣工资 ＝ 2(双休日请事假应扣工资)×126.667 ＋ 1×126.667×10% ＝ 266.001(元)

应付工资 ＝ 3 800 ＋ 886.669 ＋ 680 ＋ 320 － 266.001 ＝ 5 420.67(元)

2) 实发工资计算

$$实发工资 = 应付工资 - 各种代扣代垫款$$

其中,代扣款是指社会保险费与住房公积金中应由职工个人负担的部分以及个人所得税等;代垫款是指小企业为职工垫付的应由职工个人承担的房租、水电费等款项。

(1) 社会保险费个人缴款计算。社会保险费包括基本养老保险费、基本医疗保险费、失业保险费和工伤保险费等,其中,基本养老保险费、基本医疗保险费和失业保险费由单位和个人共同缴费,工伤保险费由单位缴费。社会保险费个人缴款部分由所在单位从职工工资中代扣代缴。其计算公式为:

$$基本养老、医疗、失业保险个人缴费 = 缴费工资 \times 个人缴费比例$$

(2) 住房公积金个人缴款计算。住房公积金由职工个人和所在单位共同缴存,专户存储于所在地住房公积金管理委员会指定的受委托银行。职工个人缴存的住房公积金和职工所在单位为职工缴存的住房公积金归职工个人所有,通过所在地的公积金管理中心批准,可用于职工购买、建造、翻修、大修自住住房。

住房公积金的月缴存额为职工本人上一年度月平均工资(新职工个人当月工资)乘以职工住房公积金缴存比例。住房公积金个人缴存额计算公式为:

$$住房公积金个人缴存额 = 月缴存基数 \times 个人缴费比例$$

(3) 个人所得税计算。个人所得税是对我国居民来源于我国境内外的一切所得和非我国居民来源于我国境内的所得征收的一种税。个人所得税由支付个人应纳税所得的单位扣缴,单位应于每月计算职工工资、薪金时,计算每一职工的个人所得税额,并在纳税期限内履行扣缴义务。职工工资、薪金所得应纳税额的计算公式为:

$$应交个人所得税 = 应纳税所得额 \times 适用税率 - 速算扣除数$$

2. 计件工资制下职工工资的计算

1) 应付工资计算

$$应付工资 = 应付计件工资 + 津贴补贴 + 奖金 + 其他工资$$

其中:应付计件工资是根据当月产量记录中的产品数量和规定的计件单价计算的工资。应付计件工资按计算对象不同,可分为个人计件工资和集体计件工资两种。

(1) 个人计件工资计算。个人计件工资是指根据每一职工本月完成的产量和规定的计件单价计算的工资。其计算公式为:

$$应付个人计件工资 = \sum[(合格品数量 + 料废品数量) \times 计件单价]$$

其中,料废品数量是指生产过程中因材料不合格而造成的废品(料废)数量。对于因职工生产过失而造成的废品(工废),不计付工资。

为了简化计算工作,小小企业也可以将每一职工完成的各种产品产量,按定额工时折算成定额总工时,再乘以规定的小时工资计算计件工资。其计算公式为:

$$应付个人计件工资 = \sum[(合格品数量 + 料废品数量) \times 定额工时 \times 小时工资]$$

【例 11-2】 广东新力电器有限公司对生产车间工人实行计件工资制度。电磁炉车间工人李佳 2019 年 8 月生产电磁炉 265 台,每台计价 24 元。经检验,发现有 5 台为不合格品,其中料废 3 件,工废 2 件,其余均为合格品。李佳同志 8 月份应付计件工资的计算为:

$$应付个人计件工资 = (265 - 2) \times 24 = 6\ 312(元)$$

(2) 集体计件工资计算。集体计件工资是指根据某一集体(班组)本月共同完成的产量和规定的计件单价计算的工资。集体计件工资的计算分两步进行:第一步是计算集体计件工资总额,方法同个人计件工资;第二步是将集体计件工资总额在集体内部成员之间,按每人的工资标准和该月实际工作时间的比例进行分配。具体计算公式为:

$$应付集体计件工资 = \sum[(合格品数量 + 料废品数量) \times 计件单价]$$
$$计件工资分配标准 = \sum(小时工资标准 \times 实际工作时间)$$
$$计件工资分配率 = 应付集体计件工资 / 计件工资分配标准$$
$$某工人应分配计件工资 = (该工人小时工资标准 \times 实际工作时间) \times 计件工资分配率$$

2) 实发工资计算

$$实发工资 = 应付工资 - 各种代扣代垫款$$

计件工资制下各种代扣代垫款的计算与计时工资制下相同。

【例 11-3】 2019 年 8 月,广东新力电器有限公司电磁炉车间工人陈丹生产电磁炉 246 台,每台计价 24 元,经检验,全部合格,获得月度奖 120 元。2019 年度,陈丹社会保险费月缴费工资为 3 680 元,基本养老保险个人缴款比例为 8%,基本医疗保险个人缴款比例为 2%,失业保险个人缴款比例为 1%。陈丹同志 2019 年 8 月实发工资计算过程为:

(1) 应付个人计件工资 = 246 × 24 = 5 904(元)
(2) 应付工资 = 5 904 + 120 = 6 024(元)
(3) 社会保险费代扣款 = 3 680 × 8% + 3 680 × 2% + 3 680 × 1% = 404.8(元)
(4) 本月收入 = 6 024 - 404.8 = 5 619.2(元)
(5) 个人所得税 = (5 619.2 - 5 000) × 3% = 18.58(元)
(6) 实发工资 = 5 619.2 - 18.58 = 5 600.62(元)

11.2 应付职工薪酬核算

11.2.1 工资结算凭证与账户设置

1. 工资结算凭证

1) 工资结算表

职工工资的结算,通常通过编制"工资结算表"来进行。工资结算表俗称工资单,是根据职工的考勤记录、产量记录、工资标准、奖金、津贴等原始凭证逐一计算每一职工的应付工资、代扣代垫款和实发工资。

工资结算表一般分车间、部门进行编制。工资结算表通常是一式三份,一份由劳动工资部门存查;一份按每一职工裁成"工资条",连同工资一起发给职工,以便核对;一份在发放工资时由职工签章后,作为工资核算的凭证,并据以进行工资的明细分类核算。工资结算表一般格式,如表11-4所示。

表11-4　　　　　　　　　　　　　工资结算表
　　　　　　　　　　　　　　　　　年　月　　　　　　　　　　　　　　　　　单位:元

编号	姓名	日工资	计时工资	计件工资	奖金	加班工资	津贴补贴		缺勤扣款				应付工资	代扣款			代垫款			实发工资
							夜班津贴	岗位补贴	事假天数	事假扣款	病假天数	病假扣款		住房公积金	社会保险费	个人所得税	水费	电费	房租	
合计																				

2) 工资结算汇总表

小企业应根据各车间、部门的工资结算表汇总编制整个小企业的工资结算汇总表,并据以进行应付职工薪酬的分类核算。工资结算汇总表一般格式,如表11-5所示。

表11-5　　　　　　　　　　　　　工资结算汇总表
　　　　　　　　　　　　　　　　　年　月　　　　　　　　　　　　　　　　　单位:元

车间或部门	计时工资	计件工资	奖金	加班工资	津贴补贴		缺勤扣款		应付工资	代扣款			代垫款			实发工资
					夜班津贴	岗位补贴	事假扣款	病假扣款		住房公积金	社会保险费	个人所得税	水费	电费	房租	
合计																

2. 账户设置

小企业应设置"应付职工薪酬"账户,核算小企业根据有关规定应付给职工的各种薪酬。该账户属于负债类账户,贷方登记已分配计入有关成本费用项目的职工薪酬的数额,借方登记实际发放职工薪酬的数额和各种扣还的代扣代垫款,期末余额一般在贷方,表示小企业应付未付的职工薪酬。

"应付职工薪酬"账户应按"职工工资""奖金、津贴和补贴""职工福利费""社会保险费""住房公积金""工会经费""职工教育经费""非货币性福利""辞退福利"等项目设置明细分类账,进行明细分类核算。"应付职工薪酬"账户结构,如图11-1所示。

应付职工薪酬	
本期:登记实际发放职工薪酬的数额和各种扣还的代扣代垫款	期初:应付未付的职工薪酬 登记已分配计入有关成本费用项目的职工薪酬的数额
	期末:应付未付的职工薪酬

图 11-1 "应付职工薪酬"账户结构

11.2.2 应付职工薪酬核算

1. 工资计算分配与发放核算

1) 工资计算分配核算

小企业应于月份终了,计算本月应付职工工资,并按工资发生的部门或用途进行分配,计入相关资产成本或当期损益,其中:

(1) 基本生产车间直接从事产品生产工人的工资,记入"生产成本——基本生产成本"账户,借记"生产成本——基本生产成本"账户,贷记"应付职工薪酬——职工工资"账户。

(2) 辅助生产车间生产工人的工资,记入"生产成本——辅助生产成本"账户,借记"生产成本——辅助生产成本"账户,贷记"应付职工薪酬——职工工资"账户。

(3) 小企业生产车间管理人员的工资,记入"制造费用"账户,借记"制造费用"账户,贷记"应付职工薪酬——职工工资"账户。

(4) 小企业行政管理人员的工资和因解除与职工的劳动关系而给予的补偿,记入"管理费用"账户,借记"管理费用"账户,贷记"应付职工薪酬——职工工资"账户。

(5) 小企业专设销售机构的人员工资,记入"销售费用"账户,借记"销售费用"账户,贷记"应付职工薪酬——职工工资"账户。

(6) 应由在建工程、研发支出负担的人员工资,记入"在建工程""研发支出"账户,借记"在建工程""研发支出"账户,贷记"应付职工薪酬——职工工资"账户。

【例 11-4】 2019 年 8 月,广东新力电器有限公司应付工资总额为 125 890 元,工资结算汇总,如表 11-6 所示。

表 11-6　　　　　　　　　　工资结算汇总表

2019 年 8 月　　　　　　　　　　　　　　　　　　　　　　　　单位:元

部门或用途		基本工资	工资性津贴补贴	奖金	应付工资	代扣款			实发工资
						社会保险费	住房公积金	个人所得税	
生产工人	电热水壶	30 450.00	6 680.00	5 320.00	42 450.00	4 669.50	3 396.00	122.00	34 262.50
	电磁炉	19 710.00	5 610.00	3 390.00	28 710.00	3 158.10	2 296.80	93.00	23 162.10
车间管理		8 120.00	1 680.00	920.00	10 720.00	1 179.20	857.60	68.00	8 615.20

(续表)

部门或用途	基本工资	工资性津贴补贴	奖金	应付工资	代扣款 社会保险费	代扣款 住房公积金	代扣款 个人所得税	实发工资
行政管理	11 280.00	860.00	640.00	12 780.00	1 405.80	1 022.40	56.00	10 295.80
销售人员	11 230.00	6 750.00	13 250.00	31 230.00	3 435.30	2 498.40	318.00	24 978.30
合计	80 790.00	21 580.00	23 520.00	125 890.00	13 847.90	10 071.20	657.00	101 313.90

新力公司根据工资结算汇总表进行工资费用的分配，账务处理如下所述。

借：生产成本——基本生产成本——电热水壶　　　　　　42 450.00
　　　　　　　　　　　　　　——电磁炉　　　　　　　28 710.00
　　制造费用　　　　　　　　　　　　　　　　　　　　10 720.00
　　管理费用　　　　　　　　　　　　　　　　　　　　12 780.00
　　销售费用　　　　　　　　　　　　　　　　　　　　31 230.00
　　贷：应付职工薪酬——职工工资　　　　　　　　　　125 890.00

2）工资发放核算

（1）小企业发放工资前，应根据"工资结算表"中的实发工资额，按规定手续向银行提取现金，借记"库存现金"账户，贷记"银行存款"账户。

（2）按"工资结算表"实际发放工资时，按实发工资额，借记"应付职工薪酬——职工工资"账户，贷记"库存现金"账户；若发放工资款项通过银行转账方式直接转入职工银行账户，则借记"应付职工薪酬——职工工资"账户，贷记"银行存款"账户。

知识拓展 11-5　代领工资的账务处理

如果个别职工未领取工资，由财务部门代领，代领的工资记入"其他应付款"账户，借记"应付职工薪酬——职工工资"账户，贷记"其他应付款——代领工资"账户；实际支付代领工资时，借记"其他应付款——代领工资"账户，贷记"库存现金"账户。

（3）代扣应由职工个人负担的社会保险费、住房公积金和个人所得税等，按实际代扣金额，借记"应付职工薪酬——职工工资"账户，贷记"其他应付款——代扣社会保险费（或代扣住房公积金）""应交税费——应交个人所得税"账户。

（4）扣还代垫款，如职工借款、代垫水电费、房租等，按实际扣还金额，借记"应付职工薪酬——职工工资"账户，贷记"其他应收款"账户。

【例 11-5】　承[例 11-4]，广东新力电器有限公司 2019 年 8 月工资结算汇总，如表 11-6 所示。公司通过银行转账方式发放当月工资，并扣还代扣代垫款。新力公司账务处理如下所述。

（1）按实发工资额开出转账支票，实际发放工资时：

```
借：应付职工薪酬——职工工资                           101 313.90
    贷：银行存款                                      101 313.90
```

（2）结转各种代扣代垫款时：

```
借：应付职工薪酬——职工工资                            24 576.10
    贷：其他应付款——代扣社会保险费                      13 847.90
              ——代扣住房公积金                        10 071.20
        应交税费——应交个人所得税                          657.00
```

2. 职工福利费支出与分配核算

1）职工福利费支出核算

小企业向职工食堂、职工医院、生活困难职工等支付职工福利费时，按其实际支付金额，借记"应付职工薪酬——职工福利"账户，贷记"库存现金""银行存款"等账户。

【例11-6】 2019年8月10日，广东新力电器有限公司以现金支付给职工张虹生活困难补助600元。新力公司账务处理如下所述。

```
借：应付职工薪酬——职工福利                              600.00
    贷：库存现金                                          600.00
```

2）职工福利费分配核算

月末，小企业应按部门或用途对所发生的职工福利费进行分配。分配职工福利费时，借记"生产成本""制造费用""管理费用""销售费用""在建工程"等账户，贷记"应付职工薪酬——职工福利"账户。

【例11-7】 广东新力电器有限公司2019年8月职工福利费分配汇总，如表11-7所示。

表11-7　　　　　　　　　职工福利费分配汇总表

2019年8月　　　　　　　　　　　　　　　　　　单位：元

应借账户		报销医药费	探亲路费	生活困难补助	合计
生产成本	电热水壶	348.00	4 600.00	600.00	5 548.00
	电磁炉	276.00	3 750.00	400.00	4 426.00
制造费用		76.00	1 260.00		1 336.00
管理费用		92.00	650.00		742.00
销售费用		246.00	2 140.00		2 386.00
合计		1 038.00	12 400.00	1 000.00	14 438.00

新力公司根据职工福利费分配汇总表进行职工福利费的分配，账务处理如下所述。

```
借：生产成本——基本生产成本——电热水壶                 5 548.00
                          ——电磁炉                   4 426.00
    制造费用                                          1 336.00
    管理费用                                            742.00
    销售费用                                          2 386.00
    贷：应付职工薪酬——职工福利                         14 438.00
```

3. 社会保险费和住房公积金核算

小企业应按规定计提每月应缴纳的社会保险费和住房公积金。由小企业负担的社会保险费和住房公积金,应在职工为其提供服务的会计期间,按照部门或用途进行分配,借记"生产成本""制造费用""管理费用""销售费用""在建工程"等账户,贷记"应付职工薪酬——社会保险费(或住房公积金)"账户;由职工个人负担的社会保险费和住房公积金,在发放工资时代扣,记入"其他应付款——代扣社会保险费(或代扣住房公积金)"账户,由小企业一并缴纳。

知识拓展 11-6　"五险一金"会计核算的区别

五险一金指的是基本养老保险费、失业保险费、基本医疗保险费(含生育保险)、工伤保险费等社会保险费和住房公积金。

《小企业会计准则》下,小企业为职工缴纳的基本养老保险费、失业保险费、基本医疗保险费和工伤保险费等社会保险费和住房公积金,均通过"应付职工薪酬——社会保险费或住房公积金"账户核算。《小企业会计准则》颁布的宗旨就是要简化小企业的会计核算,因此在对五险一金进行核算时,也就全部通过"应付职工薪酬——社会保险费或住房公积金"账户核算。

《企业会计准则》下,企业为职工缴纳的基本养老保险费、失业保险费、基本医疗保险费和工伤保险费等社会保险费和住房公积金,其中,基本养老保险费和失业保险费通过"应付职工薪酬——设定提存计划或设定受益计划"账户核算,而基本医疗保险费和工伤保险费以及住房公积金通过"应付职工薪酬——社会保险费或住房公积金"账户核算。设定提存计划和设定受益计划是企业的离职后福利。

设定提存计划,是指向独立的基金缴存固定费用后,企业不再承担进一步支付义务的离职后福利计划。企业应在资产负债表日确认为换取职工在会计期间内为企业提供的服务而应付给设定提存计划的提存金,并作为一项费用计入当期损益或相关资产成本。养老保险和失业保险属于设定提存计划,应通过"应付职工薪酬——设定提存计划"账户核算。

设定受益计划,是指除设定提存计划以外的离职后福利计划。在设定提存计划下,风险实质上要由职工来承担。在设定受益计划下,风险实质上由企业来承担。企业按照年金计划规定为职工缴纳的补充养老保险费以及以购买商业保险形式提供给职工的各种保险待遇属于设定受益计划,应通过"应付职工薪酬——设定受益计划"账户核算。

【例 11-8】 2019 年 8 月,广东新力电器有限公司以当月应付工资额为基数计算应缴纳的社会保险费和住房公积金,社会保险费和住房公积金计提,如表 11-8 所示。职工个人负担部分在发放工资时代扣,由公司一并缴纳。

表 11-8　　　　　　　　　　社会保险费与住房公积金计提表

2019 年 8 月　　　　　　　　　　　　　　　　　　　　　　单位：元

部门或用途		计提基数	基本养老保险费		基本医疗保险费		失业保险费		工伤保险费（单位0.4%）	社会保险费合计		住房公积金		合计	
			单位20%	个人8%	单位8.6%	个人2%	单位2%	个人1%		单位	个人	单位8%	个人8%	单位	个人
生产工人	电热水壶	42 450.00	8 490.00	3 396.00	3 650.70	849.00	849.00	424.50	169.80	13 159.50	4 669.50	3 396.00	3 396.00	16 555.50	8 065.50
	电磁炉	28 710.00	5 742.00	2 296.80	2 469.06	574.20	574.20	287.10	114.84	8 900.10	3 158.10	2 296.80	2 296.80	11 196.90	5 454.90
车间管理		10 720.00	2 144.00	857.60	921.92	214.40	214.40	107.20	42.88	3 323.20	1 179.20	857.60	857.60	4 180.80	2 036.80
行政管理		12 780.00	2 556.00	1 022.40	1 099.08	255.60	255.60	127.80	51.12	3 961.80	1 405.80	1 022.40	1 022.40	4 984.20	2 428.20
销售人员		31 230.00	6 246.00	2 498.40	2 685.78	624.60	624.60	312.30	124.92	9 681.30	3 435.30	2 498.40	2 498.40	12 179.70	5 933.70
合计		125 890.00	25 178.00	10 071.20	10 826.54	2 517.80	2 517.80	1 258.90	503.56	39 025.90	13 847.90	10 071.20	10 071.20	49 097.10	23 919.10

新力公司账务处理如下所述。

（1）计提社会保险费和住房公积金（单位负担部分）时：

借：生产成本——基本生产成本——电热水壶　　　　　　　　　　16 555.50
　　　　　　　　　　　　　　——电磁炉　　　　　　　　　　　　11 196.90
　　制造费用　　　　　　　　　　　　　　　　　　　　　　　　　 4 180.80
　　管理费用　　　　　　　　　　　　　　　　　　　　　　　　　 4 984.20
　　销售费用　　　　　　　　　　　　　　　　　　　　　　　　　12 179.70
　　贷：应付职工薪酬——社会保险费　　　　　　　　　　　　　　39 025.90
　　　　　　　　　　——住房公积金　　　　　　　　　　　　　　10 071.20

（2）上缴本期应缴的社会保险费和住房公积金时：

借：应付职工薪酬——社会保险费　　　　　　　　　　　　　　　39 025.90
　　　　　　　　——住房公积金　　　　　　　　　　　　　　　10 071.20
　　其他应付款——代扣社会保险费　　　　　　　　　　　　　　13 847.90
　　　　　　　——代扣住房公积金　　　　　　　　　　　　　　10 071.20
　　贷：银行存款　　　　　　　　　　　　　　　　　　　　　　73 016.20

4. 工会经费和职工教育经费核算

1）工会经费核算

根据国家有关规定，小企业每月应按职工工资总额的 2% 计提工会经费，并拨付给小企业工会使用。小企业计提的工会经费，应计入相关资产的成本或当期损益。计提时，应按照部门或用途进行分配，借记"生产成本""制造费用""管理费用""销售费用""在建工程"等账户，贷记"应付职工薪酬——工会经费"账户；划拨工会经费时，借记"应付职工薪酬——工会经费"账户，贷记"银行存款"账户。

【例 11-9】 2019 年 8 月，广东新力电器有限公司职工工资总额为 125 890 元，工会经费计提比例为 2%，工会经费计提，如表 11-9 所示。

表 11-9　　　　　　　　　　　工会经费计提表

2019 年 8 月　　　　　　　　　　　　　　　　单位:元

部门或用途		计提基数	计提比例	计提金额	备注
生产工人	电热水壶	42 450.00	2%	849.00	
	电磁炉	28 710.00	2%	574.20	
车间管理		10 720.00	2%	214.40	
行政管理		12 780.00	2%	255.60	
销售人员		31 230.00	2%	624.60	
合计		125 890.00	2%	2 517.80	

新力公司计提与划拨工会经费账务处理如下所述。

(1) 计提工会经费时：

借：生产成本——基本生产成本——电热水壶　　　　　　　　　　849.00
　　　　　　　　　　　　　　　　——电磁炉　　　　　　　　　　574.20
　　制造费用　　　　　　　　　　　　　　　　　　　　　　　　214.40
　　管理费用　　　　　　　　　　　　　　　　　　　　　　　　255.60
　　销售费用　　　　　　　　　　　　　　　　　　　　　　　　624.60
　　贷：应付职工薪酬——工会经费　　　　　　　　　　　　　2 517.80

(2) 划拨工会经费时：

借：应付职工薪酬——工会经费　　　　　　　　　　　　　　　2 517.80
　　贷：银行存款　　　　　　　　　　　　　　　　　　　　　2 517.80

2) 职工教育经费核算

小企业每月应按职工工资总额的 8% 计提职工教育经费。小企业计提的职工教育经费，应计入相关资产的成本或当期损益。计提时，应按照部门或用途进行分配，借记"生产成本""制造费用""管理费用""销售费用""在建工程"等账户，贷记"应付职工薪酬——职工教育经费"账户；发生职工教育经费时，借记"应付职工薪酬——职工教育经费"账户，贷记"库存现金""银行存款"等账户。

知识拓展 11-7　　关于企业职工教育经费税前扣除政策的通知

财税〔2018〕51 号

各省、自治区、直辖市、计划单列市财政厅(局)、国家税务局、地方税务局，新疆生产建设兵团财政局：

为鼓励企业加大职工教育投入，现就企业职工教育经费税前扣除政策通知如下：

一、企业发生的职工教育经费支出，不超过工资薪金总额 8% 的部分，准予在计算企业所得税应纳税所得额时扣除；超过部分，准予在以后纳税年度结转扣除。

二、本通知自 2018 年 1 月 1 日起执行。

财政部　税务总局
2018 年 5 月 7 日

【例11-10】 2019年8月,广东新力电器有限公司职工工资总额为125 890元,职工教育经费计提比例为8%,职工教育经费计提,如表11-10所示。当月车间技术员李晓奇报销外出参加技能培训费用1 600元,增值税税率为6%,以现金支付。

表11-10　　　　　　　　　　　职工教育经费计提表

2019年8月　　　　　　　　　　　　　　　　　　　　　　　　单位:元

部门或用途		计提基数	计提比例	计提金额	备注
生产工人	电热水壶	42 450.00	8.00%	3 396.00	
	电磁炉	28 710.00	8.00%	2 296.80	
车间管理		10 720.00	8.00%	857.60	
行政管理		12 780.00	8.00%	1 022.40	
销售人员		31 230.00	8.00%	2 498.40	
合计		125 890.00	8.00%	10 071.20	

新力公司计提与发生职工教育经费账务处理如下所述。

(1) 计提职工教育经费时:

借:生产成本——基本生产成本——电热水壶　　　　　　　　　　3 396.00
　　　　　　　　　　　　　　——电磁炉　　　　　　　　　　　　2 296.80
　　制造费用　　　　　　　　　　　　　　　　　　　　　　　　　857.60
　　管理费用　　　　　　　　　　　　　　　　　　　　　　　　　1 022.40
　　销售费用　　　　　　　　　　　　　　　　　　　　　　　　　2 498.40
　　贷:应付职工薪酬——职工教育经费　　　　　　　　　　　　　10 071.20

(2) 发生职工教育经费时:

借:应付职工薪酬——职工教育经费　　　　　　　　　　　　　　1 600.00
　　应交税费——应交增值税——进项税额　　　　　　　　　　　　96.00
　　贷:银行存款　　　　　　　　　　　　　　　　　　　　　　　1 696.00

附原始凭证:增值税专用发票,如图11-2所示。

5. 非货币性福利核算

1) 以自产产品作为福利发放给职工

(1) 决定分发时,确认应付职工薪酬。小企业以自产产品作为非货币性福利分发给职工,应当根据受益对象,按照产品的销售价格,确认应付职工薪酬,借记"生产成本""制造费用""管理费用""销售费用""在建工程"等账户,贷记"应付职工薪酬——非货币性福利"账户。

(2) 实际分发时,确认主营业务收入。实际分发时,小企业应按分发产品的销售价格确认主营业务收入,借记"应付职工薪酬——非货币性福利"账户,贷记"主营业务收入""应交税费——应交增值税——销项税额"等账户。

广东增值税专用发票

4401238569 No 121658018

开票日期：2019 年 08 月 24 日

购买方	名　　　　称：广东新力电器有限公司 纳税人识别号：440703256268024 地　址、电　话：惠州市仲恺大道 248 号 88327589 开户行及账号：惠州市建行仲恺支行 71682674052	密码区	（略）

货物或应税劳务、服务名称	规格型号	单位	数量	单价	金　额	税率	税　额
*非学历教育服务*培训费					1600.00	6%	96.00
合　　计					￥1600.00		￥96.00

价税合计（大写）　⊗壹仟陆佰玖拾陆圆整　　　　（小写）￥1696.00

销售方	名　　　　称：广州电子电器培训学校 纳税人识别号：440106868263410 地　址、电　话：中山大道 88 号 86667888 开户行及账号：中行中山支行 11664583678	备注	

收款人：　　　　复核：　　　　开票人：陈海虹　　　　销售方：（章）

图 11-2　增值税专用发票

（3）结转发放产品的成本。产品发出后，小企业应按产品的实际成本，借记"主营业务成本"账户，贷记"库存商品"账户。

【例 11-11】 2019 年 7 月 20 日，广东新力电器有限公司决定将一批自产的电磁炉以福利形式分发给职工，产品发放汇总，如表 11-11 所示。电磁炉每台成本为 110 元，市场价为 160 元，增值税税率为 13%。

表 11-11　　　　　　　　　　产品发放汇总表

2019 年 7 月 20 日　　　　　　　　　　　　　　　　　单位：元

部门或用途		单位	分发数量	单价	金额	税率	税额	合计
生产工人	电热水壶	台	10	160.00	1 600.00	13%	208.00	1 808.00
	电磁炉	台	8	160.00	1 280.00	13%	166.40	1 446.40
车间管理		台	3	160.00	480.00	13%	62.40	542.40
行政管理		台	3	160.00	480.00	13%	62.40	542.40
销售人员		台	6	160.00	960.00	13%	124.80	1 084.80
合计		台	30	160.00	4 800.00	13%	624.00	5 424.00

新力公司账务处理如下所述。

（1）决定分发时，确认应付职工薪酬：

借：生产成本——基本生产成本——电热水壶　　　　　　　　　　1 808.00
　　　　　　　　　　　　　　——电磁炉　　　　　　　　　　　1 446.40
　　　制造费用　　　　　　　　　　　　　　　　　　　　　　　　542.40
　　　管理费用　　　　　　　　　　　　　　　　　　　　　　　　542.40
　　　销售费用　　　　　　　　　　　　　　　　　　　　　　　1 084.80
　　贷：应付职工薪酬——非货币性福利　　　　　　　　　　　　5 424.00

(2) 实际分发时，确认主营业务收入：

借：应付职工薪酬——非货币性福利　　　　　　　　　　　　　5 424.00
　　贷：主营业务收入——电磁炉　　　　　　　　　　　　　　4 800.00
　　　　应交税费——应交增值税——销项税额　　　　　　　　　624.00

(3) 结转发放产品的成本：

借：主营业务成本——电磁炉　　　　　　　　　　　　　　　　3 300.00
　　贷：库存商品——电磁炉　　　　　　　　　　　　　　　　3 300.00

2) 以外购商品作为福利发放给职工

(1) 购入商品时，应按商品购买价款和进项税额，借记"库存商品"账户，贷记"银行存款""应付账款"等账户。

(2) 决定分发时，确认应付职工薪酬。小企业应根据受益对象，按照商品的价值（包括进项税额），确认应付职工薪酬，借记"生产成本""制造费用""管理费用""销售费用""在建工程"等账户，贷记"应付职工薪酬——非货币性福利"账户。

(3) 实际分发商品给职工时，应按商品的价值（包括进项税额），借记"应付职工薪酬——非货币性福利"账户，贷记"库存商品"账户。

【例 11-12】　2019 年 8 月 16 日，广东新力电器有限公司决定采购一批电炖锅以福利形式分发给职工，产品发放汇总，如表 11-12 所示。电炖锅每个购买价为 160 元，增值税税率为 13%。

表 11-12　　　　　　　　　　　产品发放汇总表

2019 年 8 月 16 日　　　　　　　　　　　　　　　　　　　　　　　　单位：元

部门或用途		单位	分发数量	单价	金额	税率	税额	合计
生产工人	电热水壶	个	10	160.00	1 600.00	13%	208.00	1 808.00
	电磁炉	个	8	160.00	1 280.00	13%	166.40	1 446.40
车间管理		个	3	160.00	480.00	13%	62.40	542.40
行政管理		个	3	160.00	480.00	13%	62.40	542.40
销售人员		个	6	160.00	960.00	13%	124.80	1 084.80
合计		个	30	160.00	4 800.00	13%	624.00	5 424.00

新力公司账务处理如下所述。

(1) 购入电炖锅时：

借：库存商品——电炖锅　　　　　　　　　　　　　　　　　　5 424.00
　　贷：银行存款　　　　　　　　　　　　　　　　　　　　　　　5 424.00

(2) 决定分发时，确认应付职工薪酬：

借：生产成本——基本生产成本——电热水壶　　　　　　　　　1 808.00
　　　　　　　　　　　　　　　——电磁炉　　　　　　　　　1 446.40
　　制造费用　　　　　　　　　　　　　　　　　　　　　　　　 542.40
　　管理费用　　　　　　　　　　　　　　　　　　　　　　　　 542.40
　　销售费用　　　　　　　　　　　　　　　　　　　　　　　　1 084.80
　　贷：应付职工薪酬——非货币性福利　　　　　　　　　　　　5 424.00

(3) 实际分发电炖锅时：

借：应付职工薪酬——非货币性福利　　　　　　　　　　　　　　5 424.00
　　贷：库存商品——电炖锅　　　　　　　　　　　　　　　　　　5 424.00

3) 将拥有的房屋等资产无偿提供给职工使用或租赁住房等资产供职工无偿使用

(1) 小企业将拥有的房屋等资产无偿提供给职工使用，应根据受益对象，将该项住房每期应计提的折旧计入相关资产成本或当期损益，并确认应付职工薪酬，借记"生产成本""制造费用""管理费用""销售费用""在建工程"等账户，贷记"应付职工薪酬——非货币性福利"账户；同时，借记"应付职工薪酬——非货币性福利"账户，贷记"累计折旧"账户。

(2) 小企业租赁住房等资产供职工无偿使用，应根据受益对象，将每期应付的租金计入相关资产成本或当期损益，并确认应付职工薪酬，借记"生产成本""制造费用""管理费用""销售费用""在建工程"等账户，贷记"应付职工薪酬——非货币性福利"账户；支付该项租赁资产的租金时，借记"应付职工薪酬——非货币性福利"账户，贷记"银行存款""库存现金"等账户。

6. 辞退福利核算

小企业支付因解除与职工的劳动关系而给予职工的补偿时，按其补偿金额，借记"应付职工薪酬——辞退福利"账户，贷记"银行存款""库存现金"等账户。

【本章小结】

1. 职工薪酬是指小企业为获得职工提供的服务而给予职工各种形式的报酬以及其他相关支出。职工薪酬包括职工工资、奖金、津贴补贴、职工福利费等项目。

2. 小企业应按劳动工资和社会保障制度的规定，根据原始记录计算职工的工资。职工工资计算的原始记录主要有工资卡片、考勤记录和产量记录等三种。

3. 职工工资的计算包括应付工资的计算和实发工资的计算两项内容。实行计时工资制的小企业，应按照职工的计时工资标准和工作时间计算应付给职工的工资；实行计件工资制的小企业，应按照计件工资标准和职工完成工作的数量计算职工的工资。

4. 小企业应设置"应付职工薪酬"账户，核算小企业根据有关规定应付给职工的各种薪酬。"应付职工薪酬"账户应按"职工工资""奖金、津贴和补贴""职工福利费""社会保险费""住房公积金""工会经费""职工教育经费""非货币性福利""辞退福利"等项目设置明细分类账,进行明细分类核算。

5. 小企业应于月份终了,计算本月应付职工工资,并按工资发生的部门或用途进行分配,计入相关资产成本或当期损益。按"工资结算表"实际发放工资时,按实发工资额,借记"应付职工薪酬——职工工资"账户,贷记"库存现金"账户;若发放工资款项通过银行转账方式直接转入职工银行账户,则借记"应付职工薪酬——职工工资"账户,贷记"银行存款"账户。

第五部分　销售业务

销售业务结构导图

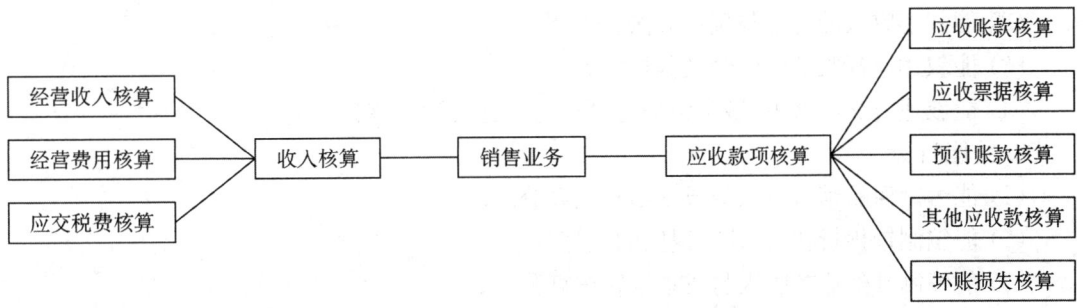

第12章 收入核算

【目的要求】

1. 知识目标
(1) 能叙述和列举收入概念及其类型。
(2) 能叙述收入的计量与确认方法。
(3) 能叙述递延收益的概念及其核算方法。
(4) 能叙述应交消费税、城市维护建设税与教育费附加核算方法。
2. 技能目标
(1) 能编制商品销售收入与成本结转核算分录。
(2) 能编制销售折扣、折让与退回的核算分录。
(3) 能编制其他业务收入与成本结转核算分录。
(4) 能编制销售费用和管理费用的核算分录。
(5) 能编制一般纳税人企业应交增值税核算分录。
3. 情感目标
增强团队合作意识,发挥团队协作精神。

【重点难点】

1. 销售折扣核算。
2. 销售折让核算。
3. 销售退回核算。
4. 应交增值税核算。

【情智故事】

一根鱼竿和一篓鱼

从前,有两个饥饿的人得到一位长者的恩赐,一根鱼竿和一篓鲜活硕大的鱼。其中一个人要了鱼竿,另一个人要了一篓鱼,他们得到各自想要的东西后,分道扬镳。其中一个马上把鱼烧起来吃了,结果死在了空空的鱼篓边。另一个向海边走去,因为他知道海里有鱼,当他看到海洋的蔚蓝,用尽了最后的力气向海边跑去,结果他死在了海边。

另外,同样有两个饥饿的人,他们也得到了同样的一根鱼竿和一篓鲜活硕大的鱼。所不同的是,他们没有分开,而是一起每餐煮一条鱼,然后向遥远的海边"走"去。从此,他们过着以捕鱼为生的日子,他们盖上了自己的房子,后来又各自娶了妻子,生了小孩,过着幸福美满的生活。

[情智点评] 故事前后两种截然不同的结果,是因为前者缺少合作精神,后者能形成团队,通力合作,齐心协力,克服困难。会计工作也是一项团队工作,需要团队成员通力合作,充分发挥各成员的优势,实现整体工作高效、有质量地完成。

【基础知识】

12.1 经营收入核算

12.1.1 收入概述

1. 收入分类

收入是指小企业在日常活动中形成的、会导致所有者权益增加的、与所有者投入资本无关的经济利益的总流入。收入的类型包括以下几方面。

1) 按经营业务主次分类

收入按经营业务主次分类,可分为主营业务收入和其他业务收入。

(1) 主营业务收入是指小企业营业执照上注明的主营业务所取得的收入,如工业小企业的产品销售收入,运输小企业的运输、装卸费收入等。

(2) 其他业务收入是指小企业营业执照上注明的兼营业务所取得的收入,如小企业销售材料取得的收入、出租固定资产取得的租金收入等。

2) 按收入产生来源分类

收入按产生来源分类,可分为商品销售收入和提供劳务收入。

(1) 商品销售收入是指小企业销售商品、产成品、材料等取得的收入。

(2) 提供劳务收入是指小企业对外提供劳务,如建筑安装、修理修配、交通运输、餐饮住宿、中介代理、旅游、咨询、教育培训等所取得的收入。

> **知识拓展 12-1** 让渡资产使用权收入的区别
>
> 目前,我国小企业无形资产种类较少,通常以自用为主,金额较小,在资产中所占比例较低。因此,《小企业会计准则》仅将收入分为商品销售收入和提供劳务收入两类,没有引入让渡资产使用权收入这一类。而《企业会计准则》将收入分为商品销售收入、提供劳务收入和让渡资产使用权收入三类。

2. 商品销售收入确认与计量

1) 确认条件

一般情况下,小企业应当在发出商品且收到货款或取得收款权时,确认销售商品收入。这表明商品销售收入确认有两个条件:

(1) 物权的转移,表现为发出商品。

（2）收到货款或取得收款权利。

2）确认时点

（1）采用现金、支票、汇兑、信用证等方式销售商品的，在商品办完发出手续时确认收入。

（2）采用托收承付或委托收款方式销售商品，应在办妥托收手续时确认收入。

（3）采用预收款方式销售商品的，应在发出商品时确认收入，在此之前预收的货款应确认为负债。

（4）采用分期收款方式销售商品的，在合同约定的收款日期确认收入。

（5）销售商品需要安装和检验的，在购买方接受商品以及安装和检验完毕时确认收入。

（6）采用支付手续费方式委托代销商品的，应在收到代销清单时确认收入。

（7）销售商品以旧换新的，销售的商品作为商品销售处理，回收的旧货作为购入商品处理。

（8）采取产品分成方式取得的收入，在分得产品之日按产品的市场价格或评估价值确定销售商品收入。

（9）附有销售退回条件的商品销售，根据以往经验能够合理估计退货可能性且确认与退货相关负债的，应在发出商品时确认收入；不能合理估计退货可能性的，应在售出商品退货期满时确认收入。

3）计量方法

小企业应按照从购货方已收或应收的合同或协议价款确认销售商品收入金额；无合同或协议的，应按购销双方同意或都能接受的价格确定。

销售商品涉及现金折扣的，应当按照扣除现金折扣前（即不扣现金折扣）的金额确定销售商品收入金额；涉及商业折扣的，应当按照扣除商业折扣后的金额确定销售商品收入金额。

对商品销售收入进行计量时，不包括小企业作为增值税一般纳税人在销售商品时按规定应向购买方收取的增值税销项税额等。

12.1.2 商品销售业务核算

1. 账户设置

1）"主营业务收入"账户

"主营业务收入"账户，核算小企业确认的销售商品（产品）、提供劳务等主营业务所取得的收入。该账户属于损益类账户，贷方登记小企业销售商品（产品）、提供劳务等实现的主营业务收入，借方登记小企业发生销售折让、销售退回而冲减的收入和期末结转到"本年利润"账户的主营业务收入，期末结转后该账户应无余额。

"主营业务收入"账户应按主营业务种类（商品或劳务种类）设置明细分类账，进行明细分类核算。"主营业务收入"账户结构，如图12-1所示。

主营业务收入

本期:登记小企业发生销售折让、销售退回而冲减的收入和期末结转到"本年利润"账户的主营业务收入	期初:无余额 登记小企业销售商品(产品)、提供劳务等实现的主营业务收入
	期末:无余额

图 12-1 "主营业务收入"账户结构

2)"主营业务成本"账户

"主营业务成本"账户,核算小企业确认的销售商品(产品)、提供劳务等主营业务所发生的实际成本。该账户属于损益类账户,借方登记小企业销售商品(产品)、提供劳务等发生的实际成本,贷方登记小企业因销售退回而冲减的商品成本和期末结转到"本年利润"账户的主营业务成本,期末结转后该账户应无余额。

"主营业务成本"账户应按主营业务种类(商品或劳务种类)设置明细分类账,进行明细分类核算。"主营业务成本"账户结构,如图 12-2 所示。

主营业务成本

期初:无余额 本期:登记小企业销售商品(产品)、提供劳务等发生的实际成本	登记小企业因销售退回而冲减的商品成本和期末结转到"本年利润"账户的主营业务成本
期末:无余额	

图 12-2 "主营业务成本"账户结构

3)"税金及附加"账户

"税金及附加"账户,核算小企业开展日常生产经营活动应负担的消费税、城市维护建设税、资源税、教育费附加、土地增值税、城镇土地使用税、房产税、车船税、印花税、环境保护税等税费。该账户属于损益类账户,借方登记小企业按规定计算确定的与日常经营活动相关的税费,贷方登记期末结转到"本年利润"账户的税金及附加,期末结转后该账户应无余额。

"税金及附加"账户应按税费的种类设置明细分类账,进行明细分类核算。"税金及附加"账户结构,如图 12-3 所示。

税金及附加

期初:无余额 本期:登记小企业按规定计算确定的与日常经营活动相关的税费	登记期末结转到"本年利润"账户的税金及附加
期末:无余额	

图 12-3 "税金及附加"账户结构

4)"发出商品"账户

"发出商品"账户,核算小企业未满足收入确认条件但已发出商品的成本。该账户属于资产类账户,借方登记小企业未满足收入确认条件,但已发出商品的成本,贷方登记发出商品满足收入确认条件时结转的销售成本和退回发出商品而冲减的成本,期末余额一般在借方,表示小企业未满足收入确认条件但已发出商品的成本。

"发出商品"账户应按购货单位、商品类别和品种设置明细分类账,进行明细分类核算。"发出商品"账户结构,如图12-4所示。

发出商品	
期初:期初未满足收入确认条件但已发出商品的成本	
本期:登记小企业未满足收入确认条件但已发出商品的成本	登记发出商品满足收入确认条件时结转的销售成本和退回发出商品而冲减的成本
期末:期末未满足收入确认条件但已发出商品的成本	

图12-4 "发出商品"账户结构

2. 商品销售收入核算

1)符合收入确认条件的销售商品

小企业销售商品符合收入确认条件的,应在收入确认时,按实际收到或应收金额(包括增值税额),借记"银行存款"或"应收账款""应收票据"等账户,按销售商品的价款,贷记"主营业务收入"账户,按应收的增值税税额,贷记"应交税费——应交增值税——销项税额"账户;同时,小企业应在发出商品时,结转相关销售成本,借记"主营业务成本"账户,贷记"库存商品"账户。

【例12-1】 2019年11月5日,广东新力电器有限公司向广东艳阳天电器有限公司销售电磁炉200台,单价160元,增值税额4 160元。产品已发出,货款已收妥。新力公司账务处理如下所述。

```
借:银行存款                                          36 160.00
    贷:主营业务收入——电磁炉                            32 000.00
        应交税费——应交增值税——销项税额                  4 160.00
```

附原始凭证:增值税专用发票,如图12-5所示。

2)不符合收入确认条件的销售商品

(1)不符合收入确认条件的商品销售,不能确认商品销售收入,但销售该商品的纳税义务已经发生,如已开出增值税专用发票,应确认应交的增值税销项税额,借记"应收账款"账户,贷记"应交税费——应交增值税——销项税额"账户。

(2)已经发出但尚未确认销售收入的商品成本,记入"发出商品"账户,借记"发出商品"账户,贷记"库存商品"账户。

购买方	名　　　称：广东艳阳天电器有限公司 纳税人识别号：440703535468026 地址、电话：惠州市金山大道136号 89547586 开户行及账号：惠州建行金山支行 71606969058					密码区	（略）			
货物或应税劳务、服务名称		规格型号	单位	数量	单价	金　额		税率	税　额	
*家用厨房电器具*电磁炉			台	200	160.00	32000.00		13%	4160.00	
合　　计						¥32000.00			¥4160.00	
价税合计（大写）		⊗叁万陆仟壹佰陆拾圆整					（小写）¥36160.00			
销售方	名　　　称：广东新力电器有限公司 纳税人识别号：440703256268024 地址、电话：惠州市仲恺大道248号 88327589 开户行及账号：惠州市建行仲恺支行 71682674052					备注				

收款人：李芬　　　复核：　　　开票人：李欣　　　销售方：（章）

图 12-5　增值税专用发票

（3）发出商品发生退回的，应按退回商品的实际成本，借记"库存商品"账户，贷记"发出商品"账户。

（4）发出商品满足收入确认条件时，应确认收入，借记"银行存款""应收账款"等账户，贷记"主营业务收入"账户；同时结转其销售成本，借记"主营业务成本"账户，贷记"发出商品"账户。

【例 12-2】 2019 年 11 月 12 日，广东新力电器有限公司向广东金程电器连锁公司销售电热水壶一批，开出增值税专用发票，发票注明价款 40 000 元，增值税额 5 200 元，该批电热水壶的成本为 25 200 元。新力公司在销售这批电热水壶时，已得知金程公司资金流转发生暂时困难，但为了维持与金程公司长期以来建立的商业关系，新力公司仍将产品发出。12 月 18 日，新力公司得知金程公司经营情况逐渐好转，并承诺近期付款。12 月 26 日，收到金程公司支付的货款。新力公司账务处理如下所述。

（1）开出增值税专用发票时，不能确认收入实现，但纳税义务已发生，应确认应交增值税：

　　借：应收账款——金程公司　　　　　　　　　　　　　　　　　5 200.00
　　　　贷：应交税费——应交增值税——销项税额　　　　　　　　　　5 200.00

（2）发出电热水壶时，不能确认收入实现，记入"发出商品"账户：

借：发出商品——电热水壶　　　　　　　　　　　　　　　　　25 200.00
　　贷：库存商品——电热水壶　　　　　　　　　　　　　　　　　25 200.00

附原始凭证：产品出库单，如图12-6所示。

产品出库单

2019年11月12日　　　　　　　　　　　　　　　　　　　　　　单位：元

产品名称	规格	型号	单位	数量	单位成本	金额
电热水壶			台	600	42.00	25 200.00

仓库主管：陈伟峰　　　　　　　　复核：杨晓梅　　　　　　　　制单：谢丽敏

图12-6　产品出库单

（3）金程公司经营情况逐渐好转，并承诺近期付款时：

借：应收账款——金程公司　　　　　　　　　　　　　　　　　40 000.00
　　贷：主营业务收入——电热水壶　　　　　　　　　　　　　　40 000.00

（4）结转产品销售成本时：

借：主营业务成本——电热水壶　　　　　　　　　　　　　　　25 200.00
　　贷：发出商品——电热水壶　　　　　　　　　　　　　　　　25 200.00

（5）收到金程公司支付的货款时：

借：银行存款　　　　　　　　　　　　　　　　　　　　　　　45 200.00
　　贷：应收账款——金程公司　　　　　　　　　　　　　　　　45 200.00

附原始凭证：银行进账单，如图12-7所示。

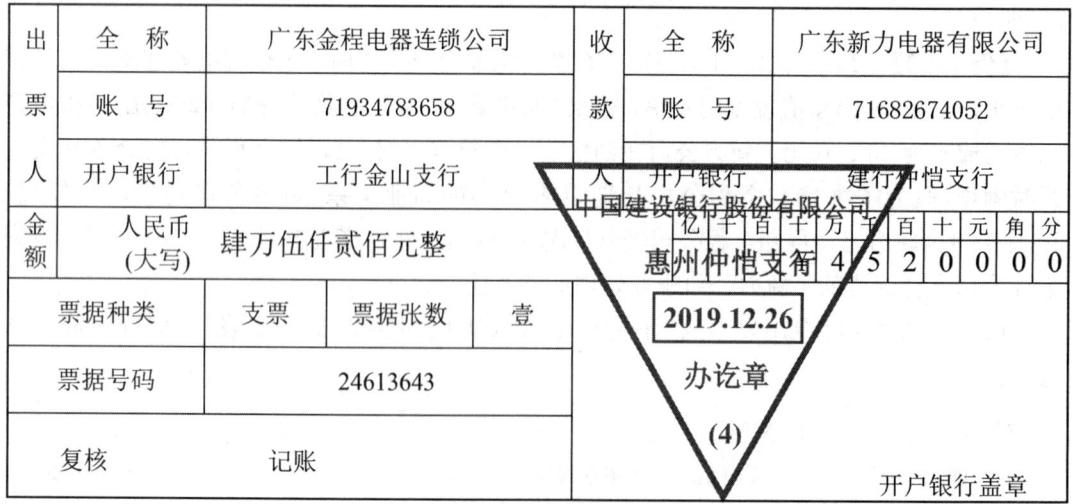

图12-7　银行进账单

3. 销售折扣、销售折让、销售退回核算

1）销售折扣核算

销售折扣包括商业折扣和现金折扣。

（1）商业折扣是指小企业为促进商品销售而在商品标价上给予的价格扣除。小企业销售商品涉及商业折扣的，应当按照扣除商业折扣后的金额确定销售商品收入金额。

【例12-3】 2019年11月5日，广东新力电器有限公司向广东四海电器有限公司销售电热水壶一批，单价为60元，由于购买数量较多，达到300台，公司同意给予9折优惠，增值税税率为13%。产品已发出，货款已收妥。新力公司账务处理如下所述。

$$销售收入 = (60 \times 90\%) \times 300 = 16\,200(元)$$
$$增值税额 = 16\,200 \times 13\% = 2\,106(元)$$

借：银行存款	18 306.00
贷：主营业务收入——电热水壶	16 200.00
应交税费——应交增值税——销项税额	2 106.00

附原始凭证：增值税专用发票，如图12-8所示。

广东增值税专用发票

4400041141  № 201342536

此联不作报销、抵扣税凭证使用

广东省税务局

开票日期：2019年11月05日

购买方	名　　称：广东四海电器有限公司 纳税人识别号：440206835254026 地　址、电　话：深圳市怡景路182号 88396432 开户行及账号：深圳工行怡景支行 21934783058	密码区	（略）

货物或应税劳务、服务名称	规格型号	单位	数量	单价	金　　额	税率	税　额
*家用电器*电热水壶		台	300	54.00	16200.00	13%	2106.00
合　　计					¥16200.00		¥2106.00

价税合计（大写）	⊗壹万捌仟叁佰零陆圆整	（小写）¥18306.00

销售方	名　　称：广东新力电器有限公司 纳税人识别号：440703256268024 地　址、电　话：惠州市仲恺大道248号 88327589 开户行及账号：惠州市建行仲恺支行 71682674052	备注	

收款人：李芬　　　复核：　　　开票人：李欣　　　销售方：（章）

第一联：记账联 销售方记账凭证

图12-8 增值税专用发票

（2）现金折扣是指债权人为鼓励债务人在规定的期限内付款而向债务人提供的债务扣除。小企业销售商品涉及现金折扣的，应按销售价款直接确定销售商品收入金额，而不需对现金折扣进行扣除。待实际发生现金折扣时,将所授予的现金折扣计入当期财务费用,视为小企业销售商品过程中发生的融资费用。

【例 12-4】 2019 年 11 月 6 日,广东新力电器有限公司向广东双林电器有限公司销售电磁炉一批,开出增值税专用发票,发票注明价款为 29 600 元,增值税额 3 848 元。产品已发出,货款尚未收到。为了尽早收回货款,合同规定,按不包含增值税的价款提供现金折扣,现金折扣条件为(2/10,1/20,n/30)。新力公司账务处理如下所述。

(1) 11 月 6 日销售商品,确认收入时:

借:应收账款——双林电器　　　　　　　　　　　　　　　　　33 448.00
　　贷:主营业务收入——电磁炉　　　　　　　　　　　　　　29 600.00
　　　　应交税费——应交增值税——销项税额　　　　　　　　3 848.00

(2) 11 月 16 日及之前收到货款时:

现金折扣 = 29 600 × 2‰ = 592(元)

借:银行存款　　　　　　　　　　　　　　　　　　　　　　　32 856.00
　　财务费用　　　　　　　　　　　　　　　　　　　　　　　　592.00
　　贷:应收账款——双林电器　　　　　　　　　　　　　　　33 448.00

附原始凭证:银行进账单,如图 12-9 所示。

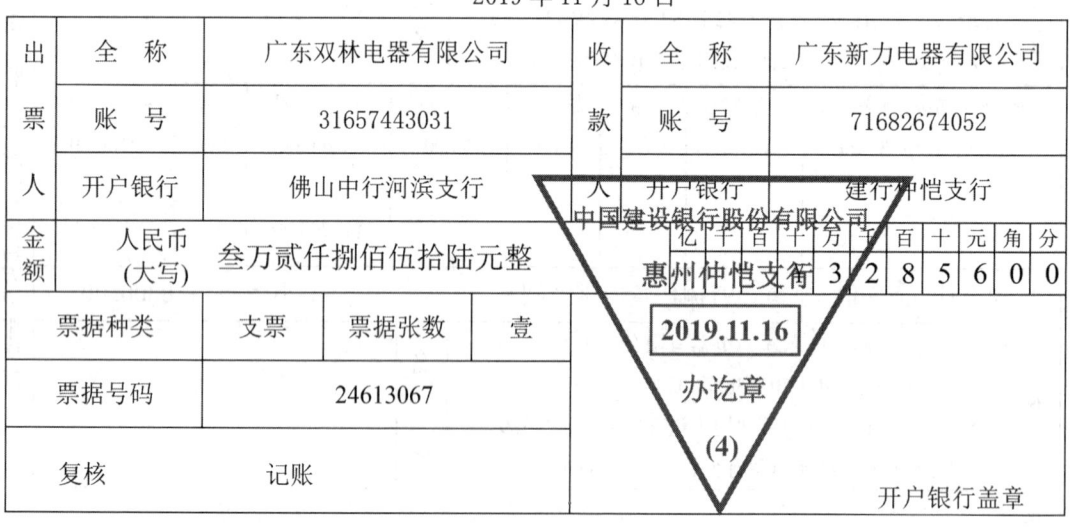

图 12-9　银行进账单

(3) 11 月 26 日及之前收到货款时:

现金折扣 = 29 600 × 1‰ = 296(元)

借：银行存款	33 152.00
财务费用	296.00
贷：应收账款——双林电器	33 448.00

(4) 11月26日之后收到货款时：

借：银行存款	33 448.00
贷：应收账款——双林电器	33 448.00

2）销售折让核算

销售折让是指小企业因售出商品的质量存在瑕疵等原因而在售价上给予的减让。对于已确认销售商品收入的售出商品发生销售折让的，不论此销售业务是发生在本年度，还是以前年度，小企业均应当在该笔折让实际发生时冲减当期的销售商品收入。

【例12-5】 2019年11月8日，广东新力电器有限公司向广东天怡电器有限公司销售电热水壶一批，开出增值税专用发票，发票注明价款为7 200元，增值税额936元。产品已发出，货款尚未收到。12日，天怡公司收到货物，经检验，发现部分电热水壶存在瑕疵，要求在价格上给予10%的折让。经查明，天怡公司的要求合理，公司同意并办妥有关手续，确认发生销售折让720元，转销增值税额93.6元，余额已收存银行。新力公司账务处理如下所述。

(1) 11月8日，销售商品，确认收入时：

借：应收账款——天怡电器	8 136.00
贷：主营业务收入——电热水壶	7 200.00
应交税费——应交增值税——销项税额	936.00

(2) 11月12日，发生销售折让时：

借：主营业务收入——电热水壶	720.00
应交税费——应交增值税——销项税额	93.60
贷：应收账款——天怡电器	813.60

附原始凭证：红字（负数）增值税专用发票，如图12-10所示。

(3) 实际收到货款时：

借：银行存款	7 322.40
贷：应收账款——天怡电器	7 322.40

3）销售退回核算

销售退回是指小企业售出的商品由于质量、品种不符合要求等原因而发生的退货。对于销售退回，小企业应区别不同情况进行处理：

(1) 对于尚未确认收入的售出商品发生销售退回的，应按已记入"发出商品"账户的商品成本金额，借记"库存商品"账户，贷记"发出商品"账户。

(2) 对于已确认销售商品收入的售出商品发生销售退回，不论此销售业务是发生在本年度还是以前年度，小企业均应在发生该笔退货时冲减当期销售商品收入，同时冲减当期销售商品成本。

广东增值税专用发票

4400041141　　　　　　　　　　　　　　　　　　　　　　　　　　No 201342548

此联不作报销抵扣凭证使用

开票日期：2019 年 11 月 12 日

购买方	名　　称：广东天怡电器有限公司 纳税人识别号：440103564568023 地址、电话：广州市中山大道 272 号 89937584 开户行及账号：广州工行新华支行 11634813054	密码区	（略）

货物或应税劳务、服务名称	规格型号	单位	数量	单价	金　额	税率	税　额
*家用电器*电热水壶					-720.00	13%	-93.60
合　　计					¥-720.00		¥-93.60

价税合计（大写）	⊗ 捌佰壹拾叁圆陆角整（负数）	（小写）¥-813.60

销售方	名　　称：广东新力电器有限公司 纳税人识别号：440703256268024 地址、电话：惠州市仲恺大道 248 号 88327589 开户行及账号：惠州市建行仲恺支行 71682674052	备注	

第一联：记账联 销售方记账凭证

收款人：李芬　　　　复核：　　　　开票人：李欣　　　　销售方：（章）

图 12-10　红字增值税专用发票

【例 12-6】 2019 年 11 月 15 日，广东新力电器有限公司向广东新怡百货有限公司销售电磁炉 200 台，单价为 160 元，单位成本为 110 元，开出增值税专用发票，发票注明价款为 32 000 元，增值税额 4 160 元。产品已发出，货款尚未收到。19 日，新怡公司收到货物，经检验，发现其中 2 台电磁炉不符合质量要求，提出退货要求。经查明，新怡公司的要求合理，公司同意退货并按规定向新怡公司开具了红字增值税专用发票，当日收到货款与退回的电磁炉。新力公司账务处理如下所述。

(1) 11 月 15 日，销售商品，确认收入时：

借：应收账款——新怡百货　　　　　　　　　　　　　　　　　36 160.00
　　贷：主营业务收入——电磁炉　　　　　　　　　　　　　　　32 000.00
　　　　应交税费——应交增值税——销项税额　　　　　　　　　 4 160.00

(2) 11 月 15 日，结转产品销售成本时：

借：主营业务成本——电磁炉　　　　　　　　　　　　　　　　22 000.00
　　贷：库存商品——电磁炉　　　　　　　　　　　　　　　　　22 000.00

(3) 11 月 19 日，发生销售退回时：

借：主营业务收入——电磁炉　　　　　　　　　　　　　　　　　　320.00
　　应交税费——应交增值税——销项税额　　　　　　　　　　　　 41.60
　　贷：应收账款——新怡百货　　　　　　　　　　　　　　　　　361.60

附原始凭证：红字(负数)增值税专用发票，如图 12-11 所示。

广东增值税专用发票

4400041141　　　　　　　　　　　　　　　　　　　No 201342613

此联不作报税抵税凭证使用

开票日期：2019 年 11 月 19 日

购买方	名　　称：广东新怡百货有限公司 纳税人识别号：440718925468024 地址、电话：惠州市惠南大道 215 号 88247598 开户行及账号：惠州农行惠南支行 71235469056	密码区	（略）

货物或应税劳务、服务名称	规格型号	单位	数量	单价	金额	税率	税额
*家用厨房电器具*电磁炉			-2	160	-320.00	13%	-41.60
合　　计					¥-320.00		¥-41.60

价税合计（大写）	⊗叁佰陆拾壹圆陆角整（负数）	（小写）¥-361.60

销售方	名　　称：广东新力电器有限公司 纳税人识别号：440703256268024 地址、电话：惠州市仲恺大道 248 号 88327589 开户行及账号：惠州市建行仲恺支行 71682674052	备注	

收款人：李芬　　　复核：　　　开票人：李欣　　　销售方：（章）

图 12-11　红字增值税专用发票

（4）11 月 19 日，收到退回电磁炉时：

借：库存商品——电磁炉　　　　　　　　　　　　　　　　　　　　　　　220.00
　　贷：主营业务成本——电磁炉　　　　　　　　　　　　　　　　　　　　220.00

（5）实际收到货款时：

借：银行存款　　　　　　　　　　　　　　　　　　　　　　　　　　　35 798.40
　　贷：应收账款——新怡百货　　　　　　　　　　　　　　　　　　　35 798.40

4．商品销售成本与税金及附加核算

1）商品销售成本核算

对于商品销售成本的结转，既可以在确认收入时完成，也可以在实现收入的当月月末完成。小企业销售商品，通常在平时只需根据销货发票、产品出库单等销货凭证进行库存商品明细分类核算。月份终了，根据产品出库单、退回产品入库单等销货凭证编制"产品销售成本汇总表"，汇总出本月已销商品数量；再利用存货发出计价方法（先进先出法、加权平均法或个别计价法）计算确定本月已销产品的实际成本。月终结转商品销售成本时，借记"主营业务成本"账户，贷记"库存商品""发出商品"等账户。

【例 12-7】　广东新力电器有限公司根据 2019 年 11 月份产品销售出库单和退回产品入

库单等销货凭证汇总编制本月产品销售成本汇总表,如表12-1所示。

表12-1　　　　　　　　　　　　产品销售成本汇总表
2019年11月　　　　　　　　　　　　　　　　　　　　　　单位:元

产品名称	计量单位	销售量	单位成本	总成本
电热水壶	个	5 000	32.90	164 500.00
电磁炉	台	954	110.00	104 940.00
合计	—	—	—	269 940.00

根据表12-1进行本月产品销售成本结转核算。新力公司账务处理如下所述。

借:主营业务成本——电热水壶　　　　　　　　　　　　　　164 500.00
　　　　　　　　——电磁炉　　　　　　　　　　　　　　　104 940.00
　　贷:库存商品——电热水壶　　　　　　　　　　　　　　　164 500.00
　　　　　　　　——电磁炉　　　　　　　　　　　　　　　104 940.00

2) 税金及附加核算

小企业销售商品(产品)及其他经营业务应缴纳除增值税外的消费税、资源税、土地增值税、城市维护建设税、城镇土地使用税、房产税、车船税、印花税、环境保护税、教育费附加等税费,应在确认收入月份的月末,汇总计算结转应交的税费,借记"税金及附加"账户,贷记"应交税费""银行存款"等账户。

【例12-8】　广东新力电器有限公司根据2019年11月应交增值税34 908元,城市维护建设税税率为7%,教育费附加率为3%,月末计算并结转本月税金及附加。新力公司账务处理如下所述。

$$应交城市维护建设税 = 34\ 908 \times 7\% = 2\ 443.56(元)$$
$$应交教育费附加 = 34\ 908 \times 3\% = 1\ 047.24(元)$$

借:税金及附加　　　　　　　　　　　　　　　　　　　　　3 490.80
　　贷:应交税费——应交城市维护建设税　　　　　　　　　　2 443.56
　　　　　　　　——应交教育费附加　　　　　　　　　　　　1 047.24

附原始凭证:税费计算表,如图12-12所示。

税费计算表
2019年11月30日　　　　　　　　　　　　　　　　　　　　单位:元

税(费)种	计税基数	税(费)率	税(费)额	备注
城市维护建设税	34 908.00	7%	2 443.56	
教育费附加	34 908.00	3%	1 047.24	
合计	—	—	3 490.80	

会计主管:陈海涛　　　　　　会计:杨晓梅　　　　　　制单:谢丽敏

图12-12　税费计算表

12.1.3 其他经营业务核算

1. 账户设置

1)"其他业务收入"账户

"其他业务收入"账户,核算小企业确认的除主营业务活动以外的其他日常经营活动实现的收入,包括出租固定资产与无形资产、销售材料等实现的收入。该账户属于损益类账户,贷方登记小企业取得的各项其他经营业务的收入,借方登记期末结转到"本年利润"账户的其他业务收入,期末结转后该账户应无余额。

"其他业务收入"账户可按其他业务收入的种类设置明细分类账,进行明细分类核算。"其他业务收入"账户结构,如图 12-13 所示。

其他业务收入	
本期:登记期末结转到"本年利润"账户的其他业务收入	期初:无余额 登记小企业取得的各项其他经营业务的收入
	期末:无余额

图 12-13 "其他业务收入"账户结构

2)"其他业务成本"账户

"其他业务成本"账户,核算小企业确认的除主营业务活动以外的其他日常经营活动所发生的成本,包括销售材料的成本、出租固定资产的折旧费、出租无形资产的摊销额等。该账户属于损益类账户,借方登记小企业其他经营业务发生的实际成本,贷方登记期末结转到"本年利润"账户的其他业务成本,期末结转后该账户应无余额。

"其他业务成本"账户可按其他业务成本的种类设置明细分类账,进行明细分类核算。"其他业务成本"账户结构,如图 12-14 所示。

其他业务成本	
期初:无余额 本期:登记小企业其他经营业务发生的实际成本	登记期末结转到"本年利润"账户的其他业务成本
期末:无余额	

图 12-14 "其他业务成本"账户结构

> **知识拓展 12-2** 出租固定资产等的核算

《小企业会计准则》规定,小企业出租固定资产取得的租金收入和出租专利权、商标权、著作权、非专利技术及其他特许权取得的收入也作为提供劳务收入予以确认,在"其他业务收入"账户核算。

小企业出租固定资产取得租金收入和出租专利权、商标权、著作权、非专利技术及其他特许权取得收入时,应将该固定资产的折旧和该无形资产的摊销作为营业成本,在"其他业务成本"账户核算。

2. 会计核算

(1)小企业取得(或确认)其他经营业务收入时,借记"银行存款""应收账款"等账户,贷记"其他业务收入"等账户,按增值税专用发票注明的增值税额,贷记"应交税费——应交增值税——销项税额"账户。

(2)支付或结转其他经营业务应负担的成本、费用时,借记"其他业务成本"账户,贷记"银行存款""原材料""累计折旧""累计摊销"等账户。

【例 12-9】 2019 年 11 月 28 日,广东新力电器有限公司销售一批不需用的不锈钢板给广东华塑科技有限公司,增值税专用发票注明价款为 26 120 元,增值税额为 3 395.6 元,款项已收存银行。该批不锈钢板的成本为 21 348 元。新力公司账务处理如下所述。

(1)销售材料,收到货款时:

借:银行存款 29 515.60
　　贷:其他业务收入——不锈钢板 26 120.00
　　　　应交税费——应交增值税——销项税额 3 395.60

附原始凭证:增值税专用发票,如图 12-15 所示。

广东增值税专用发票						
4400041141					No 201342618	
此联不作报销、扣税凭证使用					开票日期:2019 年 11 月 28 日	
购买方	名　称:广东华塑科技有限公司 纳税人识别号:44070834691030 地址、电话:金山大道 137 号 86966925 开户行及账号:中行金山支行 71623182619			密码区	(略)	
货物或应税劳务、服务名称	规格型号	单位	数　量	单　价	金　额	税率	税　额
*黑色金属冶炼压延品*不锈钢板		千克	1632.50	16.00	26120.00	13%	3395.60
合　　计					¥26120.00		¥3395.60
价税合计(大写)	⊗贰万玖仟伍佰壹拾伍圆陆角整				(小写)¥29515.60		
销售方	名　称:广东新力电器有限公司 纳税人识别号:440703256268024 地址、电话:惠州市仲恺大道 248 号 88327589 开户行及账号:惠州市建行仲恺支行 71682674052			备注		
收款人:李芬　　复核:　　开票人:李欣　　　　销售方:(章)						

图 12-15 增值税专用发票

(2) 结转销售材料成本时：

借：其他业务成本——不锈钢板　　　　　　　　　　　　　　21 348.00
　　贷：原材料——不锈钢板　　　　　　　　　　　　　　　　　　21 348.00

12.1.4　递延收益核算

1. 账户设置

递延收益是指小企业已经收到，应在以后期间计入损益的政府补助。小企业应设置"递延收益"账户，核算小企业递延收益的增减变动及其结余情况。该账户属于负债类账户，贷方登记小企业收到的递延收益，借方登记小企业确认损益而结转的递延收益，期末余额在贷方，表示小企业已收到但尚未确认的递延收益。

"递延收益"账户应按政府补助的相关项目设置明细分类账，进行明细分类核算。"递延收益"账户结构，如图 12-16 所示。

递延收益	
本期：登记小企业确认损益而结转的递延收益	期初：尚未确认的递延收益 登记小企业收到的递延收益
	期末：已收到但尚未确认的递延收益

图 12-16　"递延收益"账户结构

> **知识拓展 12-3　政府补助核算的区别**
>
> 政府补助是指企业从政府无偿取得货币性资产或非货币性资产。政府补助的主要形式有财政拨款、财政贴息、税收返还、无偿划拨非货币性资产。
>
> 《小企业会计准则》下，小企业收到与其日常活动相关的政府补助，应当按照经济业务实质，计入营业外收入或冲减相关成本费用；收到与其日常活动无关的政府补助，应当计入营业外收入。
>
> 《企业会计准则》下，企业收到与其日常活动相关的政府补助，应当按照经济业务实质，计入其他收益或冲减相关成本费用；收到与其日常活动无关的政府补助，应当计入营业外收入。

2. 会计核算

(1) 小企业收到与资产相关的政府补助，借记"银行存款"等账户，贷记"递延收益"账户。在相关资产的使用寿命期内平均分配递延收益，借记"递延收益"账户，贷记"营业外收入"账户。

(2) 小企业收到其他政府补助，用于补偿小企业以后期间的相关费用或亏损的，应当按照收到的金额，借记"银行存款"等账户，贷记"递延收益"账户。在确认相关费用或发生亏损的未来期间，借记"递延收益"账户，贷记"营业外收入"账户。

(3) 小企业收到用于补偿已发生的相关费用或亏损的政府补助，直接计入营业外收入，借记"银行存款"等账户，贷记"营业外收入"账户。

【例 12-10】 2019年8月10日,广东新力电器有限公司收到财政拨款 150 000 元,要求用于购买环保设备。9月 22 日,新力公司购入不需安装的环保设备 1 台,增值税专用发票注明价款 180 000 元,增值税税率为 13%,预计使用寿命为 5 年,预计净残值为 0。新力公司账务处理如下所述。

(1) 收到财政拨款,确认政府补助时:

借:银行存款　　　　　　　　　　　　　　　　　　　　　　　　 150 000.00
　　贷:递延收益　　　　　　　　　　　　　　　　　　　　　　　　 150 000.00

(2) 购入设备时:

借:固定资产　　　　　　　　　　　　　　　　　　　　　　　　　 180 000.00
　　应交税费——应交增值税——进项税额　　　　　　　　　　　　　 23 400.00
　　贷:银行存款　　　　　　　　　　　　　　　　　　　　　　　　 203 400.00

(3) 按月计提折旧与确认递延收益时:

借:管理费用　　　　　　　　　　　　　　　　　　　　　　　　　　 3 000.00
　　贷:累计折旧　　　　　　　　　　　　　　　　　　　　　　　　　 3 000.00
借:递延收益　　　　　　　　　　　　　　　　　　　　　　　　　　 2 500.00
　　贷:营业外收入　　　　　　　　　　　　　　　　　　　　　　　　 2 500.00

12.2 经营费用核算

12.2.1 销售费用核算

1. 销售费用内容

销售费用是指小企业销售商品(产品)、提供劳务的过程中发生的各种费用。销售费用具体包括销售人员的职工薪酬、商品维修费、运输费、装卸费、包装费、保险费、展览费、广告费、业务宣传费、销售佣金、委托代销手续费等。

小企业(批发、零售业)在购买商品过程中发生的费用(包括运输费、装卸费、包装费、保险费、运输途中的合理损耗和入库前的挑选整理费用等)也构成销售费用。

销售费用是与小企业销售商品、提供劳务等活动有关的费用,但不包括销售商品本身的成本和劳务成本。销售商品本身的成本和劳务成本计入"主营业务成本"。

知识拓展 12-4　赠送"购物卡"的会计核算

小企业赠送潜在目标客户内含消费额度(如 200 元)的"购物卡"时,借记"销售费用——推广费"账户,贷记"其他应付款——××活动"账户。

客户使用购物卡购买产品时,借记"其他应付款——××活动""银行存款"等账户,贷记"主营业务收入""应交税费——应交增值税——销项税额"等账户。

月末结转产品销售成本时,借记"主营业务成本"账户,贷记"库存商品"账户。

2. 账户设置

小企业应设置"销售费用"账户,核算销售费用的发生和结转情况。该账户属于损益类账户,借方登记小企业发生的各项销售费用,贷方登记期末结转到"本年利润"账户的销售费用,期末结转后该账户应无余额。

"销售费用"账户应按费用项目设置明细分类账,进行明细分类核算。"销售费用"账户结构,如图 12-17 所示。

销售费用	
期初:无余额	
本期:登记小企业发生的各项销售费用	登记期末结转到"本年利润"账户的销售费用
期末:无余额	

图 12-17 "销售费用"账户结构

3. 会计核算

(1) 小企业发生销售人员的职工薪酬、商品维修费、运输费、装卸费、包装费、保险费、展览费、广告费、业务宣传费、销售佣金、委托代销手续费等销售费用,借记"销售费用"账户,贷记"银行存款""应付职工薪酬"等账户。

(2) 期末结转销售费用时,借记"本年利润"账户,贷记"销售费用"账户。

【例 12-11】 2019 年 11 月 2 日,广东新力电器有限公司销售电热水壶一批,销售过程中发生运输费 600 元、装卸费 200 元、增值税额 72 元,以银行存款支付。新力公司账务处理如下所述。

借:销售费用——运输费　　　　　　　　　　　　　　　　　　600.00
　　　　　　——装卸费　　　　　　　　　　　　　　　　　　200.00
　　应交税费——应交增值税——进项税额　　　　　　　　　　72.00
　　贷:银行存款　　　　　　　　　　　　　　　　　　　　　872.00

【例 12-12】 2019 年 11 月 6 日,广东新力电器有限公司开出支票支付产品广告费 30 000 元、增值税额 1 800 元。新力公司账务处理如下所述。

借:销售费用——广告费　　　　　　　　　　　　　　　　　30 000.00
　　应交税费——应交增值税——进项税额　　　　　　　　　1 800.00
　　贷:银行存款　　　　　　　　　　　　　　　　　　　　31 800.00

附原始凭证:增值税专用发票,如图 12-18 所示。

12.2.2 管理费用核算

1. 管理费用内容

管理费用是指小企业为组织和管理生产经营活动而发生的各项费用。管理费用具体包括小企业筹建期间内发生的开办费、行政管理部门发生的费用(包括管理人员职工薪酬、固定资产折旧费、修理费、办公费、水电费、差旅费等)、业务招待费、研究费用、技术转让费、相

广东增值税专用发票

4401675326　　　　　　　　　　　　　　　　　No 442138016

开票日期：2019 年 11 月 06 日

购买方	名　　　称：广东新力电器有限公司 纳税人识别号：440703256268024 地址、电话：惠州市仲恺大道 248 号 88327589 开户行及账号：惠州市建行仲恺支行 71682674052	密码区	（略）

货物或应税劳务、服务名称	规格型号	单位	数量	单价	金　额	税率	税　额
*广告服务*广告费					30000.00	6%	1800.00
合　　计					¥30000.00		¥1800.00

价税合计（大写）　⊗叁万壹仟捌佰圆整　　　　　（小写）¥31800.00

销售方	名　　　称：广东视讯传媒有限公司 纳税人识别号：440106258262043 地址、电话：广州中山大道 236 号 88956678 开户行及账号：交行中山支行 11600856492	备注	（广东视讯传媒有限公司 发票专用章 440106258262043）

收款人：　　　复核：　　　开票人：李敏　　　销售方：（章）

第三联：发票联　购买方记账凭证

图 12-18　增值税专用发票

关长期待摊费用摊销、财产保险费、聘请中介机构费、咨询费（含顾问费）、诉讼费等费用。

2. 账户设置

小企业应设置"管理费用"账户，核算管理费用的发生和结转情况。该账户属于损益类账户，借方登记小企业发生的各项管理费用，贷方登记期末结转到"本年利润"账户的管理费用，期末结转后该账户应无余额。

"管理费用"账户应按费用项目设置明细分类账，进行明细分类核算。"管理费用"账户结构，如图 12-19 所示。

管理费用	
期初：无余额	
本期：登记小企业发生的各项管理费用	登记期末结转到"本年利润"账户的管理费用
期末：无余额	

图 12-19　"管理费用"账户结构

小企业（批发、零售业）管理费用不多的，可以不设置"管理费用"账户，直接并入"销售费用"账户进行核算。

3. 会计核算

（1）小企业在筹建期间内发生的开办费（包括相关人员的职工薪酬、办公费、培训费、差旅费、印刷费、注册登记费以及不计入固定资产成本的借款费用等),在实际发生时,借记"管理费用"账户,贷记"银行存款""库存现金""应付职工薪酬"等账户。

(2)小企业发生行政管理人员的职工薪酬、行政管理部门计提的固定资产折旧费、修理费、办公费、水电费、业务招待费、诉讼费、财产保险费等管理费用时,借记"管理费用"账户,贷记"银行存款""库存现金""应付职工薪酬"等账户。

(3)期末结转管理费用时,借记"本年利润"账户,贷记"管理费用"账户。

【例12-13】 2019年11月8日,广东新力电器有限公司为拓展产品销售市场发生业务招待费2 800元,增值税税率为6%,以银行存款支付。新力公司账务处理如下所述。

借:管理费用——业务招待费　　　　　　　　　　　　　　　2 968.00
　　贷:银行存款　　　　　　　　　　　　　　　　　　　　　　2 968.00

附原始凭证:增值税专用发票,如图12-20所示。

购买方	名称:广东新力电器有限公司					密码区			
	纳税人识别号:440703256268024								
	地址、电话:惠州市仲恺大道248号 88327589						(略)		
	开户行及账号:惠州市建行仲恺支行 71682674052								
货物或应税劳务、服务名称	规格型号	单位	数量	单价	金额		税率	税额	
*餐饮服务*餐饮费					2800.00		6%	168.00	
合计					¥2800.00			¥168.00	
价税合计(大写)	⊗贰仟玖佰陆拾捌圆整						(小写)¥2968.00		
销售方	名称:惠州鹅湖大酒店有限公司					备注			
	纳税人识别号:440706868532672								
	地址、电话:鹅湖中路18号 86699999								
	开户行及账号:建行鹅湖支行 71682683654								

广东增值税专用发票
4407396367　　No 321638065
开票日期:2019年11月08日

第三联:发票联　购买方记账凭证

收款人:　　复核:　　开票人:张珊　　销售方:(章)

图12-20　增值税专用发票

知识拓展12-5　不得抵扣进项税额的情形

《营业税改征增值税试点实施办法》第二十七规定,下列项目的进项税额不得从销项税额中抵扣:

(一)用于简易计税方法计税项目、免征增值税项目、集体福利或者个人消费的购进货物、加工修理修配劳务、服务、无形资产和不动产。其中涉及的固定资产、无形资产、不动产,仅指专用于上述项目的固定资产、无形资产(不包括其他权益性无形资产)、不动产。纳税人的交际应酬消费属于个人消费。

(二)非正常损失的购进货物,以及相关的加工修理修配劳务和交通运输服务。

(三)非正常损失的在产品、产成品所耗用的购进货物(不包括固定资产)、加工修理修配劳务和交通运输服务。

(四)非正常损失的不动产,以及该不动产所耗用的购进货物、设计服务和建筑服务。

(五)非正常损失的不动产在建工程所耗用的购进货物、设计服务和建筑服务。纳税人新建、改建、扩建、修缮、装饰不动产,均属于不动产在建工程。

(六)购进的贷款服务、餐饮服务、居民日常服务和娱乐服务。

(七)财政部和国家税务总局规定的其他情形。

【例 12-14】 2019 年 11 月 12 日,广东新力电器有限公司支付律师咨询费 1 200 元、增值税额 72 元,以银行存款支付。新力公司账务处理如下所述。

借:管理费用——咨询费　　　　　　　　　　　　　　　　　　　　 1 200.00
　　应交税费——应交增值税——进项税额　　　　　　　　　　　　　　72.00
　　贷:银行存款　　　　　　　　　　　　　　　　　　　　　　　　 1 272.00

附原始凭证:增值税专用发票,如图 12-21 所示。

广东增值税专用发票

4401265343　　　　　　　　　　　　　　　　　　　　　　No 211309153

开票日期:2019 年 11 月 12 日

购买方	名　　称:广东新力电器有限公司 纳税人识别号:440703256268024 地址、电话:惠州市仲恺大道 248 号 88327589 开户行及账号:惠州市建行仲恺支行 71682674052	密码区	(略)

货物或应税劳务、服务名称	规格型号	单位	数量	单　价	金　额	税率	税　额
*其他咨询服务*律师咨询费				1200.00	1200.00	6%	72.00
合　　计					¥1200.00		¥72.00

价税合计(大写)	⊗壹仟贰佰柒拾贰圆整	(小写)¥1272.00

销售方	名　　称:惠州市智道律师事务所 纳税人识别号:440706868532603 地址、电话:惠州中山路 116 号 88349999 开户行及账号:中行中山支行 71687561462	备注	(发票专用章)

收款人:　　　　复核:　　　　开票人:李东红　　　　销售方:(章)

图 12-21　增值税专用发票

12.3 应交税费核算

12.3.1 应交税费概述

1. 应交税费概念

应交税费是指小企业按税法规定计算应交纳的各种税费。应交税费包括增值税、消费税、城市维护建设税、企业所得税、土地增值税、资源税、土地使用税、房产税、车船税、环境保护税、教育费附加、堤围防护费以及代扣代缴的个人所得税。

2. 账户设置

小企业应设置"应交税费"账户,核算小企业按税法规定计算应交纳的各种税费。该账户属于负债类账户,贷方登记小企业按规定计算结转应交的各种税费,借方登记小企业实际交纳的各种税费和应抵扣的税金,期末余额一般在贷方,表示小企业尚未交纳的各种税费;期末如为借方余额,表示小企业多交或尚未抵扣的税费。

"应交税费"账户应按税费的种类设置明细分类账,进行明细分类核算。"应交税费"账户结构,如图 12-22 所示。

应交税费	
本期:登记小企业实际交纳的各种税费和应抵扣的税金	期初:结存尚未交纳的各种税费 登记小企业按规定计算结转应交的各种税费额
	期末:小企业尚未交纳的各种税费

图 12-22 "应交税费"账户结构

小企业直接交纳不需要预计应交数的税金,如印花税、车辆购置税等,直接作为"税金及附加"核算,不作为"应交税费"核算。

12.3.2 应交增值税核算

1. 应交增值税概述

1) 增值税概念

增值税是指以商品(含货物、服务、无形资产、不动产和金融商品)在流转过程中产生的增值额作为计税依据而征收的一种流转税。按照我国增值税法的规定,增值税的纳税人是在我国境内发生应税交易且销售额达到增值税起征点的单位和个人,以及进口货物的收货人。增值税纳税人按照纳税人的经营规模及会计核算的健全程度,可分为一般纳税人和小规模纳税人两种。

2) 一般纳税人应交增值税账户设置

一般纳税人应在"应交税费"账户下设置"应交增值税"明细账户。该明细账户核算小企业应交增值税的发生、抵扣、交纳以及退税。该明细账户贷方登记小企业销售货物或提供劳务应收取的增值税额、出口货物退税和转出不允许抵扣的进项税额,借方登记小企业购进货物或接受劳务支付的进项税额和实际已缴纳本月的增值税额。期末余额一般在贷方,表示小企业尚未交纳的应交增值税。

"应交增值税"明细账户中应分别设置"进项税额""销项税额""出口退税""进项税额转出""已交税金"等专栏。

知识拓展 12-6　　应交增值税核算的差异

《小企业会计准则》下,一般纳税人应在"应交税费"下设置"应交增值税"等明细账户,但不设置"未交增值税"明细账户。小企业缴纳增值税,不管是当月还是以前月份的,均记入"应交税费——应交增值税——已交税金"账户,借记"应交税费——应交增值税——已交税金"账户,贷记"银行存款"账户。

《企业会计准则》下,一般纳税人企业应当在"应交税费"账户下设置"应交增值税""未交增值税""预交增值税""待认证进项税额""待转销项税额""增值税留抵税额""简易计税""转让金融商品应交增值税""代扣代交增值税"等明细账户。月份终了,企业应计算当月应交而未交或多交的增值税,结转到"未交增值税"明细分类账户。结转后"应交增值税"明细账户应无余额。企业缴纳增值税时,当月缴纳当月应交增值税税款时,借记"应交税费——应交增值税——已交税金"账户,贷记"银行存款"账户;当月缴纳以前月份未交增值税税款时,借记"应交税费——未交增值税"账户,贷记"银行存款"账户。

2. 一般纳税人应交增值税核算

1) 进项税额核算

进项税额是指小企业购进的与应税交易相关的货物、服务、无形资产、不动产和金融商品支付或者负担的增值税额。进项税额核算应区分购入货物、接受应税劳务和接受投资等情况。

(1) 购入货物、无形资产或不动产。小企业购入货物、无形资产或不动产时,应根据增值税专用发票等结算凭证记载的应计入采购成本的金额,借记"在途物资""原材料""固定资产""在建工程""工程物资"等账户,按当月已认证的可抵扣增值税额,借记"应交税费——应交增值税——进项税额"账户,按当月未认证的可抵扣增值税额,借记"应交税费——待认证进项税额"账户,按应付或实际支付的金额,贷记"应付账款""银行存款"等账户。

购入货物发生退货,如原增值税专用发票已作认证,应根据税务机关开具的红字增值税专用发票作相反的会计分录;如原增值税专用发票未作认证,应将发票退回并作相反的会计分录。

知识拓展 12-7　　购进免税农产品的核算

小企业购进免税农产品,按照购入农产品的买价和税法规定的扣除率计算的增值税进项税额,借记"应交税费——应交增值税——进项税额"账户,按照买价减去进项税额后的余额,借记"在途物资""材料采购"等账户,按照应付或实际支付的价款,贷记"银行存款""应付账款"等账户。

【例12-15】 2019年9月12日,广东新力电器有限公司根据采购合同向广东蓝波塑料有限公司采购塑料一批,收到增值税专用发票一张,发票注明价款36 000元,增值税税额4 680元,运费增值税专用发票一张,发票注明运输费600元、增值税税额54元,塑料已验收入库。结算凭证经审核无误,全额支付货款。新力公司账务处理如下所述。

增值税进项税额 = 4 680 + 54 = 4 734(元)
塑料采购成本 = 36 000 + 600 = 36 600(元)

借:原材料——塑料　　　　　　　　　　　　　　　　　　　　　36 600.00
　　应交税费——应交增值税——进项税额　　　　　　　　　　　 4 734.00
　贷:银行存款　　　　　　　　　　　　　　　　　　　　　　　41 334.00

附原始凭证:增值税专用发票,如图12-23所示。

广东增值税专用发票

4406241141　　　　　　　　　　　　　　　　　　　　　No 491066326

开票日期:2019年09月12日

购买方	名　称:广东新力电器有限公司 纳税人识别号:440703256268024 地址、电话:惠州市仲恺大道248号 88327589 开户行及账号:惠州市建行仲恺支行 71682674052	密码区	(略)

货物或应税劳务、服务名称	规格型号	单位	数量	单价	金　额	税率	税　额
*塑料制品*塑料		千克	3000	12.00	36000.00	13%	4680.00
合　计					¥36000.00		¥4680.00

价税合计(大写)	⊗肆万零陆佰捌拾圆整	(小写) ¥40680.00

销售方	名　称:广东蓝波塑料有限公司 纳税人识别号:440703285268026 地址、电话:惠州市仲恺大道19号 89937587 开户行及账号:惠州工行仲恺支行 71606913123	备注	

收款人:　　　　复核:　　　　开票人:王晓敏　　　　销售方:(章)

图12-23　增值税专用发票

(2) 接受应税劳务。小企业接受应税劳务,应按照增值税专用发票上记载的应计入加工、修理修配等物资成本或者相关成本费用的金额,借记"生产成本""制造费用""委托加工物资""管理费用"等账户,按照增值税专用发票上注明的增值税额,借记"应交税费——应交增值税——进项税额"账户,按应付或实际支付的金额,贷记"应付账款""银行存款"等账户。

【例12-16】 2019年9月16日,广东新力电器有限公司委托惠州精工修配有限公司修理生产用机器设备,收到精工公司开具的增值税专用发票一张,发票注明修理费用6 000

元,增值税额780元,款项以银行存款支付。新力公司账务处理如下所述。

  借:制造费用——修理费   6 000.00
    应交税费——应交增值税——进项税额   780.00
    贷:银行存款   6 780.00

  附原始凭证:增值税专用发票,如图12-24所示。

广东增值税专用发票

4407879344   №236827611

开票日期:2019 年 09 月 16 日

购买方	名称:广东新力电器有限公司 纳税人识别号:440703256268024 地址、电话:惠州市仲恺大道248号 88327589 开户行及账号:惠州市建行仲恺支行 71682674052	密码区	(略)

货物或应税劳务、服务名称	规格型号	单位	数量	单价	金额	税率	税额
*劳务*修理费				6000.00	6000.00	13%	780.00
合计					¥6000.00		¥780.00

价税合计(大写)	⊗陆仟柒佰捌拾圆整	(小写)¥6780.00

销售方	名称:惠州精工修配有限公司 纳税人识别号:440706861357026 地址、电话:惠南大道16号 86669999 开户行及账号:中行惠南支行 71632161464	备注	

收款人: 复核: 开票人:黄益林   销售方:(章)

图 12-24 增值税专用发票

  (3)接受投资。小企业接受投资转入的物资,应按收到增值税专用发票上注明的增值税额,借记"应交税费——应交增值税——进项税额"账户,按双方协议确定的价值,借记"原材料""固定资产"等账户,按其在注册资本中所占有的份额,贷记"实收资本"账户,按其差额,贷记"资本公积"账户。

  2)进项税额转出核算

  小企业购进的货物发生非正常损失(指因管理不善造成被盗、丢失、霉烂变质的损失)以及将购进货物改变用途(如用于集体福利、个人消费等),其进项税额应当转出,记入"待处理财产损溢""应付职工薪酬——职工福利"等账户。

  【例12-17】 2019年9月28日,广东新力电器有限公司因管理不善造成毁损DRH电路板一批,该批DRH电路板的实际成本18 000元。新力公司账务处理如下所述。

$$进项税额转出 = 18\,000 \times 13\% = 2\,340(元)$$

借：待处理财产损溢——待处理流动资产损溢　　　　　　　　　　　　20 340.00
　　贷：原材料——DRH 电路板　　　　　　　　　　　　　　　　　　　　18 000.00
　　　　应交税费——应交增值税——进项税额转出　　　　　　　　　　2 340.00

附原始凭证：毁损清单，如图 12-25 所示。

毁损清单

2019 年 9 月 28 日　　　　　　　　　　　　　　　　　　　　　　　　　　单位：元

毁损物资名称	毁损数量	单位	单位成本	金额	税率	进项税额转出
DRH 电路板	1 500	块	12.00	18 000.00	13%	2 340.00
合计	1 500	—	12.00	18 000.00	—	2 340.00

会计主管：陈海涛　　　　　　　　会计：杨晓梅　　　　　　　　制表：谢丽敏

图 12-25　毁损清单

3）销项税额核算

销项税额是指小企业发生应税交易，按照销售额乘以规定的增值税税率计算的增值税额。销项税额应区分不同情况进行核算。

（1）发生应税交易。小企业发生应税交易（销售货物、无形资产或不动产以及提供应税服务等），应按实现的销售收入和按规定收取的增值税额，借记"银行存款""应收账款"等账户，贷记"主营业务收入""其他业务收入""应交税费——应交增值税——销项税额"等账户。已销售货物发生销售退回，应根据有关原始凭证，作相反账务处理。

小企业随同商品出售但单独计价的包装物，应当按照实际收到或应收的金额，借记"银行存款""应收账款"等账户，按照税法规定计算应交纳的增值税销项税额，贷记"应交税费——应交增值税——销项税额"账户，按照确认的其他业务收入金额，贷记"其他业务收入"账户。

【例 12-18】 2019 年 9 月 20 日，广东新力电器有限公司向广东艳阳天电器有限公司销售电热水壶一批，开出增值税专用发票，发票注明价款 39 000 元，增值税额 5 070 元，产品已发出，货款尚未收到。新力公司账务处理如下所述。

借：应收账款——艳阳天电器　　　　　　　　　　　　　　　　　　44 070.00
　　贷：主营业务收入——电热水壶　　　　　　　　　　　　　　　　39 000.00
　　　　应交税费——应交增值税——销项税额　　　　　　　　　　　5 070.00

附原始凭证：增值税专用发票，如图 12-26 所示。

（2）货物用于职工生活福利、分配给投资者等——视同应税交易。小企业将自产、委托加工的货物用于集体福利或者职工个人消费以及将自产、委托加工或购买的货物用于分配给股东（投资者）等，视同应税交易，应计算货物销售收入和结转货物成本。按货物销售价格，借记"应付职工薪酬——职工福利""应付利润"等账户，贷记"主营业务收入""应交税费——应交增值税——销项税额"等账户；同时，按货物成本，借记"主营业务成本"账户，贷记"库存商品"账户。

广东增值税专用发票

4400041141 　　　　　　　　　　　　　　　　　　　　　　No 201342238

此联不作报销凭证和抵扣税凭证使用（广东省税务局 章）

开票日期：2019 年 09 月 20 日

购买方	名　　称：广东艳阳天电器有限公司 纳税人识别号：440703535468026 地址、电话：惠州市金山大道 136 号 89547586 开户行及账号：惠州建行金山支行 71606969058	密码区	（略）

货物或应税劳务、服务名称	规格型号	单位	数　量	单　价	金　额	税率	税　额
*家用电器*电热水壶		台	600	65.00	39000.00	13%	5070.00
合　　计					￥39000.00		￥5070.00

价税合计（大写）	⊗肆万肆仟零柒拾圆整	（小写）￥44070.00

销售方	名　　称：广东新力电器有限公司 纳税人识别号：440703256268024 地址、电话：惠州市仲恺大道 248 号 88327589 开户行及账号：惠州市建行仲恺支行 71682674052	备注	

收款人：李芬　　　复核：　　　开票人：李欣　　　销售方：（章）

第一联：记账联 销售方记账凭证

图 12-26　增值税专用发票

知识拓展 12-8　视同应税交易的情形

下列情形视同应税交易，应当依照增值税法规定缴纳增值税：

（一）单位和个体工商户将自产或者委托加工的货物用于集体福利或者个人消费。

（二）单位和个体工商户无偿赠送货物，但用于公益事业的除外。

（三）单位和个人无偿赠送无形资产、不动产或者金融商品，但用于公益事业的除外。

（四）国务院财政、税务主管部门规定的其他情形。

企业在建工程、管理部门等内部部门领用所生产的产成品、原材料等，应当作为企业内部发生的经济事项，属于企业内部不同资产之间相互转换，不属于收入实现的过程，不确认收入，但应当按照成本进行结转。

【例 12-19】 2019 年 9 月 26 日，广东新力电器有限公司向广东省慈善总会捐赠 200 台自产的电热水壶（捐赠目标脱贫地区），单位成本为 36 元，市场售价为 60 元，增值税税率为 13%。新力公司账务处理如下所述。

借：营业外支出——公益捐赠支出　　　　　　　　　　　　7 200.00
　　贷：库存商品——电热水壶　　　　　　　　　　　　　　　　7 200.00

附原始凭证：产品出库单，如图 12-27 所示。

产品出库单

2019 年 9 月 26 日　　　　　　　　　　　　　　　　　　　　　　　单位：元

产品名称	规格	型号	单位	数量	单位成本	金额
电热水壶			台	200	36.00	7 200.00

仓库主管：陈伟峰　　　　　　　　复核：杨晓梅　　　　　　　　制单：谢丽敏

图 12-27　产品出库单

知识拓展 12-9　关于扶贫货物捐赠免征增值税政策的公告

财政部　税务总局　国务院扶贫办公告 2019 年第 55 号

为支持脱贫攻坚，现就扶贫货物捐赠免征增值税政策公告如下：

一、自 2019 年 1 月 1 日至 2022 年 12 月 31 日，对单位或者个体工商户将自产、委托加工或购买的货物通过公益性社会组织、县级及以上人民政府及其组成部门和直属机构，或直接无偿捐赠给目标脱贫地区的单位和个人，免征增值税。在政策执行期限内，目标脱贫地区实现脱贫的，可继续适用上述政策。

"目标脱贫地区"包括 832 个国家扶贫开发工作重点县、集中连片特困地区县（新疆阿克苏地区 6 县 1 市享受片区政策）和建档立卡贫困村。

二、在 2015 年 1 月 1 日至 2018 年 12 月 31 日期间已发生的符合上述条件的扶贫货物捐赠，可追溯执行上述增值税政策。

三、在本公告发布之前已征收入库的按上述规定应予免征的增值税税款，可抵减纳税人以后月份应缴纳的增值税税款或者办理税款退库。已向购买方开具增值税专用发票的，应将专用发票追回后方可办理免税。无法追回专用发票的，不予免税。

四、各地扶贫办公室与税务部门要加强沟通，明确当地"目标脱贫地区"具体范围，确保政策落实落地。

特此公告。

财政部　税务总局　国务院扶贫办
2019 年 4 月 10 日

【例 12-20】 2019 年 9 月 28 日，广东新力电器有限公司以一批自产的电磁炉分配给投资者，该批电磁炉的成本为 33 600 元，市场售价为 54 000 元，增值税税率为 13%，产品已分发。新力公司账务处理如下所述。

（1）利润分配方案审议通过时：

$$利润分配金额 = 54\,000 \times (1 + 13\%) = 61\,020(元)$$

借：利润分配——应付利润　　　　　　　　　　　　　　　　　　　　　　61 020.00
　　贷：应付利润　　　　　　　　　　　　　　　　　　　　　　　　　　　　61 020.00

（2）分配电磁炉时：

$$增值税销项税额 = 54\,000 \times 13\% = 7\,020(元)$$

借：应付利润　　　　　　　　　　　　　　　　　　　　　　　　61 020.00
　　　贷：主营业务收入——电磁炉　　　　　　　　　　　　　　54 000.00
　　　　　应交税费——应交增值税——销项税额　　　　　　　　 7 020.00

（3）结转电磁炉成本时：

借：主营业务成本——电磁炉　　　　　　　　　　　　　　　　　33 600.00
　　　贷：库存商品——电磁炉　　　　　　　　　　　　　　　　33 600.00

附原始凭证：产品出库单，如图12-28所示。

产品出库单

2019年9月28日　　　　　　　　　　　　　　　　　　　　　　单位：元

产品名称	规格	型号	单位	数量	单位成本	金额
电磁炉			台	300	112.00	33 600.00

仓库主管：陈伟峰　　　　　　　　复核：杨晓梅　　　　　　　　制单：谢丽敏

图12-28　产品出库单

4）缴纳增值税核算

小企业应按期计算当期应缴纳的增值税，其计算公式为：

$$应交增值税 = 当期销项税额 - 当期准予抵扣的进项税额$$

如果当期销项税额小于当期准予抵扣的进项税额而不足抵扣时，其不足部分（尚未抵扣部分）可结转到下期继续抵扣。

小企业缴纳应交增值税税款时，借记"应交税费——应交增值税——已交税金"账户，贷记"银行存款"账户。

知识拓展12-10　　增值税加计抵减的规定

加计抵减是一项税收优惠措施，允许特定纳税人按照当期可抵扣进项税额的一定比例，虚拟计算出一个抵减额，专用于抵减一般计税方法下计算出来的应纳税额。2019年我国实施更大规模减税降费，规定自4月1日起，允许生产、生活性服务业纳税人（提供邮政、电信、现代服务、生活服务等生产、生活性服务业的纳税人）按照当期可抵扣进项税额加计10%，抵减应纳税额。

10月8日财政部、国家税务总局发布公告，明确生活性服务业增值税加计抵减新政策。根据公告，2019年10月1日至2021年12月31日，进一步加大生活性服务业减税力度，允许生活性服务业纳税人增值税加计抵减的比例，由10%提高至15%。

增值税加计抵减政策实施后，当期应缴纳增值税的计算公式调整为：

$$应交增值税 = 当期销项税额 - 当期准予抵扣的进项税额 \times (1+10\%或15\%)$$

【例 12-21】 2019 年 10 月 8 日,广东新力电器有限公司以银行存款交纳当月增值税 25 000 元,上月增值税 6 164 元。新力公司账务处理如下所述。

借:应交税费——应交增值税——已交税金　　　　　　　　　　31 164.00
　　贷:银行存款　　　　　　　　　　　　　　　　　　　　　　　　31 164.00

知识拓展 12-11　出口产品或商品退回增值税的核算

(1) 实行"免、抵、退"管理办法的小企业,按照税法规定计算的当期出口产品不予免征、抵扣和退税的增值税额,借记"主营业务成本"账户,贷记"应交税费——应交增值税——进项税额转出"账户。按照税法规定计算的当前应予抵扣的增值税额,借记"应交税费——应交增值税——出口抵减内销产品应纳税额"账户,贷记"应交税费——应交增值税——出口退税"账户。

出口产品按照税法规定应予退回的增值税款,借记"其他应收款"账户,贷记"应交税费——应交增值税——出口退税"账户。

(2) 未实行"免、抵、退"管理办法的小企业,出口产品实现销售收入时,应当按照应收的金额,借记"应收账款"等账户,按照税法规定应收的出口退税,借记"其他应收款"账户,按照税法规定不予退回的增值税额,借记"主营业务成本"账户,按照确认的销售商品收入,贷记"主营业务收入"账户,按照税法规定应缴纳的增值税额,贷记"应交税费——应交增值税——销项税额"账户。

3. 小规模纳税人应交增值税核算

1) 应交增值税额计算

小规模纳税人应交增值税额应按不含税销售额和规定的增值税征收率(3%)计算确定。其计算公式为:

$$应交增值税额 = 不含税销售额 \times 增值税征收率(3\%)$$
$$不含税销售额 = 含税销售额 /(1 + 增值税征收率)$$

2) 账户设置

小规模纳税人不享有进项税额的抵扣权,其购进货物和接受劳务所支付的增值税,直接记入有关货物和劳务的成本。因此,小规模纳税人只需在"应交税费"账户下设置"应交增值税"明细分类账户进行核算,不需要在"应交增值税"明细分类账户中设置专栏。

"应交税费——应交增值税"账户贷方登记小规模纳税人应交纳的增值税,借方登记小规模纳税人已交纳的增值税,期末贷方余额表示小规模纳税人尚未交纳的增值税额,期末借方余额表示小规模纳税人多交纳的增值税额。

知识拓展 12-12　一般纳税人转登记为小规模纳税人后应做结转的会计核算

《关于统一增值税小规模纳税人标准的通知》(财税〔2018〕33 号)规定自 2018 年 5 月 1 日起增值税小规模纳税人标准为年应征增值税销售额 500 万元及以下;已登记为增值税

一般纳税人的单位和个人,在2018年12月31日前,可转登记为小规模纳税人,其未抵扣的进项税额作转出处理。转登记为小规模纳税人后应做结转的会计核算一般包括:

1. 符合条件的一般纳税人转登记为小规模纳税人后,之前的留抵增值税,应作进项税额转出,计入成本费用。

借:原材料/库存商品/主营业务成本/管理费用等
　　贷:应交税费——应交增值税——进项税额转出

2. 符合条件的一般纳税人转登记为小规模纳税人后,之前的未交增值税,应转入"应交税费——应交增值税"账户。

借:应交税费——未交增值税
　　贷:应交税费——应交增值税

3. 符合条件的一般纳税人转登记为小规模纳税人后,之前待认证进项税额,应转入成本费用。

借:原材料/库存商品/主营业务成本/管理费用等
　　贷:应交税费——待认证进项税额

4. 符合条件的一般纳税人转登记为小规模纳税人后,之前未缴纳的实行简易计税的增值税,应转入"应交税费——应交增值税"账户。

借:应交税费——简易计税
　　贷:应交税费——应交增值税

5. 符合条件的一般纳税人转登记为小规模纳税人后,之前当月已交纳的应交增值税,应转入"应交税费——应交增值税"账户。

借:应交税费——应交增值税
　　贷:应交税费——应交增值税——已交税金

12.3.3　应交消费税核算

1. 应交消费税概述

1) 消费税概念

消费税是指在我国境内生产、委托加工和进口应税消费品的单位和个人,按其流转额计算交纳的一种流转税。

消费税有从价定率和从量定额两种征收方法。采取从价定率方法征收的消费税,以不含增值税的销售额为税基,按照税法规定的税率计算征收;采取从量定额方法征收的消费税,根据税法确定的小企业应税消费品的数量和单位税额计算征收。

2) 账户设置

小企业应在"应交税费"账户下设置"应交消费税"明细账户,核算小企业应交消费税的发生、交纳情况。该明细账户贷方登记小企业应交纳的消费税,借方登记小企业已交纳的消费税,期末余额一般在贷方,表示小企业尚未交纳的消费税。

2. 应交消费税核算

应交消费税应区分不同情况进行核算。

1) 销售应税消费品

小企业生产销售应税消费品应交纳的消费税,记入"税金及附加"账户。按规定计算应交消费税时,借记"税金及附加"账户,贷记"应交税费——应交消费税"账户。

2) 自产自用应税消费品

小企业将自产的应税消费品用于在建工程、职工福利、捐赠等,除了按规定缴纳增值税外,还应计算缴纳消费税。按规定计算应交消费税时,借记"在建工程""应付职工薪酬""营业外支出"等账户,贷记"应交税费——应交消费税"账户。

3) 委托加工应税消费品

委托加工应税消费品,应由受托方在向委托方交货时,代收代缴消费税。受托方代收代缴消费税款时,按其应交消费税额,借记"应收账款""银行存款"等账户,贷记"应交税费——应交消费税"账户。

4) 进口应税消费品

小企业进口应税消费品在进口环节应交的消费税,计入该项应税消费品的成本,借记"在途物资"或"材料采购""原材料""固定资产"等账户,贷记"银行存款"账户。

5) 交纳应交消费税

小企业交纳应交消费税,借记"应交税费——应交消费税"账户,贷记"银行存款"账户。

> **知识拓展 12-13** 先征后返税金的核算

《小企业会计准则》规定,小企业按照规定实行企业所得税、增值税、消费税等先征后返的,应当在实际收到返还的企业所得税、增值税(不含出口退税)、消费税时,借记"银行存款"等账户,贷记"营业外收入"账户。

小企业出口产品或商品按照规定退回的增值税税款,借记"其他应收款"账户,贷记"应交税费——应交增值税——出口退税"账户。

12.3.4 其他应交税费核算

1. 应交城市维护建设税核算

城市维护建设税是指以增值税、消费税为计税依据征收的一种流转税。其纳税人为交纳增值税、消费税的单位和个人。城市维护建设税实行地区差别税率,市区为7%,县城、镇为5%,其他为1%。其计算公式为:

$$应交城市维护建设税 = (应交增值税 + 应交消费税) \times 适用税率$$

小企业应交城市维护建设税,应通过"应交税费——应交城市维护建设税"账户核算。小企业销售产品、销售材料、提供劳务、资产租赁、代购代销、转让无形资产等业务应交纳的城市维护建设税,应记入"税金及附加"账户。按规定计算应交城市维护建设税时,借记"税金及附加"账户,贷记"应交税费——应交城市维护建设税"账户。

2. 应交教育费附加核算

教育费附加是指以增值税、消费税为计税依据,由税务机关负责征收的一项纳税附加费。教育费附加征收率为3%。其计算公式为:

$$应交教育费附加 = (应交增值税 + 应交消费税) \times 征收率$$

小企业应交教育费附加,应通过"应交税费——应交教育费附加"账户核算。小企业销售产品和材料、提供劳务、资产租赁、代购代销、转让无形资产等业务应交纳的教育费附加,应记入"税金及附加"账户。按规定计算应交教育费附加时,借记"税金及附加"账户,贷记"应交税费——应交教育费附加"账户。

3. 应交资源税核算

资源税,是指对在我国境内开采矿产品或者生产盐的单位和个人征收的一种税。计征资源税的21种资源品目包括铁矿、金矿、铜矿、铝土矿、铅锌矿、镍矿、锡矿、石墨、硅藻土、高岭土、萤石、石灰石、硫铁矿、磷矿、氯化钾、硫酸钾、井矿盐、湖盐、提取地下卤水晒制的盐、煤层(成)气、海盐。资源税自2016年7月1日起实行从价计征方式,在实施资源税从价计征改革的同时,将全部资源品目矿产资源补偿费费率降为零,停止征收价格调节基金,取缔地方针对矿产资源违规设立的各种收费基金项目。其计算公式为:

$$应交资源税 = 销售额 \times 资源税税率$$

小企业应交资源税,应通过"应交税费——应交资源税"账户核算。

小企业对外销售应税产品应交纳的资源税,应记入"税金及附加"账户。按规定计算应交资源税时,借记"税金及附加"账户,贷记"应交税费——应交资源税"账户;小企业自产自用应税产品应交纳的资源税,应记入"生产成本""制造费用"等账户,借记"生产成本""制造费用"等账户,贷记"应交税费——应交资源税"账户。

4. 应交房产税、土地使用税、车船税、环境保护税核算

小企业应交的房产税、土地使用税、车船税、环境保护税,应通过"应交税费——应交房产税(或应交土地使用税、应交车船税、应交环境保护税)"账户进行核算。

小企业按规定计算应交的房产税(或土地使用税、车船税、环境保护税),应记入"税金及附加"账户,借记"税金及附加"账户,贷记"应交税费——应交房产税(或应交土地使用税、应交车船税、应交环境保护税)"账户。

5. 印花税核算

印花税是指由纳税人根据规定自行计算应纳税额以购买并一次贴足印花税票的方法而缴纳的一种税。

一般情况下,小企业需要预先购买印花税票,待发生应税行为时,再根据凭证的性质和规定的比例税率或按件计算应纳税额,将已购买的印花税票粘贴在应纳税凭证上,并在每枚税票的骑缝处盖戳注销或划销,办理定税手续。

小企业缴纳印花税不会发生应付未付税款的情况,不需要预计应纳税金额,因此,小企业缴纳印花税不需要通过"应交税费"账户核算。小企业购买印花税票所缴纳的印花税直接记入"税金及附加"账户。小企业购买印花税票(即缴纳印花税)时,借记"税金及附加"账户,贷记"银行存款"或"库存现金"账户。

【本章小结】

1. 收入是指小企业在日常活动中形成的、会导致所有者权益增加的、与所有者投入资本无关的经济利益的总流入。按经营业务主次分类,收入可分为主营业务收入和其他业务收入;按收入产生来源分类,收入可分为商品销售收入和提供劳务收入。

2. 小企业应按照从购货方已收或应收的合同或协议价款确认销售商品收入金额;无合同或协议的,应按购销双方同意或都能接受的价格确定。销售商品涉及现金折扣的,应当按照扣除现金折扣前的金额确定销售商品收入金额;涉及商业折扣的,应当按照扣除商业折扣后的金额确定销售商品收入金额。

3. 小企业销售商品符合收入确认条件的,应在收入确认时,按实际收到或应收金额(包括增值税额),借记"银行存款"或"应收账款""应收票据"等账户,按销售商品的价款,贷记"主营业务收入"账户,按应收的增值税额,贷记"应交税费——应交增值税——销项税额"账户;同时,小企业应在发出商品时,结转相关销售成本,借记"主营业务成本"账户,贷记"库存商品"账户。

4. 销售折扣包括商业折扣和现金折扣。商业折扣是指小企业为促进商品销售而在商品标价上给予的价格扣除。现金折扣是指债权人为鼓励债务人在规定的期限内付款而向债务人提供的债务扣除。销售折让是指小企业因售出商品的质量不合格等原因而在售价上给予的减让。销售退回是指小企业售出的商品由于质量、品种不符合要求等原因而发生的退货。

5. 应交税费是指小企业按税法规定计算应交纳的各种税费。应交税费包括增值税、消费税、城市维护建设税、企业所得税、土地增值税、资源税、房产税、土地使用税、房产税、车船税、环境保护税、教育费附加、堤围防护费以及代扣代缴的个人所得税。

6. 递延收益是指小企业已经收到,应在以后期间计入损益的政府补助。政府补助是指小企业从政府无偿取得货币性资产或非货币性资产。政府补助的主要形式有财政拨款、财政贴息、税收返还、无偿划拨非货币性资产。

第 13 章　应收款项核算

【目的要求】

1. 知识目标
（1）能叙述应收账款的确认方法。
（2）能叙述应收票据的概念及其分类。
（3）能叙述和列举其他应收款概念与内容。
（4）能叙述和列举坏账的概念与条件。
2. 技能目标
（1）能编制应收账款会计核算分录。
（2）能编制应收票据取得与收回票款核算分录。
（3）能编制应收票据转让与贴现核算分录。
（4）能编制预付账款发生与结算核算分录。
（5）能编制其他应收款会计核算分录。
（6）能编制坏账损失会计核算分录。
3. 情感目标
多为客户着想，努力提供无微不至的服务。

【重点难点】

1. 应收账款核算。
2. 应收票据取得核算。
3. 应收票据贴现核算。
4. 坏账损失核算。

【情智故事】

最聪明的永远是顾客

又渴又饿的丁先生去吃饭，看看相隔不远的两家餐馆一个忙得不可开交，一个座位还空着许多，只想快点填饱肚子的他进了后一家。

他先要了一份汤。等汤端上来时，他才发现那竟然是好大的一盆。

"你怎么给我端这么一大盆来？我就一个人，能喝得了吗？"丁先生很是生气。

"你又没说是要一盆还是一小碗，我们就只能按随便对待喽。"服务员答道。

丁先生生气得说不出话来，只喝了几口就把钱放桌子上走人了，当然，他是按大盆汤的价格付的钱。一边往外走,他一边想:以后我绝对不再来这家餐馆!

等走到那家忙得不可开交的餐馆门前时,热情的服务员把丁先生叫住了:"先生,看您的样子还没吃饭吧,里面请,我们这有……"

丁先生还是要了一份汤,而且还是没有说是要一大盆还是一小碗,但是服务员端上来的却是一小碗汤:"先生,您的汤来了。如果不够,您可以再要。"

心情舒畅的丁先生满意地吃完了饭,付钱走人,他一边走一边自言自语:"以后吃饭我还来这家。"刚说到这里他愣了一下:这家餐馆做生意这么好,不就是由于这个原因嘛!

[情智点评] 只有切实为顾客着想,才是长久地生财之计。如果只是想方设法算计顾客的钱,这只能是在自断财路。别忘了,最聪明的永远是顾客。会计人员应树立服务意识,努力提高服务质量,维护和提升会计职业的良好社会形象。

【基础知识】

应收款项是指小企业在日常生产经营过程中发生的各项债权,包括应收账款、应收票据、预付账款、其他应收款等。

13.1 应收账款核算

13.1.1 应收账款概述

1. 应收账款概念

应收账款是指小企业因销售商品(产品)或提供劳务等日常生产经营活动,应向购货单位或接受劳务单位收取的款项。

2. 应收账款确认

应收账款是因小企业销售商品或提供劳务等产生的债权,应当按照实际发生额入账,其入账价值包括销售商品或提供劳务的价款、增值税款及代购货单位垫付的包装费、运输费、装卸费等。

3. 账户设置

小企业应设置"应收账款"账户,核算小企业应收账款的增减变动及其结存情况。该账户属于资产类账户,借方登记小企业应收账款的增加,贷方登记小企业应收账款的收回及确认的坏账损失,期末余额一般在借方,表示小企业尚未收回的应收账款。如果期末余额在贷方,则表示小企业预收的账款。

"应收账款"账户应按购货单位或接受劳务单位设置明细分类账,进行明细分类核算。"应收账款"账户结构,如图13-1所示。

不单独设置"预收账款"账户的小企业,其预收的账款也在"应收账款"账户核算。

13.1.2 应收账款核算

应收账款的核算应区分是否存在销售折扣,分为没有销售折扣与存在销售折扣两种情形。

应收账款	
期初:结存尚未收回的应收账款 本期:登记小企业应收账款的增加	登记小企业应收账款的收回及确认的坏账损失
期末:小企业尚未收回的应收账款	

图 13-1 "应收账款"账户结构

1. 没有销售折扣的情形

在没有销售折扣的情况下,小企业发生的应收账款按应收的全部金额入账。

(1) 小企业销售商品(产品)或提供劳务而产生应收账款时,借记"应收账款"账户,贷记"主营业务收入""其他业务收入""应交税费——应交增值税——销项税额"等账户。

(2) 小企业代购货单位垫付运输费、包装费、装卸费等费用时,借记"应收账款"账户,贷记"银行存款"等账户。

(3) 小企业收回应收账款时,借记"银行存款"等账户,贷记"应收账款"账户。

【例 13-1】 2019 年 8 月 2 日,广东新力电器有限公司向广东艳阳天电器有限公司销售电热水壶 500 个,开出增值税专用发票一张,发票注明价款 30 000 元,增值税额 3 900 元,并以现金支付代垫运杂费及增值税税额 130.8 元,产品已发出,已办妥委托收款手续。5 日接到银行收账通知,收到艳阳天公司支付货款。新力公司账务处理如下所述。

(1) 销售电热水壶时:

借:应收账款——艳阳天公司　　　　　　　　　　　　　　　　　34 030.80
　　贷:主营业务收入——电热水壶　　　　　　　　　　　　　　　　30 000.00
　　　　应交税费——应交增值税——销项税额　　　　　　　　　　　 3 900.00
　　　　库存现金　　　　　　　　　　　　　　　　　　　　　　　　　 130.80

附原始凭证:增值税专用发票,如图 13-2 所示。

(2) 收到货款时:

借:银行存款　　　　　　　　　　　　　　　　　　　　　　　　34 030.80
　　贷:应收账款——艳阳天公司　　　　　　　　　　　　　　　　　34 030.80

附原始凭证:托收凭证收账通知,如图 13-3 所示。

2. 存在销售折扣的情形

销售折扣包括商业折扣和现金折扣两种。

1) 商业折扣

商业折扣是指小企业为促进商品销售而在商品标价上给予的价格扣除。商业折扣是小企业最常用的促销手段,它的特点是"薄利多销"。商业折扣通常用百分数表示,如 5%、10%等。

存在商业折扣时,小企业应收账款应按净价法进行入账,即按扣除商业折扣后的实际售价作为应收账款的入账价值。

广东增值税专用发票

4400041141　　　　　　　　　　　　　　　　　　　　No 201342031

此联不作报销和抵扣税凭证使用

开票日期：2019 年 08 月 02 日

购买方	名　称：广东艳阳天电器有限公司 纳税人识别号：440703535468026 地址、电话：惠州市金山大道136号 89547586 开户行及账号：惠州建行金山支行 71606969058	密码区	（略）

货物或应税劳务、服务名称	规格型号	单位	数量	单价	金额	税率	税额
*家用电器*电热水壶		台	500	60.00	30000.00	13%	3900.00
合　计					¥30000.00		¥3900.00

价税合计（大写）	⊗叁万叁仟玖佰圆整	（小写）¥33900.00

销售方	名　称：广东新力电器有限公司 纳税人识别号：440703256268024 地址、电话：惠州市仲恺大道248号 88327589 开户行及账号：惠州市建行仲恺支行 71682674052	备注	

收款人：李芬　　复核：　　开票人：李欣　　销售方：（章）

图 13-2　增值税专用发票

托收凭证（收账通知）　4

委托日期：2019 年 08 月 02 日　　付款期限 2019 年 08 月 05 日

业务类型	委托收款（□邮划、☑电划）　托收承付（□邮划、□电划）						
付款人	全称	广东艳阳天电器有限公司	收款人	全称	广东新力电器有限公司		
	账号	71606969058		账号	71682674052		
	地址	广东省惠州市县	开户行	建行金山支行	地址	广东省惠州市县	开户行 建行仲恺支行

金额	人民币（大写）	叁万肆仟零叁拾元捌角整	亿 千 百 十 万 千 百 十 元 角 分 　　　　　　¥3 4 0 3 0 8 0

款项内容	销货款	托收凭据名称	发票、出库单	附寄单证张数	2
商品发运情况		已发运		合同名称号码	T00021
备注		款项收妥日期			
	复核　记账	2019 年 08 月 05 日			

中国建设银行股份有限公司
惠州仲恺支行
2019.08.05
办讫章
(4)
收款人开户银行签章

图 13-3　托收凭证收账通知

【例 13-2】 2019年8月6日,广东新力电器有限公司向广东双林电器有限公司销售电磁炉400台,原价为160元/台,因一次性购买数量较多,公司决定给予双林公司10%的折扣,产品已发出,货款已收妥,增值税税率为13%。新力公司账务处理如下所述。

$$主营业务收入 = (160 \times 90\%) \times 400 = 57\,600(元)$$

$$增值税销项税额 = 57\,600 \times 13\% = 7\,488(元)$$

借:银行存款　　　　　　　　　　　　　　　　　　　　　　　65 088.00
　　贷:主营业务收入——电磁炉　　　　　　　　　　　　　　57 600.00
　　　　应交税费——应交增值税——销项税额　　　　　　　　7 488.00

附原始凭证:增值税专用发票,如图13-4所示。

广东增值税专用发票

4400041141　　　　　　　　　　　　　　　　　　　　　№ 201342032

此联不作报销、扣税凭证使用

开票日期:2019年08月06日

购买方	名　　　称:广东双林电器有限公司 纳税人识别号:440306208235036 地址、电话:顺德区河滨南路9号67697282 开户行及账号:佛山中行河滨支行 31657443031	密码区	(略)

货物或应税劳务、服务名称	规格型号	单位	数量	单价	金　额	税率	税　额
*家用厨房电器具*电磁炉		台	400	144.00	57600.00	13%	7488.00
合　　计					¥57600.00		¥7488.00

价税合计(大写)	⊗陆万伍仟零捌拾捌圆整	(小写) ¥65088.00

销售方	名　　　称:广东新力电器有限公司 纳税人识别号:440703256268024 地址、电话:惠州市仲恺大道248号88327589 开户行及账号:惠州市建行仲恺支行 71682674052	备注	

收款人:李芬　　复核:　　　　开票人:李欣　　　　销售方:(章)

第一联:记账联 销售方记账凭证

图 13-4　增值税专用发票

2)现金折扣

现金折扣是指债权人为鼓励债务人在规定的期限内付款而向债务人提供的债务扣除。

存在现金折扣时,小企业应收账款应按总价法进行入账,即按不扣除现金折扣的总售价金额作为应收账款的入账价值。现金折扣只有客户在折扣期内支付货款时,才予以确认。销售方给予客户的现金折扣,从融资角度分析,属于一种理财费用,会计上应当在其发生时,作为财务费用处理。

知识拓展 13-1　现金折扣的表示方法

现金折扣一般用符号"折扣率/付款期限"表示,如(2/10,1/20,n/30)表示销售方允许客户最长的付款期限为 30 天,如果客户在 10 天内付款,销售方可按商品售价给予客户 2%的折扣;如果客户在 20 天内付款,销售方可按商品售价给予客户 1%的折扣;如果客户在 21～30 天内付款,将不能享受现金折扣。

【例 13-3】 2019 年 8 月 8 日,广东新力电器有限公司向广东四海电器有限公司销售电热水壶一批,开出增值税专用发票,发票注明价款为 60 000 元,增值税额 7 800 元。产品已发出,货款尚未收到。经双方商定,公司同意给予四海公司按不包含增值税的价款提供现金折扣,现金折扣条件为(2/10,1/20,n/30)。8 月 16 日,收到四海公司支付购货款。新力公司账务处理如下所述。

(1) 8 月 8 日,销售商品,确认收入时:

借:应收账款——四海公司　　　　　　　　　　　　　　　　67 800.00
　　贷:主营业务收入——电热水壶　　　　　　　　　　　　　　　60 000.00
　　　　应交税费——应交增值税——销项税额　　　　　　　　　　7 800.00

附原始凭证:增值税专用发票,如图 13-5 所示。

广 东 增 值 税 专 用 发 票

4400041141					№ 201342033		
此联不作报销、扣税凭证使用 广东省税务局					开票日期:2019 年 08 月 08 日		
购买方	名　　　称:广东四海电器有限公司 纳税人识别号:440206835254026 地址、电话:深圳市怡景路 182 号 88396432 开户行及账号:深圳工行怡景支行 21934783058				密码区	(略)	
货物或应税劳务、服务名称	规格型号	单位	数　量	单　价	金　　额	税率	税　　额
*家用电器*电热水壶		台	1000	60.00	60000.00	13%	7800.00
合　　　　计					¥60000.00		¥7800.00
价税合计(大写)	⊗陆万柒仟捌佰圆整				(小写) ¥67800.00		
销售方	名　　　称:广东新力电器有限公司 纳税人识别号:440703256268024 地址、电话:惠州市仲恺大道 248 号 88327589 开户行及账号:惠州市建行仲恺支行 71682674052				备注		
收款人:李芬　　复核:　　　开票人:李欣　　　销售方:(章)							

图 13-5　增值税专用发票

(2) 8月16日,收到货款时:

$$现金折扣 = 60\,000 \times 2\% = 1\,200(元)$$

借:银行存款　　　　　　　　　　　　　　　　　　　　　　　　66 600.00
　　财务费用　　　　　　　　　　　　　　　　　　　　　　　　 1 200.00
　　贷:应收账款——四海公司　　　　　　　　　　　　　　　　　67 800.00

附原始凭证:银行进账单,如图 13-6 所示。

图 13-6　银行进账单

13.2　应收票据核算

13.2.1　应收票据概述

1. 应收票据概念

应收票据是指小企业因销售商品、产品或提供劳务等日常生产经营活动而收到的商业汇票。商业汇票是一种由出票人签发的,委托付款人在指定日期无条件支付确定金额给收款人或者持票人的票据。在银行开立存款账户的法人以及其他组织之间,必须具有真实的交易关系或债权债务关系,才能使用商业汇票。

知识拓展 13-2　商业汇票的管理

小企业应当设置"应收票据备查簿",逐笔登记商业汇票的种类、号数和出票日期、票面金额、交易合同号和付款人、承兑人、背书人的姓名或单位名称、到期日、背书转让日、贴现日期、贴现率、贴现净额以及收款日期和收回金额、退票情况等资料。应收票据到期结清票款或退票后,应当在备查簿中予以注销。

2. 商业汇票类型

1)商业承兑汇票和银行承兑汇票

商业汇票根据承兑人的不同,可分为商业承兑汇票和银行承兑汇票。

(1)商业承兑汇票是指由付款人签发并承兑,或由收款人签发交由付款人承兑的商业汇票。

(2)银行承兑汇票是指由在承兑银行开立存款账户的存款人(即出票人)签发,由承兑银行承兑的商业汇票。

2)不带息商业汇票和带息商业汇票

商业汇票根据票据是否带息,可分为不带息商业汇票和带息商业汇票。

(1)不带息商业汇票是指商业汇票到期时,承兑人只按票据面值向收款人或持票人支付票据款的商业汇票。

(2)带息商业汇票是指商业汇票到期时,承兑人必须按票据面值加上应计利息向收款人或持票人支付的商业汇票。

3. 账户设置

小企业应设置"应收票据"账户,核算小企业应收票据的增减变动及其结存情况。该账户属于资产类账户,借方登记小企业取得应收票据的面值和计提的票据利息,贷方登记到期收回票款、背书转让或到期前向银行贴现的应收票据的票面余额,或因承兑人到期无力支付而转出的应收票据面值及利息,期末余额一般在借方,表示小企业持有的尚未到期的应收票据的面值及应计利息。

"应收票据"账户应按开出、承兑商业汇票的单位设置明细分类账,进行明细分类核算。"应收票据"账户结构,如图13-7所示。

应收票据

期初:结存尚未到期的应收票据的面值及应计利息 本期:登记小企业取得应收票据的面值和计提的票据利息	登记到期收回票款、背书转让或到期前向银行贴现的应收票据的票面余额或因承兑人到期无力支付而转出的应收票据面值及利息
期末:小企业持有的尚未到期的应收票据的面值及应计利息	

图13-7 "应收票据"账户结构

13.2.2 应收票据核算

1. 应收票据取得

(1)小企业销售商品、提供劳务等而收到已承兑的商业汇票时,借记"应收票据"账户,贷记"主营业务收入""其他业务收入""应交税费——应交增值税——销项税额"等账户。

(2) 小企业因债务人抵偿前欠货款而取得商业汇票时,借记"应收票据"账户,贷记"应收账款"账户。

【例 13-4】 2019 年 8 月 10 日,广东新力电器有限公司向广东新怡百货有限公司销售电热水壶 600 个,开出增值税专用发票,发票注明价款为 36 000 元,增值税额 4 680 元。产品已发出,当日收到新怡公司签发的为期 3 个月的银行承兑汇票一张。新力公司账务处理如下所述。

借:应收票据——新怡公司　　　　　　　　　　　　　　　　　40 680.00
　　贷:主营业务收入——电热水壶　　　　　　　　　　　　　　36 000.00
　　　　应交税费——应交增值税——销项税额　　　　　　　　　 4 680.00

附原始凭证:银行承兑汇票,如图 13-8 所示。

银行承兑汇票　　2

出票日期（大写）：贰零壹玖年捌月零壹拾日　　汇票号码：0135842

出票人全称	广东新怡百货有限公司	收款人	全称	广东新力电器有限公司
出票人账号	71235469056		账号	71682674052
付款行全称	惠州农行惠南支行		开户银行	建行仲恺支行　行号　01692
出票金额	人民币（大写） 肆万零陆佰捌拾元整			亿千百十万千百十元角分　¥ 4 0 6 8 0 0 0
汇票到期日（大写）	贰零壹玖年壹拾壹月零壹拾日	付款行	行号	12520
承兑协议编号	0040110432		地址	惠州市惠南大道 215 号
本汇票请你行承兑,此项汇票款我单位承兑协议于到期日前足额交存银行,到期请予以支付。 李栋材 广东新怡百货有限公司 财务专用章 出票人签章		本汇票已承兑,到期由本行承付。 承兑行签章 承兑日期:2019.08.10 备注:		

此联收款人开户行随托收凭证寄付款行作借方凭证附件

图 13-8　银行承兑汇票

2. 应收票据转让

根据《支付结算办法》的规定,小企业可以将持有的未到期的商业汇票进行背书转让,用以购买所需物资或偿还债务。背书是指在票据背面或者粘单上记载有关事项并签章的票据行为。

小企业将持有的商业汇票背书转让以取得所需物资时,按应计入取得物资成本的金额,借记"在途物资"或"原材料""库存商品"等账户,按增值税专用发票注明的可抵扣的增值税额,借记"应交税费——应交增值税——进项税额"账户,按商业汇票的票面金额,贷记"应收票据"账户,如有差额,借记或贷记"银行存款"等账户。

【例 13-5】 2019 年 8 月 8 日,广东新力电器有限公司向广东佳华电子有限公司采购 DCL 电路板一批,取得增值税专用发票,发票注明价款为 20 000 元,增值税额 2 600 元。公司将一张由广东艳阳天电器有限公司 7 月 6 日签发的、为期 3 个月、票面金额为 24 000 元的商业承兑汇票进行背书转让,以抵付该批电路板的价税款。电路板已验收入库,同时收到差额款存入银行。新力公司账务处理如下所述。

借:原材料——DCL 电路板　　　　　　　　　　　　　　　　　　20 000.00
　　应交税费——应交增值税——进项税额　　　　　　　　　　　2 600.00
　　银行存款　　　　　　　　　　　　　　　　　　　　　　　　1 400.00
　　贷:应收票据——艳阳天公司　　　　　　　　　　　　　　　24 000.00

附原始凭证:增值税专用发票,如图 13-9 所示。

广东增值税专用发票

4401241145　　　　　　　　　　　　　　　　　　　　　№ 461066041

开票日期:2019 年 08 月 08 日

购买方	名　　　称:广东新力电器有限公司 纳税人识别号:440703256268024 地　址、电　话:惠州市仲恺大道 248 号 88327589 开户行及账号:惠州市建行仲恺支行 71682674052	密码区	（略）

货物或应税劳务、服务名称	规格型号	单位	数量	单价	金　额	税率	税　额
*印制电路板*DCL 电路板		块	400	50.00	20000.00	13%	2600.00
合　　　计					¥20000.00		¥2600.00

价税合计（大写）	⊗ 贰万贰仟陆佰圆整	（小写）￥22600.00

销售方	名　　　称:广东佳华电子有限公司 纳税人识别号:440105307268034 地　址、电　话:广州市芳村大道 52 号 83682585 开户行及账号:广州工行芳村支行 12629413054	备注	

收款人:　　　　复核:　　　　开票人:陈怡华　　　　销售方:(章)

图 13-9　增值税专用发票

3. 应收票据贴现

1) 票据贴现概念

应收票据贴现是指持票人因急需资金,将未到期的商业汇票背书后转让给银行,银行受理后,从票面金额中扣除按银行规定的贴现率计算确定的贴现利息后,将余额付给贴现小企业的业务。

2) 票据贴现计算

$$票据贴现款（贴现所得）＝票据到期值－贴现利息$$
$$票据到期值＝票据面值＋票据到期利息$$
$$票据到期利息＝票据面值\times票面利率\times票据期限$$
$$贴现利息＝票据到期值\times贴现率\times贴现期$$

其中：贴现率是指银行计算贴现利息的利率，由银行统一规定；贴现期，按银行规定，通常是指从贴现日起至票据到期前一日止的实际天数。无论商业汇票的到期日是按日计算还是按月计算，贴现期一律按实际贴现天数（"算头不算尾"或"算尾不算头"）计算。

3) 票据贴现核算

小企业持未到期的商业汇票向银行贴现，应按实际收到的贴现款（即减去贴现利息后的净额），借记"银行存款"账户，按支付给银行的贴现利息，借记"财务费用"账户，按应收票据的票面金额，贷记"应收票据"（银行无追索权情况下）或"短期借款"账户（银行有追索权情况下）。

知识拓展 13-3　　银行是否享有追索权

1. 不享有追索权的情形。小企业与银行签订的协议中规定，在贴现的商业汇票到期而债务人未能按期偿还时，申请贴现的企业不负有任何偿还责任，即银行不享有追索权，应视同出售商业汇票进行会计处理。

2. 享有追索权的情形。小企业与银行签订的协议中规定，在贴现的商业汇票到期而债务人未能按期偿还时，申请贴现的企业负有向银行还款的责任，即银行享有追索权，应视同以商业汇票为质押取得银行借款。

【例 13-6】　2019 年 8 月 10 日，广东新力电器有限公司将一张由广东天怡电器有限公司 7 月 10 日签发的、为期 4 个月、票面金额为 58 000 元的银行承兑汇票向银行申请贴现，银行规定贴现率为 9%。新力公司账务处理如下所述。

(1) 票据贴现计算：

贴现天数(8 月 10 日至 11 月 10 日) ＝ (31－10)＋30＋31＋10 ＝ 92(天)
贴现利息 ＝ 58 000 × (9%/360) × 92 ＝ 1 334(元)
贴现款 ＝ 58 000－1 334 ＝ 56 666(元)

(2) 账务处理：

借：银行存款	56 666.00
财务费用	1 334.00
贷：应收票据——天怡公司	58 000.00

附原始凭证：贴现凭证收账通知，如图 13-10 所示。

4. 应收票据收回

(1) 商业汇票到期，收回票据款时，应按实际收到的金额，借记"银行存款"账户，贷记"应收票据"账户。

贴现凭证（收账通知）

2019 年 08 月 10 日　　　凭证编号：006597

申请人	全称	广东新力电器有限公司	贴现汇票	种类	银行承兑汇票
	账号地址	71682674052		出票日	2019 年 07 月 10 日
	开户银行	惠州市建行仲恺支行		到期日	2019 年 11 月 10 日

汇票金额	人民币（大写）	⊗伍万捌仟元整	千百十万千百十元角分 ￥ 5 8 0 0 0 0 0

年贴现率	9%	贴现利息	￥1334.00	贴现金额	￥56666.00

汇票承兑人：广州工行新华支行　　　　　中国建设银行股份有限公司　　账号
　　　　　　　　　　　　　　　　　　　　　开户行
　　　　　　　　　　　　　　　　　　　　　惠州仲恺支行

备注：贴现款已存入你单位账户。　　2019.08.10　　账户（付）
　　　　　　　　　　　　　　　　　　办讫章　　　对方账户（收）

银行盖章：
2019 年 08 月 10 日　　　(4)　　　复核　　　记账

此联是贴现银行交贴现申请单位的收账通知

图 13-10　贴现凭证收账通知

（2）商业承兑汇票到期，承兑人违约拒付或无力支付票款，小企业收到银行退回的商业承兑汇票、委托收款凭证、未付票款通知书或拒绝付款证明等，应按商业承兑汇票的票面金额，借记"应收账款"账户，贷记"应收票据"账户。

【例 13-7】 2019 年 8 月 16 日，广东新力电器有限公司向广东天怡电器有限公司销售电磁炉 200 台，开出增值税专用发票，发票注明价款为 32 000 元，增值税额 4 160 元。产品已发出，当日收到天怡公司签发并承兑的、为期 3 个月的商业承兑汇票一张，票面金额为 36 160 元。11 月 16 日，商业承兑汇票到期，收到票据款。新力公司账务处理如下所述。

（1）8 月 16 日，销售产品，收到商业承兑汇票时：

　　借：应收票据——天怡公司　　　　　　　　　　　　　　　　　　36 160.00
　　　　贷：主营业务收入——电磁炉　　　　　　　　　　　　　　　　　32 000.00
　　　　　　应交税费——应交增值税——销项税额　　　　　　　　　　　4 160.00

附原始凭证：增值税专用发票，如图 13-11 所示。

（2）11 月 16 日，票据到期收到票据款时：

　　借：银行存款　　　　　　　　　　　　　　　　　　　　　　　　36 160.00
　　　　贷：应收票据——天怡公司　　　　　　　　　　　　　　　　　36 160.00

（3）若 11 月 16 日，票据到期无法收到票据款时：

　　借：应收账款——天怡公司　　　　　　　　　　　　　　　　　　36 160.00
　　　　贷：应收票据——天怡公司　　　　　　　　　　　　　　　　　36 160.00

附原始凭证：未付票款通知书，如图 13-12 所示。

广东增值税专用发票

4400041141　　　　　　　　　　　　　　　　　No 201342036

此联不作报销、抵税凭证使用

开票日期：2019 年 08 月 16 日

购买方	名　　称：广东天怡电器有限公司 纳税人识别号：440103564568023 地址、电话：广州市中山大道 272 号 89937584 开户行及账号：广州工行新华支行 11634813054	密码区	（略）

货物或应税劳务、服务名称	规格型号	单位	数量	单价	金额	税率	税额
*家用厨房电器具*电磁炉		台	200	160.00	32000.00	13%	4160.00
合　　计					¥32000.00		¥4160.00

价税合计（大写）	⊗叁万陆仟壹佰陆拾圆整	（小写） ¥36160.00

销售方	名　　称：广东新力电器有限公司 纳税人识别号：440703256268024 地址、电话：惠州市仲恺大道 248 号 88327589 开户行及账号：惠州市建行仲恺支行 71682674052	备注	

收款人：李芬　　　复核：　　　开票人：李欣　　　销售方：（章）

第一联：记账联　销售方记账凭证

图 13-11　增值税专用发票

支付结算　通　知
查询查复　（第 3 联）

主送：广东天怡电器有限公司

抄送：广东新力电器有限公司　　填发日期：2019 年 11 月 16 日

结算种类	商业承兑汇票	凭证号码	0136631
凭证日期	2019 年 08 月 16 日	凭证金额	人民币叁万陆仟壹佰陆拾元整
付款人名称	广东天怡电器有限公司	收款人名称	广东新力电器有限公司
付款人账号	11634813054	收款人账号	71682674052
通知（或查询查复）事由 付款人无款支付。		中国建设银行股份有限公司 惠州仲恺支行 2019.11.16 办讫章 (4) 填发银行签章	复核　　经办

此联是开户银行交给收款人的通知

图 13-12　未付票款通知书

13.3 其他应收款项核算

13.3.1 预付账款核算

1. 预付账款概念

预付账款是指小企业按照购货合同规定预先支付给供货单位的款项。预付账款是小企业的短期债权。小企业预付货款后,有权要求供应商按照购货合同条款发货。

2. 账户设置

小企业应设置"预付账款"账户,核算小企业预付账款的增减变动及其结余情况。该账户属于资产类账户,借方登记小企业预付或补付的款项,贷方登记小企业收到采购货物时按发票金额转销的预付账款、退回或转出的预付款,期末余额一般在借方,表示小企业已预付的款项。若出现贷方余额,表示小企业应补付的款项。

"预付账款"账户应按供货单位设置明细分类账,进行明细分类核算。"预付账款"账户结构,如图13-13所示。

预付账款	
期初:结存的预付账款 本期:登记小企业预付或补付的款项	登记小企业收到采购货物时按发票金额转销的预付账款、退回或转出的预付款
期末:小企业已预付的款项	

图 13-13 "预付账款"账户结构

预付账款情况不多的小企业,可以不设置"预付账款"账户,而直接通过"应付账款"账户核算。

3. 会计核算

1) 预付货款

小企业根据购货合同的规定向供货单位预付货款时,借记"预付账款"账户,贷记"银行存款"账户。

2) 收到采购物资结算凭证

小企业收到所购物资结算凭证时,应按发票等结算凭证的金额,借记"在途物资"或"原材料""库存商品""应交税费——应交增值税——进项税额"等账户,贷记"预付账款"账户。

3) 补付或收回多余款项

(1) 当预付账款小于购入物资所需支付的金额时,应按不足部分补付货款,借记"预付账款"账户,贷记"银行存款"账户。

(2) 当预付账款多于购入物资所需支付的金额时,小企业应按实收退回的多余款项,借记"银行存款"账户,贷记"预付账款"账户。

【例 13-8】 2019 年 8 月 13 日，广东新力电器有限公司根据采购合同向广东蓝波塑料有限公司预付货款 20 000 元，款项已汇出；8 月 24 日收到蓝波公司发来的塑料和增值税专用发票，发票注明价款为 33 000 元，增值税额 4 290 元，塑料已验收入库，同时补付不足货款。新力公司账务处理如下所述。

(1) 根据合同预付货款时：

借：预付账款——蓝波公司　　　　　　　　　　　　　　　　　　20 000.00
　　贷：银行存款　　　　　　　　　　　　　　　　　　　　　　　20 000.00

(2) 收到采购货物和结算凭证时：

借：原材料——塑料　　　　　　　　　　　　　　　　　　　　　33 000.00
　　应交税费——应交增值税——进项税额　　　　　　　　　　　　4 290.00
　　贷：预付账款——蓝波公司　　　　　　　　　　　　　　　　　37 290.00

附原始凭证：增值税专用发票，如图 13-14 所示。

广东增值税专用发票

4406241141　　　　　　　　　　　　　　　　　　　　　　No 491066041

开票日期：2019 年 08 月 24 日

购买方	名　称	广东新力电器有限公司	密码区	（略）
	纳税人识别号	440703256268024		
	地址、电话	惠州市仲恺大道 248 号 88327589		
	开户行及账号	惠州市建行仲恺支行 71682674052		

货物或应税劳务、服务名称	规格型号	单位	数量	单价	金额	税率	税额
*塑料制品*塑料		千克	3000	11.00	33000.00	13%	4290.00
合　计					¥33000.00		¥4290.00

| 价税合计（大写） | ⊗叁万柒仟贰佰玖拾圆整 | （小写）¥37290.00 |

销售方	名　称	广东蓝波塑料有限公司	备注	
	纳税人识别号	440703285268026		
	地址、电话	惠州市仲恺大道 19 号 89937587		
	开户行及账号	惠州工行仲恺支行 71606913123		

收款人：　　　复核：　　　开票人：王晓敏　　　销售方：（章）

第三联：发票联　购买方记账凭证

图 13-14　增值税专用发票

(3) 补付货款时：

借：预付账款——蓝波公司　　　　　　　　　　　　　　　　　　17 290.00
　　贷：银行存款　　　　　　　　　　　　　　　　　　　　　　　17 290.00

13.3.2 其他应收款核算

1. 其他应收款内容

其他应收款是指小企业发生的除应收票据、应收账款、预付账款等经营活动以外的其他各种应收或暂付的款项。其他应收款的内容主要包括：

(1) 应收的各种赔款，如因小企业财产等遭受意外损失而向保险公司收取的赔款等。

(2) 应收的出租包装物租金。

(3) 应向职工收取的各种垫付款项，如为职工垫付的水电费、应由职工负担的医药费、房租等。

(4) 存出的保证金，如租入包装物支付的押金。

(5) 其他各种应收、暂付的款项。

2. 账户设置

小企业应设置"其他应收款"账户，核算小企业其他应收款的增减变动及其结余情况。该账户属于资产类账户，借方登记小企业发生的各种其他应收款项，贷方登记小企业收到的其他应收款项和结转情况，期末余额一般在借方，表示小企业尚未收回的其他应收款项。

"其他应收款"账户应按其他应收款的项目和对方单位或个人设置明细分类账，进行明细分类核算。"其他应收款"账户结构，如图 13-15 所示。

其他应收款

期初：结存尚未收回的其他应收款 本期：登记小企业发生的各种其他应收款项	登记小企业收到的其他应收款项和结转情况
期末：小企业尚未收回的其他应收款	

图 13-15 "其他应收款"账户结构

3. 会计核算

(1) 小企业发生各种其他应收或暂付款项时，应借记"其他应收款"账户，贷记"银行存款""库存现金""固定资产清理"等账户。出口产品或商品按照规定应予退回的增值税款，借记"其他应收款"账户，贷记"应交税费——应交增值税——出口退税"账户。

(2) 收回或结转其他应收款项时，借记"管理费用""库存现金""应付职工薪酬"等账户，贷记"其他应收款"账户。

【例 13-9】 2019 年 8 月 16 日，广东新力电器有限公司因自然灾害造成一批电路板毁损，按保险合同规定，应由太平洋保险公司赔偿损失，保险公司已确认赔偿损失 18 000 元，赔偿款尚未收到。新力公司账务处理如下所述。

借：其他应收款——太平洋保险公司　　　　　　　　　　　　　　18 000.00
　　贷：待处理财产损溢——待处理流动资产损溢　　　　　　　　　　　　18 000.00

附原始凭证：保险赔偿确认单，如图 13-16 所示。

```
                关于保险赔偿确认函
广东新力电器有限公司：
    贵单位于 8 月 16 日发生自然灾害，造成电路板毁损，按照双方签订的保险合同
规定，我公司同意赔偿贵公司 18000 元损失。
    特此函告
                                          中国太平洋财产保险公司
                                            2019 年 8 月 16 日
                                          440703653265486
```

图 13-16　保险赔偿确认单

【例 13-10】　2019 年 8 月 20 日，广东新力电器有限公司向广东润丰石油有限公司购入燃料柴油，借用润丰石油公司油桶，以银行存款支付油桶押金 1 200 元；8 月 30 日，如数退回润丰石油公司油桶，收回押金 1 200 元。新力公司账务处理如下所述。

（1）支付油桶押金时：

借：其他应收款——润丰石油公司　　　　　　　　　　　　　1 200.00
　　贷：银行存款　　　　　　　　　　　　　　　　　　　　　　　　　1 200.00

（2）收回油桶押金时：

借：银行存款　　　　　　　　　　　　　　　　　　　　　　1 200.00
　　贷：其他应收款——润丰石油公司　　　　　　　　　　　　　　　　1 200.00

13.4　坏账损失核算

13.4.1　坏账损失确认

1. 坏账损失概念

坏账是指小企业因购货人拒付、破产、死亡等原因而无法收回或收回可能性很小的应收款项。小企业由于发生坏账而产生的损失，称为坏账损失。

小企业应收款项（包括应收账款、预付账款、其他应收款等）的坏账损失应在实际发生时确认，计入营业外支出，其金额为该应收款项的账面金额扣除可收回的金额后的净额。

2. 坏账损失确认条件

一般而言，小企业应收款项符合下列条件之一的，应确认为坏账损失。

（1）债务人依法宣告破产、关闭、解散、被撤销，或者被依法注销、吊销营业执照，其清算财产不足清偿的。

（2）债务人死亡，或者依法被宣告失踪、死亡，其财产或者遗产不足清偿的。

（3）债务人逾期 3 年以上未清偿，且有确凿证据证明已无力清偿债务的。

（4）与债务人达成债务重组协议或法院批准破产重整计划后，无法追偿的。

（5）因自然灾害、战争等不可抗力导致无法收回的。

（6）国务院财政、税务主管部门规定的其他条件。

13.4.2 坏账损失核算

1. 账户设置

小企业应设置"营业外支出"账户,核算小企业营业外支出的发生和结转情况。该账户属于损益类账户,借方登记小企业发生的各项营业外支出,贷方登记期末结转到"本年利润"账户的营业外支出,期末结转后该账户应无余额。

该账户可按营业外支出的项目,如存货的盘亏、毁损、报废损失,非流动资产处置损失,坏账损失,无法收回的长期债券投资损失,无法收回的长期股权投资损失,自然灾害等不可抗力因素造成的损失,税收滞纳金、罚金、罚款,被没收财物的损失,捐赠支出,赞助支出等设置明细分类账,进行明细分类核算。"营业外支出"账户结构,如图13-17所示。

营业外支出	
期初:无余额	
本期:登记小企业发生的各项营业外支出	登记期末结转到"本年利润"账户的营业外支出
期末:无余额	

图13-17 "营业外支出"账户结构

2. 会计核算

小企业按规定确认应收款项实际发生的坏账损失,应当按其可收回的金额,借记"银行存款"等账户,按应收款项的账面余额,贷记"应收账款""预付账款""其他应收款"等账户,按其差额,借记"营业外支出"账户。

小企业发生的应收款项坏账损失,应当在向主管税务机关提供证据资料证明其已符合法定资产损失确认条件,且会计上已作损失处理的年度申报扣除。坏账损失应按规定的程序和要求向主管税务机关申报后方能在税前扣除,未经申报的损失,不得在税前扣除。

【例13-11】 2019年8月24日,广东新力电器有限公司因债务人广东青山电器经营公司破产,将一笔12 000元的应收账款全额确认为坏账损失。新力公司账务处理如下所述。

借:营业外支出   12 000.00
  贷:应收账款——青山公司   12 000.00

附原始凭证:坏账损失确认报告单,如图13-18所示。

坏账损失确认报告单
2019年8月24日

应收款单位	损失金额(元)	原因
广东青山电器经营公司	¥12000.00	
单位领导意见: 同意 何建明	财会部意见: 同意 陈海涛	董事会或主管部门意见: 同意

图13-18 坏账损失确认报告单

【例13-12】 广东新力电器有限公司应收广东金程电器连锁公司账款余额合计60 000元,2019年8月30日,获知金程公司经营业绩下滑。经协调,新力公司同意将金程公司的债务减为50 000元,并于当日收到款项。新力公司账务处理如下所述。

借:银行存款　　　　　　　　　　　　　　　　　　　　　　50 000.00
　　营业外支出　　　　　　　　　　　　　　　　　　　　　　10 000.00
　　贷:应收账款——金程公司　　　　　　　　　　　　　　　60 000.00

知识拓展13-4　与《企业会计准则》的比较

1.《小企业会计准则》与《企业会计准则》关于应收款项的规定基本相同,不同之处就在于坏账损失的处理。

2.《小企业会计准则》对坏账损失采用直接转销法,在实际发生时直接计入营业外支出,借记"营业外支出"账户,贷记"应收账款"等账户。

3.《企业会计准则》采用备抵法,当客观证据表明该应收款项发生减值时,应计提坏账准备,借记"信用减值损失"账户,贷记"坏账准备"账户。实际发生坏账损失时,借记"坏账准备"账户,贷记"应收账款"等账户。

【本章小结】

1. 应收账款是指小企业因销售商品(产品)或提供劳务等日常生产经营活动,应向购货单位或接受劳务单位收取的款项。应收账款是因小企业销售商品或提供劳务等产生的债权,应当按照实际发生额入账。

2. 应收票据是指小企业因销售商品、产品或提供劳务等日常生产经营活动而收到的商业汇票。根据承兑人的不同,商业汇票可分为商业承兑汇票和银行承兑汇票。根据票据是否带息,商业汇票可分为不带息商业汇票和带息商业汇票。

3. 在银行开立存款账户的法人以及其他组织之间,必须具有真实的交易关系或债权债务关系,才能使用商业汇票。根据《支付结算办法》的规定,小企业可以将持有的未到期的商业汇票进行背书转让,用以购买所需物资或偿还债务。

4. 预付账款是指小企业按照购货合同规定预先支付给供货单位的款项。小企业预付货款后,有权要求供应商按照购货合同条款发货。其他应收款是指小企业发生的除应收票据、应收账款、预付账款等经营活动以外的其他各种应收或暂付的款项。

5. 坏账是指小企业因购货人拒付、破产、死亡等原因而无法收回或收回可能性很小的应收款项。小企业由于发生坏账而产生的损失,称为坏账损失。小企业应收款项的坏账损失应在实际发生时确认,计入营业外支出。

第六部分　投资业务

投资业务结构导图

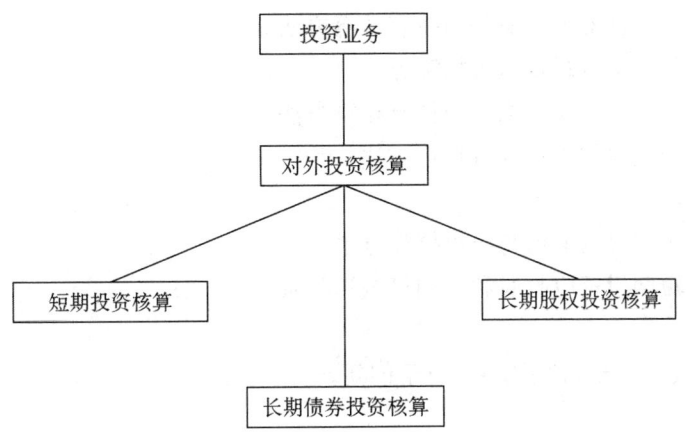

第14章 对外投资核算

【目的要求】

1. 知识目标
(1) 能叙述对外投资的概念与分类。
(2) 能叙述长期债券投资取得与持有核算方法。
(3) 能叙述长期债券投资处置核算方法。
(4) 能叙述长期股权投资取得与持有核算方法。
(5) 能叙述长期股权投资处置核算方法。

2. 技能目标
(1) 能编制短期投资取得与出售核算分录。
(2) 能编制短期投资应收股利或利息核算分录。

3. 情感目标
加强学习,突破常规,勤于实践,勇于创新。

【重点难点】

1. 短期投资取得与出售核算。
2. 长期债券投资持有核算。
3. 长期债券投资处置核算。
4. 长期股权投资处置核算。

【情智故事】

不创新才是华为最大的风险

华为创立于1987年,是全球领先的ICT(信息与通信)基础设施和智能终端提供商。华为从2万元起家,用30多年时间,从名不见经传的民营科技企业,发展成为世界500强和全球最大的通信设备制造商,创造了中国及至世界企业发展史上的奇迹!华为成功的秘密就是创新。创新无疑是提升企业竞争力的法宝,同时它也是一条充满了风险和挑战的成长之路。尤其在高新技术产业领域,创新被称为一个企业的生存之本和一个品牌的价值核心。

"不创新才是华为最大的风险",华为总裁任正非的这句话道出了华为骨子里的创新精神。"回顾华为30多年的发展历程,我们体会到,没有创新,要在高科技行业中生存下去几乎是不可能的。在这个领域,没有喘气的机会,哪怕只落后一点点,就意味着逐渐死亡。"正是这种强烈的紧迫感驱使着华为持续创新。

[情智点评] 创新是一个企业生存和发展的灵魂。企业只有通过不断的创新才能适应新时代下新的机遇,也只有创新才能使企业产生突变,具备"应万变"的市场适应能力。年轻一代的我们应增强创新意识,提高自主学习和实践创新的能力,以跟上时代发展的步伐。

【基础知识】

对外投资,通常是指小企业在本身经济业务以外以现金、实物、无形资产或者购买股票、债券等有价证券向境内外的其他单位进行的投资。按投资回收期的不同,对外投资可以分为短期投资与长期投资。

14.1 短期投资核算

14.1.1 账户设置

短期投资是指小企业购入的能随时变现并且持有时间不准备超过 1 年(含 1 年)的投资。为了核算短期投资的取得、收取现金股利或利息、处置等业务,小企业应当设置"短期投资""投资收益""应收股利""应收利息"等账户。

1. "短期投资"账户

"短期投资"账户,核算小企业购入的能随时变现并且持有时间不准备超过 1 年(含 1 年)的投资。该账户属于资产类账户,借方登记短期投资取得的成本,贷方登记小企业出售短期投资时结转的成本,期末余额在借方,表示小企业结存短期投资的成本。

该账户应按短期投资的种类(如股票、债券、基金)设置明细分类账,进行明细分类核算。"短期投资"账户结构,如图 14-1 所示。

短期投资	
期初:结存短期投资的成本 本期:登记短期投资取得的成本	登记出售短期投资时结转的成本
期末:结存短期投资的成本	

图 14-1 "短期投资"账户结构

2. "投资收益"账户

"投资收益"账户,核算小企业确认的投资收益或投资损失。该账户属于损益类账户,贷方登记小企业确认的投资收益以及期末转入"本年利润"账户的投资损失,借方登记小企业确认的投资损失以及期末转入"本年利润"账户的投资收益。

期末应将该账户的余额转入"本年利润"账户,结转后该账户应无余额。"投资收益"账户结构,如图 14-2 所示。

投资收益	
本期:登记小企业确认的投资损失以及期末转入"本年利润"账户的投资收益	期初:无余额 登记小企业确认的投资收益以及期末转入"本年利润"账户的投资损失
	期末:无余额

图 14-2 "投资收益"账户结构

3."应收股利"账户

"应收股利"账户,核算小企业因投资而应收取的现金股利或利润。该账户属于资产类账户,借方登记小企业应收未收的现金股利或利润,贷方登记小企业实际收到的现金股利或利润,期末余额在借方,表示小企业尚未收回的现金股利或利润。

该账户应按被投资单位设置明细分类账,进行明细分类核算。"应收股利"账户结构,如图 14-3 所示。

应收股利	
期初:尚未收回的现金股利或利润 本期:登记应收未收的现金股利或利润	登记实际收到的现金股利或利润
期末:尚未收回的现金股利或利润	

图 14-3 "应收股利"账户结构

4."应收利息"账户

"应收利息"账户,核算小企业因债券投资而应收取的债券利息。该账户属于资产类账户,借方登记小企业应收未收的债券利息,贷方登记小企业实际收回的债券利息,期末余额在借方,表示小企业尚未收回的债券利息。

该账户应按被投资单位设置明细分类账,进行明细分类核算。"应收利息"账户结构,如图 14-4 所示。

应收利息	
期初:尚未收回的债券利息 本期:登记应收未收的债券利息	登记实际收到的债券利息
期末:尚未收回的债券利息	

图 14-4 "应收利息"账户结构

14.1.2 会计核算

1. 取得短期投资核算

小企业购入股票、债券、基金等作为短期投资的,应当按照实际支付的购买价款和相关交易费用,借记"短期投资"账户,贷记"其他货币资金"等账户。如果实际支付价款中包含了已宣告但尚未发放的现金股利或已到付息期但尚未领取的债券利息,应当单独确认为应收项目,记入"应收股利"或"应收利息"账户。发生交易费用取得增值税专用发票的,其注明的增值税额,记入"应交税费——应交增值税——进项税额"账户。

【例 14-1】 2019 年 6 月 5 日,广东新力电器有限公司以交易为目的从二级市场购入中粮生化股票 2 000 股,每股市价 13.80 元,另支付交易手续费等相关费用 80 元。中粮生化公司于 6 月 1 日宣告每 10 股派发现金股利 2 元,该现金股利将按 6 月 12 日的股东名册发放。新力公司购入股票时账务处理如下所述。

$$应收股利 = 2\,000 \times (2/10) = 400(元)$$

$$短期投资成本 = 2\,000 \times 13.8 - 400 + 80 = 27\,280(元)$$

借:短期投资——中粮生化股票　　　　　　　　　　　　　　　　27 280.00
　　应收股利——中粮生化　　　　　　　　　　　　　　　　　　　 400.00
　贷:其他货币资金　　　　　　　　　　　　　　　　　　　　　　27 680.00

附原始凭证:委托买入交割单,如图 14-5 所示。

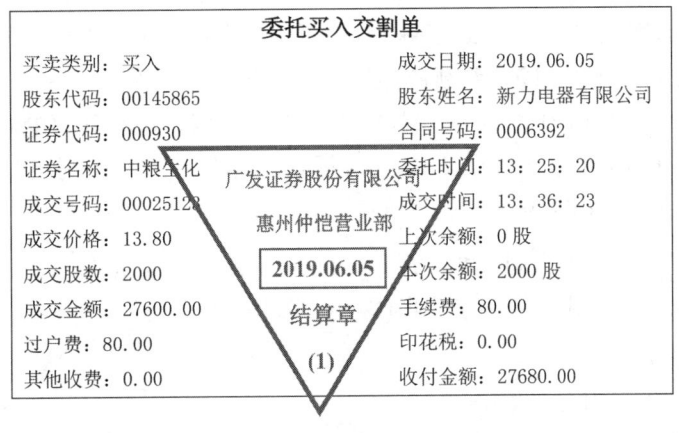

图 14-5　委托买入交割单

2. 持有短期投资核算

(1) 在短期投资持有期间,被投资单位宣告分派现金股利,借记"应收股利"账户,贷记"投资收益"账户。

(2) 在债务人应付利息日,按照分期付息、一次还本债券投资的票面利率计算的利息收入,借记"应收利息"账户,贷记"投资收益"账户。

【例 14-2】 承[例 14-1],2019 年 6 月 12 日,广东新力电器有限公司收到中粮生化公司分派的现金股利 400 元。新力公司账务处理如下所述。

借:其他货币资金　　　　　　　　　　　　　　　　　　　　　　　400.00
　贷:应收股利——中粮生化　　　　　　　　　　　　　　　　　　　400.00

附原始凭证:收款通知单,如图 14-6 所示。

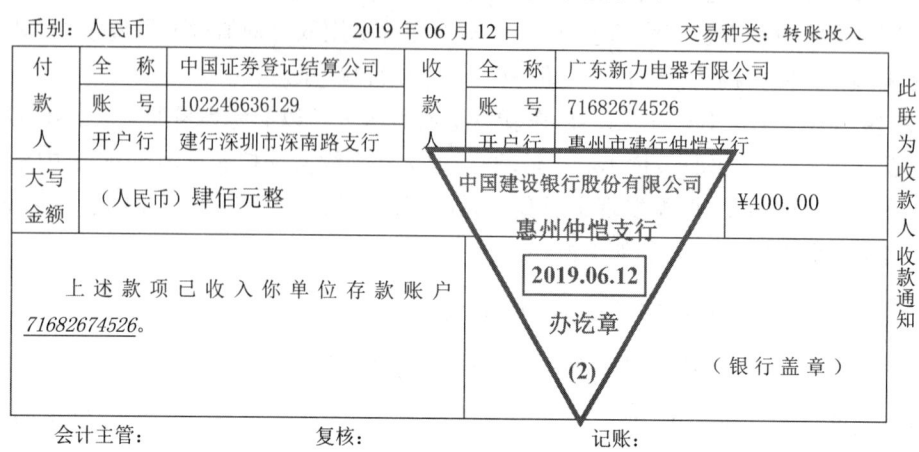

图 14-6 收款通知单

3. 出售短期投资核算

小企业出售短期投资,应当按照实际收到的金额,借记"其他货币资金"等账户,按该项短期投资的账面余额,贷记"短期投资"账户,按照尚未收到的现金股利或债券利息,贷记"应收股利"或"应收利息"账户,按其差额,贷记或借记"投资收益"账户。

【例 14-3】承[例 14-1][例 14-2],2019 年 8 月 10 日,广东新力电器有限公司通过二级市场出售所持有的中粮生化股票 2 000 股,每股价格为 14.80 元,另支付交易手续费等相关费用 120 元。新力公司账务处理如下所述。

实际收到金额 = 2 000 × 14.80 − 120 = 29 480(元)

短期投资(中粮生化股票) = 27 280(元)

借:其他货币资金　　　　　　　　　　　　　　　　　　　　29 480.00
　　贷:短期投资——中粮生化股票　　　　　　　　　　　　　27 280.00
　　　　投资收益　　　　　　　　　　　　　　　　　　　　 2 200.00

附原始凭证:委托卖出交割单,如图 14-7 所示。

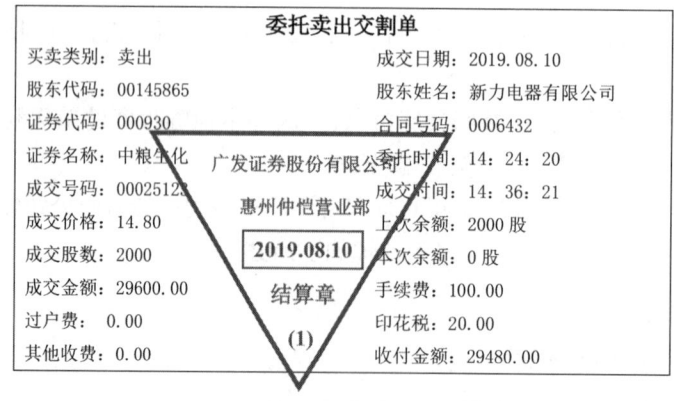

图 14-7 委托卖出交割单

> 📁 **知识拓展 14-1**　　短期投资的区别
>
> 《小企业会计准则》下，设置"短期投资"账户核算小企业的短期投资。取得短期投资时，应该采用历史成本计量，发生的交易费用也计入投资成本；且短期投资不需计提短期投资跌价准备，资产负债表日发生短期投资公允价值变动不需作任何处理。
>
> 《企业会计准则》下，设置"交易性金融资产"账户核算企业的短期投资。取得短期投资时，应该采用公允价值计量，发生的交易费用不计入投资成本而直接计入投资收益；企业持有短期投资在资产负债表日发生公允价值变动，应根据公允价值变动金额，借记或贷记"交易性金融资产——公允价值变动损益"账户，贷记或借记"公允价值变动损益"账户。

14.2 长期债券投资核算

14.2.1 账户设置

长期投资是指小企业开展的不准备在 1 年或长于 1 年的一个经营周期内变现的投资。长期投资按照投资标的的不同，可分为长期债券投资与长期股权投资。长期债券投资是指小企业准备长期（1 年以上）持有的债券投资。

小企业应当设置"长期债券投资"账户，核算小企业准备长期持有的债券投资。该账户属于资产类账户，借方登记小企业取得长期债券投资的面值、溢价部分以及到期一次还本付息的长期债券投资在应付利息日确认的应收利息，贷方登记小企业取得长期债券投资的折价部分以及处置长期债券投资结转的账面余额，期末余额在借方，表示小企业持有的分期付息到期还本的长期债券投资的成本和到期一次还本付息的长期债券投资的本息。

该账户应按长期债券投资的种类和被投资单位，分别设置"面值""溢折价""应计利息"等明细分类账，进行明细分类核算。"长期债券投资"账户结构，如图 14-8 所示。

长期债券投资	
期初：持有的长期债券投资的价值 本期：登记小企业取得长期债券投资的面值、溢价部分以及到期一次还本付息的长期债券投资在应付利息日确认的应收利息	登记小企业取得长期债券投资的折价部分以及处置长期债券投资结转的账面余额
期末：持有的长期债券投资的价值	

图 14-8 "长期债券投资"账户结构

14.2.2 会计核算

1. 取得长期债券投资核算

小企业购入债券作为长期投资的，应当按照债券票面价值，借记"长期债券投资——面值"账户,按照实际支付的购买价款和相关交易费用,贷记"银行存款"等账户,按其差额,借记或贷记"长期债券投资——溢折价"账户。

如果实际支付价款中包含了已到付息期但尚未领取的债券利息,应当按照债券票面价值,借记"长期债券投资——面值"账户,按照应收的债券利息,借记"应收利息"账户,按照实际支付的购买价款和相关交易费用,贷记"银行存款"等账户,按其差额,借记或贷记"长期债券投资——溢折价"账户。

2.持有长期债券投资核算

1) 分期付息、到期还本的长期债券投资

对于分期付息、到期还本的长期债券投资,小企业在债务人应付利息日,应按照票面利率计算的利息收入,借记"应收利息"账户,按照应分摊的债券溢折价金额,贷记或借记"长期债券投资——溢折价"账户,按其差额,贷记"投资收益"账户。

【例14-4】 2019年1月1日,广东新力电器有限公司以每张1 100元的价格购入广东华诚股份有限公司当日发行的2年期的分期付息到期还本的债券100张作为长期投资,票面年利率10%,债券面值1 000元,每年年末付息一次,另支付有关交易费用1 000元。新力公司账务处理如下所述。

(1) 购入债券时:

$$债券溢价 = (1\,100 \times 100 + 1\,000) - 1\,000 \times 100 = 11\,000(元)$$

借:长期债券投资——面值　　　　　　　　　　　　　　　100 000.00
　　　　　　　　——溢折价　　　　　　　　　　　　　　 11 000.00
　　贷:银行存款　　　　　　　　　　　　　　　　　　　　111 000.00

(2) 年末计算债券利息时:

$$应收利息 = 1\,000 \times 100 \times 10\% = 10\,000(元)$$
$$摊销溢价 = 11\,000/2 = 5\,500(元)$$

借:应收利息　　　　　　　　　　　　　　　　　　　　　10 000.00
　　贷:长期债券投资——溢折价　　　　　　　　　　　　　5 500.00
　　　　投资收益　　　　　　　　　　　　　　　　　　　 4 500.00

(3) 收到债券利息时:

借:银行存款　　　　　　　　　　　　　　　　　　　　　10 000.00
　　贷:应收利息　　　　　　　　　　　　　　　　　　　 10 000.00

2) 到期一次还本付息的长期债券投资

对于到期一次还本付息的长期债券投资,小企业在债务人应付利息日,应按照票面利率计算的利息收入,借记"长期债券投资——应计利息"账户,按照应分摊的债券溢折价金额,贷记或借记"长期债券投资——溢折价"账户,按其差额,贷记"投资收益"账户。

【例14-5】 2019年1月1日,广东新力电器有限公司以每张950元的价格购入广东利成股份有限公司当日发行的2年期的到期一次还本付息的债券100张作为长期投资,票面年利率6%,债券面值1 000元,另支付有关交易费用1 000元。新力公司账务处理如下所述。

(1) 购入债券时:

$$债券折价 = (950 \times 100 + 1\,000) - 1\,000 \times 100 = -4\,000(元)$$

借:长期债券投资——面值	100 000.00
贷:长期债券投资——溢折价	4 000.00
银行存款	96 000.00

(2) 年末计算债券利息时:

$$应计利息 = 1\,000 \times 100 \times 6\% = 6\,000(元)$$
$$摊销折价 = 4\,000/2 = 2\,000(元)$$

借:长期债券投资——应计利息	6 000.00
——溢折价	2 000.00
贷:投资收益	8 000.00

(3) 到期收回债券本息时:

借:银行存款	112 000.00
贷:长期债券投资——面值	100 000.00
——应计利息	12 000.00

知识拓展 14-2 长期债券投资溢折价的摊销

长期债券投资的溢折价在债券存续期间内于确认相关债券利息收入时采用直线法进行摊销。每期摊销额=债券溢价或折价额/债券付息期限或计提利息期限。

3. 收回或处置长期债券投资核算

(1) 长期债券投资到期,收回长期债券投资时,应按收回债券本金或本息,借记"银行存款"等账户,按其账面余额,贷记"长期债券投资(面值、溢折价、应计利息)"账户,按照应收未收的债券利息收入,贷记"应收利息"账户。

(2) 处置长期债券投资,应当按照处置收入,借记"银行存款"等账户,按其账面余额,贷记"长期债券投资(面值、溢折价、应计利息)"账户,按照应收未收的债券利息收入,贷记"应收利息"账户,按照其差额,贷记或借记"投资收益"账户。

【例 14-6】 2019 年 7 月 16 日,广东新力电器有限公司因资金紧张,将已持有 3 年的 2020 年 9 月 1 日到期的债券出售给广东裕丰投资有限公司,售价 320 000 元,该债券账面余额为 328 000 元,其中债券面值 300 000 元,应计利息 28 000 元。新力公司账务处理如下所述。

借:银行存款	320 000.00
投资收益	8 000.00
贷:长期债券投资——面值	300 000.00
——应计利息	28 000.00

4. 长期债券投资损失核算

小企业长期债券投资因债务人资不抵债、现金短缺、破产、清算等原因而无法收回本金和利息,这类无法收回的长期债券投资产生的损失称为长期债券投资损失。长期债券投资损失应当于实际发生时计入营业外支出,同时冲减长期债券投资账面余额。

小企业实际发生长期债券投资损失,应当按照可收回的金额,借记"银行存款"等账户,按其账面余额,贷记"长期债券投资(面值、溢折价、应计利息)"账户,按照其差额,借记"营业外支出"账户。

知识拓展 14-3　长期债券投资的区别

《小企业会计准则》下,设置"长期债券投资"账户核算小企业的长期债券投资。取得长期债券投资时,应采用历史成本计量,发生的交易费用计入投资成本;且长期债券投资不需计提长期债券投资减值准备,资产负债表日发生长期债券投资公允价值变动不需作任何处理。

《企业会计准则》下,设置"债权投资"账户核算企业的长期债券投资。取得长期债券投资时,应采用公允价值计量,企业持有的长期债券投资在资产负债表日发生减值,应借记"信用减值损失"账户,贷记"债权投资减值准备"账户。

14.3　长期股权投资核算

14.3.1　账户设置

长期股权投资是指小企业准备长期持有的权益性投资。

小企业应设置"长期股权投资"账户,核算小企业准备长期持有的权益性投资。该账户属于资产类账户,借方登记小企业取得长期股权投资的成本,贷方登记小企业处置长期股权投资而结转的成本,期末余额在借方,表示小企业持有的长期股权投资的成本。

该账户应按被投资单位设置明细分类账,进行明细分类核算。"长期股权投资"账户结构,如图14-9所示。

长期股权投资

期初:持有的长期股权投资的成本 本期:登记取得长期股权投资的成本	登记处置长期股权投资而结转的成本
期末:持有的长期股权投资的成本	

图14-9　"长期股权投资"账户结构

14.3.2　会计核算

1. 取得长期股权投资核算

1) 小企业以支付现金方式取得长期股权投资,应按照实际支付的价款和相关交易费用

第 14 章 对外投资核算

扣除已宣告但尚未支付的现金股利或利润,借记"长期股权投资"账户,按实际支付价款中包含的已宣告但尚未支付的现金股利或利润,借记"应收股利"账户,按实际支付的价款,贷记"银行存款"等账户。

【例 14-7】 2019 年 5 月 10 日,广东新力电器有限公司以银行存款购买广东新河股份有限公司的股票 10 000 股,作为长期投资核算,每股买入价为 10 元,每股价格中包含有 0.2 元的已宣告但尚未发放的现金股利,另支付相关交易费用 700 元,5 月 22 日,新力公司实际收到上述现金股利。新力公司账务处理如下所述。

(1) 取得投资时:

借:长期股权投资——新河股份　　　　　　　　　　　　　　　　　98 700.00
　　应收股利　　　　　　　　　　　　　　　　　　　　　　　　　　2 000.00
　　　贷:银行存款　　　　　　　　　　　　　　　　　　　　　　　100 700.00

(2) 收到现金股利时:

借:银行存款　　　　　　　　　　　　　　　　　　　　　　　　　2 000.00
　　　贷:应收股利　　　　　　　　　　　　　　　　　　　　　　　2 000.00

2) 小企业以非货币性资产交换方式取得长期股权投资,应按照非货币性资产的评估价值和相关税费之和,借记"长期股权投资"账户,按照换出的非货币性资产的账面价值,贷记"固定资产清理""无形资产"等账户,按照支付的相关税费,贷记"应交税费"等账户,按其差额,贷记"营业外收入"账户或借记"营业外支出"账户。

【例 14-8】 2019 年 6 月 8 日,广东新力电器有限公司以 1 台专有设备换入一项长期股权投资,该设备账面原价 300 000 元,已计提折旧 200 000 元,评估价值为 160 000 元。假定不考虑相关税费。新力公司账务处理如下所述。

(1) 固定资产清理时:

借:固定资产清理　　　　　　　　　　　　　　　　　　　　　　100 000.00
　　累计折旧　　　　　　　　　　　　　　　　　　　　　　　　　200 000.00
　　　贷:固定资产　　　　　　　　　　　　　　　　　　　　　　300 000.00

(2) 取得投资时:

借:长期股权投资　　　　　　　　　　　　　　　　　　　　　　160 000.00
　　　贷:固定资产清理　　　　　　　　　　　　　　　　　　　　160 000.00

(3) 结转固定资产清理时:

借:固定资产清理　　　　　　　　　　　　　　　　　　　　　　　60 000.00
　　　贷:营业外收入　　　　　　　　　　　　　　　　　　　　　　60 000.00

2. 持有长期股权投资核算

持有长期股权投资期间,被投资单位宣告分派现金股利或利润,小企业应当按照应分得的金额,借记"应收股利"账户,贷记"投资收益"账户。

【例 14-9】 承[例 14-8],2019 年 10 月 9 日,广东新力电器有限公司收到被投资单位宣告发放现金股利的通知,应分得现金 5 000 元。新力公司账务处理如下所述。

　　借:应收股利　　　　　　　　　　　　　　　　　　　　　　5 000.00
　　　　贷:投资收益　　　　　　　　　　　　　　　　　　　　　　　　5 000.00

知识拓展 14-4　长期股权投资成本法核算

《小企业会计准则》下,长期股权投资不论投资企业对被投资单位的影响程度及是否存在活跃市场、公允价值能否可靠取得等情况,统一采用成本法进行核算。成本法下,长期股权投资持有期间,被投资单位宣告分派现金股利或利润时,投资企业按照应分得的金额确认为当期投资收益,借记"应收股利"账户,贷记"投资收益"账户。

3. 处置长期股权投资核算

小企业处置长期股权投资,应按其处置价款,借记"银行存款"等账户,按该项长期股权投资的账面余额,贷记"长期股权投资"账户,按应收未收的现金股利或利润,贷记"应收股利"账户,按其差额,借记或贷记"投资收益"账户。

【例 14-10】 2019 年 12 月 18 日,广东新力电器有限公司处置部分长期股权投资,出售价款为 150 000 元,另支付相关交易费用 1 000 元,款项已由银行收妥。该长期股权投资的账面价值为 140 000 元。新力公司账务处理如下所述。

　　借:银行存款　　　　　　　　　　　　　　　　　　　　　　149 000.00
　　　　贷:长期股权投资　　　　　　　　　　　　　　　　　　　　140 000.00
　　　　　　投资收益　　　　　　　　　　　　　　　　　　　　　　　9 000.00

4. 长期股权投资损失核算

小企业长期股权投资在持有过程中,由于投资环境的变化、被投资单位财务状况严重恶化等原因,导致部分或全部长期股权投资无法收回而实际发生的投资损失,称为长期股权投资损失。小企业长期股权投资损失应当于实际发生时计入营业外支出,同时冲减长期股权投资账面余额。

小企业实际发生长期股权投资损失,应当按照可收回的金额,借记"银行存款"等账户,按其账面余额,贷记"长期股权投资"账户,按照其差额,借记"营业外支出"账户。

【本章小结】

1. 对外投资是指小企业在本身经济业务以外以现金、实物、无形资产或者购买股票、债券等有价证券向境内外的其他单位进行的投资。按投资回收期的不同,对外投资可以分短期投资与长期投资。

2. 短期投资是指小企业购入的能随时变现并且持有时间不准备超过 1 年(含 1 年)的投资。为了核算短期投资的取得、收取现金股利或利息、处置等业务,小企业应当设置"短期投资""投资收益""应收股利""应收利息"等账户。

3. 小企业购入股票、债券、基金等作为短期投资的,应当按照实际支付的购买价款和相关交易费用,借记"短期投资"账户,贷记"银行存款"等账户。如果实际支付价款中包含了已宣告但尚未发放的现金股利或已到付息期但尚未领取的债券利息,应当单独确认为应收项目,记入"应收股利"或"应收利息"账户。

4. 长期投资是指小企业开展的不准备在1年或长于1年的一个经营周期内变现的投资。长期投资按照投资标的的不同,可分为长期债券投资与长期股权投资。长期债券投资是指小企业准备长期(1年以上)持有的债券投资。

5. 小企业应当设置"长期债券投资"账户,核算小企业准备长期持有的债券投资。长期债券投资的期末余额在借方,表示小企业持有的分期付息到期还本的长期债券投资的成本和到期一次还本付息的长期债券投资的本息。

6. 长期股权投资是指小企业准备长期持有的权益性投资。小企业应设置"长期股权投资"账户,核算小企业准备长期持有的权益性投资。该账户的期末余额在借方,表示小企业持有的长期股权投资的成本。

第七部分 利润业务

利润业务结构导图

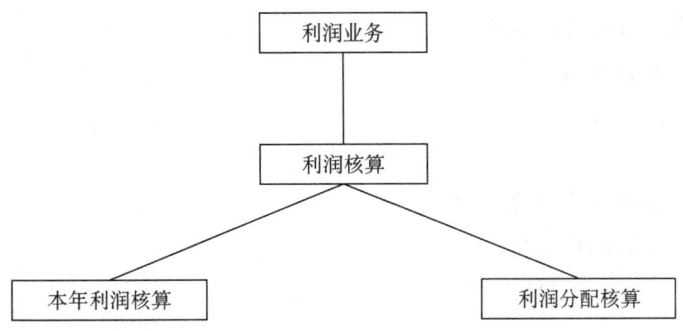

第15章 利润核算

【目的要求】

1. 知识目标
(1) 能叙述利润概念及其构成。
(2) 能叙述营业外收支的内容。
(3) 能正确计算企业所得税。
(4) 能叙述利润分配的顺序。
2. 技能目标
(1) 能编制营业外收支核算分录。
(2) 能编制本年利润核算分录。
(3) 能编制利润分配核算分录。
3. 情感目标
善于总结过去的失败,吸取教训,就能赢取未来的成功。

【重点难点】

1. 本年利润核算。
2. 利润分配核算。

【情智故事】

不要为打翻的牛奶哭泣

世界著名的成功学大师戴尔·卡耐基刚刚起步时并不顺利,尽管全国人民无不知晓他的名字,尽管他的分校遍布美国的各大城市,尽管看上去他的事业如火如荼,但是几个月下来,残酷冷漠的数字还是在无声地证明着:你的开销比盈利多,你不但一分钱都没有赚到,还赔进了××钱。这个结果使得卡耐基大为苦恼,他陷入了深深的自责里,不住地抱怨自己的疏忽大意,还一度精神恍惚,使得刚起步的事业岌岌可危。

偶然有一天,卡耐基遇到了自己中学时的生理老师。了解了他的近况之后,老师默不作声地给他拿来了一瓶牛奶。可当他刚拿起杯子要喝的时候,老师突然伸手把牛奶打落到地上。看着迷惑不解的卡耐基,老师大声说了一句:"不要为打翻牛奶而哭泣,因为这没有用!"

这句话如同醍醐灌顶,一下子震住了苦恼中的卡耐基。他顿时领悟了,精神也随之振作起来。就这样,他那险些夭折的成功培训班活了下来,这才有了今天依然活跃在市场上的《卡耐基成功之道》《人性的弱点》等伟大作品。

[情智点评] 已经无法改变的事实既可能成为推动人的成功法宝,也可能成为困住人的陷阱。至于它对你是什么,关键就看你是为这打翻的牛奶哭泣,还是清扫一下现场,然后再去倒一杯。工作中难免发生失误,我们要善于总结,吸取教训,努力改进,争取进步。

【基础知识】

15.1 本年利润核算

15.1.1 利润的构成

利润是指小企业在一定会计期间的经营成果。利润由营业利润、利润总额、净利润等组成。

1. 营业利润

营业利润是指营业收入减去营业成本、税金及附加、销售费用、管理费用、财务费用,加上投资收益(或减去投资损失)后的余额。其计算公式为:

$$营业利润 = 营业收入 - 营业成本 - 税金及附加 - 销售费用 - 管理费用 - 财务费用 + 投资收益(-投资损失)$$

$$营业收入 = 主营业务收入 + 其他业务收入 = 销售商品收入 + 提供劳务收入$$

$$营业成本 = 主营业务成本 + 其他业务成本 = 销售商品成本 + 提供劳务成本$$

$$投资收益 = 现金股利或利润 + 债券利息收入 + 处置股权投资和债券投资取得的价款与成本之间的差额$$

2. 利润总额

利润总额是指营业利润加上营业外收入,减去营业外支出后的金额。其计算公式为:

$$利润总额 = 营业利润 + 营业外收入 - 营业外支出$$

3. 净利润

净利润是指利润总额减去所得税费用后的净额。其计算公式为:

$$净利润 = 利润总额 - 所得税费用$$

15.1.2 营业外收支业务核算

1. 营业外收入核算

1) 营业外收入内容

营业外收入是指小企业非日常生产经营活动形成的,应当计入当期损益、会导致所有者权益增加、与所有者投入资本无关的经济利益的流入。通常情况下,小企业的营业外收入应当在实现时按照其实现金额计入当期损益。营业外收入主要包括:

(1) 非流动资产处置净收益。即小企业处置非流动资产实现的净收益,包括处置固定资产、无形资产、生产性生物资产等,但不包括处置长期债券投资和长期股权投资实现的净收益(计入投资收益)。

(2) 政府补助。即小企业从政府无偿取得货币性资产或非货币性资产。

(3) 捐赠收益。即小企业接受来自其他企业、组织或个人无偿给予的货币性资产或非货币性资产。

(4) 盘盈收益。即小企业在清查财产过程中查明的各种财产盘盈,包括材料、产成品、商品、现金、固定资产等的溢余。

(5) 汇兑收益。即小企业在资产负债表日,将外币交易所产生的外币货币性项目进行折算,由于汇率不同而产生的汇兑收益。

(6) 出租包装物和商品的租金收入。即小企业由于暂时闲置,将不用的包装物和库存产成品、商品出租给第三方使用而取得的租金收入。

(7) 逾期未退包装物押金收益。

(8) 确实无法偿付的应付款项。

(9) 已作坏账损失处理后又收回的应收款项。

(10) 违约金收益。

📁 知识拓展 15-1　　营业外收入的差异

《小企业会计准则》规定,小企业存货、固定资产的盘盈收益,非流动资产处置净收益以及汇兑收益,均应记入"营业外收入"账户。而在《企业会计准则》下,企业存货的盘盈收益冲减"管理费用";固定资产的盘盈作为前期差错处理,通过"以前年度损益调整"核算,最终转入年初留存收益;汇兑收益冲减"财务费用";出售非流动资产的净收益记入"资产处置损益"账户。

2) 账户设置

小企业应设置"营业外收入"账户,核算小企业营业外收入的取得和结转情况。该账户属于损益类账户,贷方登记小企业取得的各项营业外收入,借方登记期末结转到"本年利润"账户的营业外收入,期末结转后该账户应无余额。

该账户可按营业外收入的项目设置明细分类账,进行明细分类核算。"营业外收入"账户结构,如图 15-1 所示。

营业外收入	
本期:登记期末结转到"本年利润"账户的营业外收入	期初:无余额 登记小企业取得的各项营业外收入
	期末:无余额

图 15-1　"营业外收入"账户结构

3) 会计核算

(1) 小企业取得各项营业外收入时,借记"银行存款""无形资产""原材料""固定资产清理"等账户,贷记"营业外收入"账户。

(2) 期末,将"营业外收入"账户余额结转到"本年利润"账户,借记"营业外收入"账户,贷记"本年利润"账户。

知识拓展 15-2　税收先征后返的核算

《小企业会计准则》规定,小企业按照规定实行企业所得税、增值税、消费税等先征后返的,应当在实际收到返还的企业所得税、增值税(不含出口退税)、消费税时,计入营业外收入。

小企业出口产品或商品按照规定退回的增值税税款,应当冲减其他应收款,记入"其他应收款"账户的贷方,而不是确认营业外收入。

【例 15-1】 2019 年 11 月 20 日,广东新力电器有限公司因广东天怡电器有限公司违约,按合同约定,收取天怡公司违约金 3 000 元,存入银行。新力公司账务处理如下所述。

借:银行存款　　　　　　　　　　　　　　　　　　　　　　3 000.00
　　贷:营业外收入——违约金收益　　　　　　　　　　　　　　 3 000.00

2. 营业外支出核算

1) 营业外支出内容

营业外支出是指小企业非日常生产经营活动形成的,应当计入当期损益、会导致所有者权益减少、与所有者分配利润无关的经济利益的净流出。通常情况下,小企业的营业外支出应当在其发生时按其发生额计入当期损益。营业外支出主要包括:

(1) 存货的盘亏、毁损和报废净损失。

(2) 非流动资产处置净损失。即小企业处置非流动资产发生的净损失,包括处置固定资产、无形资产、生产性生物资产、长期待摊费用等发生的净损失,但不包括处置长期债券投资和长期股权投资而发生的损失,后者应单独作为损失计入投资损失。

(3) 坏账损失、无法收回的长期债券投资净损失和长期股权投资净损失。

(4) 自然灾害等不可抗力因素造成的净损失。

(5) 税收滞纳金、罚金、罚款、被没收财物的损失。

(6) 捐赠支出和赞助支出。捐赠支出是指小企业对外进行捐赠发生的支出,包括公益性和非公益性捐赠支出;赞助支出是指小企业发生的与生产经营活动无关的各种非广告性质的支出。

2) 会计核算

(1) 小企业发生各项营业外支出时,借记"营业外支出"账户,贷记"银行存款""无形资产""原材料""固定资产清理"等账户。

(2) 期末,将"营业外支出"账户余额结转到"本年利润"账户,借记"本年利润"账户,贷记"营业外支出"账户。

【例 15-2】 2019 年 11 月 27 日,广东新力电器有限公司向广东省慈善总会捐款

36 000元,用于地震灾区抗震救灾。新力公司账务处理如下所述。

借：营业外支出——公益性捐赠支出　　　　　　　　　　　　36 000.00
　　贷：银行存款　　　　　　　　　　　　　　　　　　　　　　36 000.00

15.1.3　本年利润会计核算

1. 账户设置

1)"本年利润"账户

"本年利润"账户,核算小企业本年度实现的净利润(或发生的净亏损)。该账户属于所有者权益类账户,贷方登记期末转入的本期收入数额,借方登记期末转入的本期成本、费用和支出数额,期末余额如在贷方,表示小企业实现的净利润,如在借方,表示小企业发生的净亏损。"本年利润"账户结构,如图15-2所示。

本年利润

期初:结存的净亏损 本期:登记期末转入的本期成本、费用和支出数额	期初:结存的净利润 登记期末转入的本期收入数额
期末:发生的净亏损	期末:实现的净利润

图15-2　"本年利润"账户结构

2)"所得税费用"账户

"所得税费用"账户,核算小企业根据企业所得税法确定的应从当期利润总额中扣除的所得税费用。该账户属于损益类账户,借方登记小企业按照税法规定计算确定的当期应交所得税,贷方登记小企业期末转入"本年利润"账户的所得税费用,期末结转后该账户应无余额。"所得税费用"账户结构,如图15-3所示。

所得税费用

期初:无余额 本期:登记小企业按照税法规定计算确认的当期应交所得税	登记小企业期末转入"本年利润"账户的所得税费用
期末:无余额	

图15-3　"所得税费用"账户结构

> **知识拓展15-3**　补交所得税的核算
>
> 1. 小企业根据企业所得税法规定补交的所得税,通过"所得税费用"账户核算。
> 2. 小企业按照规定实行企业所得税先征后返的,实际收到返还的企业所得税,在"营业外收入"账户核算,不在"所得税费用"账户核算。

2. 损益类账户结转核算

会计期末,小企业应结转所有损益类账户到"本年利润"账户。

(1) 将"主营业务收入""其他业务收入""营业外收入"等账户的余额分别转入"本年利润"账户的贷方,借记"主营业务收入""其他业务收入""营业外收入"等账户,贷记"本年利润"账户。

(2) 将"主营业务成本""其他业务成本""税金及附加""销售费用""管理费用""财务费用""营业外支出""所得税费用"等账户的余额分别转入"本年利润"账户的借方,借记"本年利润"账户,贷记"主营业务成本""其他业务成本""税金及附加""销售费用""管理费用""财务费用""营业外支出""所得税费用"等账户。

(3) 将"投资收益"账户的净收益转入"本年利润"账户的贷方,借记"投资收益"账户,贷记"本年利润"账户;将"投资收益"账户的净损失转入"本年利润"账户的借方,借记"本年利润"账户,贷记"投资收益"账户。

结转后"本年利润"账户如为贷方余额,表示当年实现的净利润,如为借方余额,表示当年发生的净亏损。

知识拓展 15-4　本年利润结转的方法

会计期末结转本年利润可采用"账结法"和"表结法"两种方法。月结时,小企业可以根据实际情况选用;年结时,小企业必须选用"账结法"。

账结法是指小企业结账时,需编制转账凭证,将各损益类账户的余额全部转入"本年利润"账户,通过"本年利润"账户结转本期的利润(或亏损)总额。

表结法是指小企业月结时,不需要将各损益类账户余额转入"本年利润"账户,而是直接将各损益类账户的本年累计余额填入利润表各项目中,通过利润表计算出本年累计利润(或亏损)和本月的利润(或亏损)。

【例 15-3】 广东新力电器有限公司 2019 年 11 月份有关损益类账户的发生额,如表 15-1 所示。

表 15-1　　　　　各损益类账户发生额表(结转到本年利润前)

2019 年 11 月　　　　　　　　　　　　　　　　　单位:元

收入类账户	借方发生额	贷方发生额	费用类账户	借方发生额	贷方发生额
主营业务收入	460.00	389 400.00	主营业务成本	259 752.00	312.00
其他业务收入		36 120.00	其他业务成本	21 348.00	
投资收益		8 660.00	税金及附加	9 690.00	
营业外收入		5 200.00	销售费用	32 600.00	
			管理费用	16 925.00	

(续表)

收入类账户	借方发生额	贷方发生额	费用类账户	借方发生额	贷方发生额
			财务费用	4 275.00	228.00
			营业外支出	36 000.00	
合计	460.00	439 380.00	合计	380 590.00	540.00

根据表 15-1 的资料,结转各损益类账户到"本年利润"。新力公司账务处理如下所述。

(1) 结转各收入类账户时:

$$主营业务收入的余额 = 389\,400.00 - 460.00 = 388\,940(元)$$

借:主营业务收入　　　　　　　　　　　　　　　　388 940.00
　　其他业务收入　　　　　　　　　　　　　　　　 36 120.00
　　投资收益　　　　　　　　　　　　　　　　　　　8 660.00
　　营业外收入　　　　　　　　　　　　　　　　　　5 200.00
　　贷:本年利润　　　　　　　　　　　　　　　　　438 920.00

(2) 结转各费用类账户时:

$$主营业务成本的余额 = 259\,752.00 - 312.00 = 259\,440(元)$$
$$财务费用的余额 = 4\,275.00 - 228.00 = 4\,047(元)$$

借:本年利润　　　　　　　　　　　　　　　　　　380 050.00
　　贷:主营业务成本　　　　　　　　　　　　　　 259 440.00
　　　　其他业务成本　　　　　　　　　　　　　　　21 348.00
　　　　税金及附加　　　　　　　　　　　　　　　　 9 690.00
　　　　销售费用　　　　　　　　　　　　　　　　　32 600.00
　　　　管理费用　　　　　　　　　　　　　　　　　16 925.00
　　　　财务费用　　　　　　　　　　　　　　　　　 4 047.00
　　　　营业外支出　　　　　　　　　　　　　　　　36 000.00

3. 所得税费用核算

1) 企业所得税计算

企业所得税是指对小企业应纳税所得额(包括经营所得和其他所得)征收的一种税。其中,经营所得是指小企业从事生产经营所取得的、经税务机关确认的所得;其他所得是指小企业通过非日常经营活动获得的(如股利、利息、租金及营业外收入等)经税务机关确认的所得。

应纳税所得额是在小企业税前会计利润(即利润总额)的基础上调整确定的,其计算公式为:

$$应纳税所得额 = 税前会计利润 + 纳税调整增加额 - 纳税调整减少额$$

纳税调整增加额主要包括税法规定允许扣除项目中,小企业已计入当期费用,但超过税法规定扣除标准的金额(如超过税法规定标准的职工福利费、工会经费、职工教育经费、业务招待费、公益性捐赠支出、广告费和业务宣传费等),以及小企业已计入当期损失但税法规定不允许扣除项目的金额(如税收滞纳金、罚金、罚款等)。

纳税调整减少额主要包括按税法规定允许弥补的亏损和准予免税的项目,如前5年内未弥补的亏损和国债利息收入等。

小企业当期应交所得税的计算公式为:

$$应交所得税 = 应纳税所得额 \times 所得税税率$$

【例15-4】 广东新力电器有限公司2019年实现利润总额(税前会计利润)576 475.6元,其中包括当年取得的国债利息收入2 000元,所得税税率为25%,无其他纳税调整因素,计算新力公司2019年应交所得税。

$$应纳税所得额 = 576\ 475.6 + 0 - 2\ 000 = 574\ 475.60(元)$$
$$应交所得税 = 574\ 475.60 \times 25\% = 143\ 618.90(元)$$

2) 所得税费用会计核算

小企业按应纳税所得额计算本期应交所得税时,借记"所得税费用"账户,贷记"应交税费——应交所得税"账户;期末结转本期所得税费用时,借记"本年利润"账户,贷记"所得税费用"账户;实际交纳本期应交所得税时,借记"应交税费——应交所得税"账户,贷记"银行存款"账户。

【例15-5】 承[例15-4],计算并结转广东新力电器有限公司2019年的所得税费用。新力公司账务处理如下所述。

(1) 计算应交所得税时:

借:所得税费用　　　　　　　　　　　　　　　　143 618.90
　　贷:应交税费——应交所得税　　　　　　　　　　　　143 618.90

(2) 结转所得税费用时:

借:本年利润　　　　　　　　　　　　　　　　　143 618.90
　　贷:所得税费用　　　　　　　　　　　　　　　　　　143 618.90

4. 本年利润结转核算

年度终了,小企业应将"本年利润"账户的本年累计余额结转到"利润分配——未分配利润"账户,如"本年利润"为贷方余额,则借记"本年利润"账户,贷记"利润分配——未分配利润"账户;如"本年利润"为借方余额,则作相反的会计分录。结转后,"本年利润"账户应无余额。

【例15-6】 广东新力电器有限公司2019年实现净利润(税后利润)432 856.70元,年末结转到"利润分配——未分配利润"账户。新力公司账务处理如下所述。

借:本年利润　　　　　　　　　　　　　　　　　432 856.70
　　贷:利润分配——未分配利润　　　　　　　　　　　　432 856.70

15.2 利润分配核算

15.2.1 利润分配概述

1. 利润分配顺序

利润分配是指小企业根据国家有关规定和小企业章程、投资者协议等,对小企业当年可供分配的利润所进行的分配。小企业当年可供分配的利润包括小企业当年实现的净利润(或净亏损)、年初未分配利润(或未弥补亏损)和其他转入(如用盈余公积补亏)等。小企业利润分配的顺序为:

(1) 弥补以前年度亏损。小企业发生的亏损,可以用以后年度实现的利润进行弥补,但连续弥补期不得超过5年,超过5年的用税后利润弥补。

(2) 提取法定盈余公积。小企业应按弥补以前年度亏损后的净利润的10%提取法定盈余公积,当法定盈余公积达到注册资本的50%及以上的,可以不再提取。

(3) 提取任意盈余公积。小企业提取法定盈余公积后,还可依据需要和可能,提取一定比例的任意盈余公积。

(4) 向投资者分配利润。可供分配的利润减去弥补亏损、提取盈余公积后的余额,为可供投资者分配的利润。可供投资者分配的利润可向投资者分红,也可转增资本。

可供分配的利润减去弥补亏损、提取盈余公积、向投资者分红后的余额为未分配利润。未分配利润可留待以后年度进行分配。

知识拓展15-5 盈余公积的内容

盈余公积是指小企业按有关规定从净利润中提取的积累资金。公司制小企业的盈余公积包括法定盈余公积和任意盈余公积。法定盈余公积是指小企业按照规定的比例从净利润中提取的盈余公积。任意盈余公积是指小企业按照股东会或股东大会决议提取的盈余公积。

公司制小企业按弥补以前年度亏损后的税后利润的10%提取法定盈余公积;非公司制小企业也可按高于10%的比例提取。当法定盈余公积达到注册资本的50%及以上的,可以不再提取。

2. 账户设置

1) "利润分配"账户

"利润分配"账户,核算小企业利润的分配(或亏损的弥补)和历年分配(或弥补)后的未分配利润(或未弥补亏损)。该账户属于所有者权益类账户,贷方登记年末转入的全年实现的净利润和用盈余公积弥补的亏损,借方登记提取的法定盈余公积和任意盈余公积、分配的现金股利或利润,以及年末转入的全年发生的亏损,年末余额如在贷方,表示小企业历年累计未分配的利润,如在借方,表示小企业历年累计未弥补的亏损。

"利润分配"账户应按"提取法定盈余公积""提取任意盈余公积""应付利润""盈余公积补亏""未分配利润"等项目设置明细分类账,进行明细分类核算。"利润分配"账户结构,如图 15-4 所示。

利润分配

期初:历年累计结存的未弥补亏损 本期:登记提取的法定盈余公积和任意盈余公积、分配的现金股利或利润,以及年末转入的全年发生的亏损	期初:历年累计结存的未分配利润 登记年末转入的全年实现的净利润和用盈余公积弥补的亏损
期末:小企业历年累计未弥补的亏损	期末:小企业历年累计未分配的利润

图 15-4 "利润分配"账户结构

2)"盈余公积"账户

"盈余公积"账户,核算小企业按照公司法规定在税后利润中提取的法定盈余公积金和任意盈余公积金。该账户属于所有者权益类账户,贷方登记小企业按规定提取的各项盈余公积,借方登记小企业使用盈余公积弥补亏损、转增资本以及分配利润的数额,期末余额一般在贷方,表示小企业盈余公积的结存数额。

"盈余公积"账户可按"法定盈余公积"和"任意盈余公积"设置明细分类账,进行明细分类核算。"盈余公积"账户结构,如图 15-5 所示。

盈余公积

本期:登记小企业使用盈余公积弥补亏损、转增资本以及分配利润的数额	期初:结存的盈余公积 登记小企业按规定提取的各项盈余公积
	期末:盈余公积的结存数

图 15-5 "盈余公积"账户结构

3)"应付利润"账户

"应付利润"账户,核算小企业向投资者分配的利润。应付利润是指小企业根据股东大会或类似机构审议批准的利润分配方案确定分配给投资者的现金股利或利润。该账户属于负债类账户,贷方登记小企业应支付的现金股利或利润,借方登记小企业实际支付的现金股利或利润,期末余额在贷方,表示小企业应付而未付的现金股利或利润。

"应付利润"账户应按投资者设置明细分类账,进行明细分类核算。"应付利润"账户结构,如图 15-6 所示。

应付利润

本期:登记小企业实际支付的现金股利或利润	期初:应付而未付的现金股利或利润 登记小企业应支付的现金股利或利润
	期末:应付而未付的现金股利或利润

图 15-6 "应付利润"账户结构

15.2.2 利润分配会计核算

1. 盈余公积核算

1) 提取盈余公积核算

小企业当年实现的净利润,在弥补以前年度亏损后,按规定应提取盈余公积,借记"利润分配"账户,贷记"盈余公积"账户。

【例 15-7】 广东新力电器有限公司 2019 年实现税后利润 432 856.70 元,按规定计提法定盈余公积,计提比例为 10%。新力公司账务处理如下所述。

$$法定盈余公积 = 432\,856.70 \times 10\% = 43\,285.67(元)$$

借:利润分配——提取法定盈余公积　　　　　　　　　　　　　　　43 285.67
　　贷:盈余公积——法定盈余公积　　　　　　　　　　　　　　　　43 285.67

附原始凭证:计提盈余公积决议,如图 15-7 所示。

新力公司股东大会决议

经股东大会一致同意,形成决议如下:

经股东大会决议批准,广东新力电器有限公司决定按税后利润432 856.70 元的 10%提取法定盈余公积金。

　　　　　　　　　　　　　　　　　　　　广东新力电器有限公司
　　　　　　　　　　　　　　　　　　　　董事长:何建明
　　　　　　　　　　　　　　　　　　　　2019 年 12 月 31 日

图 15-7　计提盈余公积决议

2) 盈余公积使用核算

小企业提取的盈余公积可用于弥补亏损、转增资本或扩大生产经营等。

(1) 弥补亏损。小企业发生的亏损,5 年内的可在盈利后用税前利润进行弥补;对按规定不能用税前利润弥补的亏损,则用税后利润进行弥补;税后利润仍不足弥补的,经董事会、股东大会或类似机构批准,可以用盈余公积进行弥补。

用盈余公积弥补亏损时,借记"盈余公积——法定或任意盈余公积"账户,贷记"利润分配——盈余公积补亏"账户。

【例 15-8】 2015 年 12 月 31 日,广东新力电器有限公司经股东大会决议批准,决定以公司法定盈余公积 50 000 元弥补当年亏损。新力公司账务处理如下所述。

借:盈余公积——法定盈余公积　　　　　　　　　　　　　　　　50 000.00
　　贷:利润分配——盈余公积补亏　　　　　　　　　　　　　　　50 000.00

(2) 转增资本。经董事会、股东大会或类似机构批准,小企业可以用盈余公积转增资本,但转增后留存盈余公积不得低于注册资本的 25%。在办妥增资手续后,按转增金额,借记"盈余公积"账户,贷记"实收资本"账户。

【例 15-9】 2019 年 12 月 31 日,广东新力电器有限公司经股东大会决议批准,决定以法定盈余公积 80 000 元转增资本,已办妥增资手续。新力公司账务处理如下所述。

  借:盈余公积——法定盈余公积   80 000.00
    贷:实收资本   80 000.00

2. 分配股利或利润核算

小企业可供分配的利润,在弥补亏损、提取盈余公积后的余额,经股东大会或类似权力机构决议批准,可以向投资者进行分配。

(1) 小企业根据股东大会或类似机构审议批准的利润分配方案,确认应付给投资者的现金股利或利润时,借记"利润分配——应付现金股利或利润"账户,贷记"应付利润"账户。

(2) 小企业向投资者实际支付现金股利或利润时,借记"应付利润"账户,贷记"银行存款"等账户。

知识拓展 15-6 股票股利的核算

小企业股利的支付存在多种形式,其中,现金股利和股票股利是股利支付的两种基本形式。现金股利的分配通过"应付利润"账户进行核算。而股票股利的分配不通过"应付利润"账户核算。

小企业经股东大会或类似机构决议,分配给投资者(股东)股票股利,应在办理增资手续后,借记"利润分配——转作股本的股利"账户,贷记"实收资本"(或"股本")账户。

【例 15-10】 2019 年 12 月 31 日,广东新力电器有限公司经股东大会决议批准,决定分配利润 200 000 元。新力公司账务处理如下所述。

  借:利润分配——应付利润   200 000.00
    贷:应付利润   200 000.00

附原始凭证:利润分配决议,如图 15-8 所示。

新力公司股东大会决议

  经股东大会一致同意,形成决议如下:
  经股东大会决议批准,广东新力电器有限公司决定按各投资者出资比例分配利润 200000 元。

广东新力电器有限公司
董事长:何建明
2019 年 12 月 31 日

图 15-8 利润分配决议

知识拓展 15-7 应付投资者利润核算的区别

《小企业会计准则》下,小企业应设置"应付利润"账户,核算小企业向投资者分配的利润。该账户属于负债类账户,贷方登记小企业应支付的现金股利或利润,借方登记小企业实际支付的现金股利或利润,期末余额在贷方,表示小企业应付而未付的现金股利或利润。

《企业会计准则》下,企业应设置"应付股利"账户,核算企业向投资者分配的利润。该账户属于负债类账户,贷方登记企业应支付的现金股利或利润,借方登记企业实际支付的现金股利或利润,期末余额在贷方,表示企业应付而未付的现金股利或利润。

3. 利润分配各明细账户结转核算

年度终了,小企业应将除"未分配利润"外的"利润分配"账户所属其他明细账户余额,转入"未分配利润"明细账户。结转后,除"未分配利润"外的其他明细账户应无余额。年终结转后,"利润分配——未分配利润"账户的贷方余额,表示小企业历年累计结存的未分配利润;如为借方余额,表示小企业历年累计未弥补的亏损。

【例15-11】 承[例15-7]和[例15-10],2019年12月31日,广东新力电器有限公司结转利润分配数额到"利润分配——未分配利润"账户。新力公司账务处理如下所述。

借:利润分配——未分配利润　　　　　　　　　　　243 285.67
　　贷:利润分配——提取法定盈余公积　　　　　　　43 285.67
　　　　　　　　——应付利润　　　　　　　　　　200 000.00

【本章小结】

1. 营业外收入是指小企业非日常生产经营活动形成的,应当计入当期损益、会导致所有者权益增加、与所有者投入资本无关的经济利益的流入。通常情况下,小企业的营业外收入应当在实现时按照其实现金额计入当期损益。

2. 营业外支出是指小企业非日常生产经营活动形成的,应当计入当期损益、会导致所有者权益减少、与所有者分配利润无关的经济利益的净流出。通常情况下,小企业的营业外支出应当在其发生时按其发生额计入当期损益。

3. 利润是指小企业在一定会计期间的经营成果。利润由营业利润、利润总额、净利润等组成。营业利润是指营业收入减去营业成本、税金及附加、销售费用、管理费用、财务费用,加上投资收益(或减去投资损失)后的余额。利润总额是指营业利润加上营业外收入,减去营业外支出后的金额。净利润是指利润总额减去所得税费用后的净额。

4. 利润分配是指小企业根据国家有关规定和小企业章程、投资者协议等,对小企业当年可供分配的利润所进行的分配。小企业当年可供分配的利润包括小企业当年实现的净利润(或净亏损)、年初未分配利润(或未弥补亏损)和其他转入(如用盈余公积补亏)等。

第八部分　财务报告业务

财务报告业务结构导图

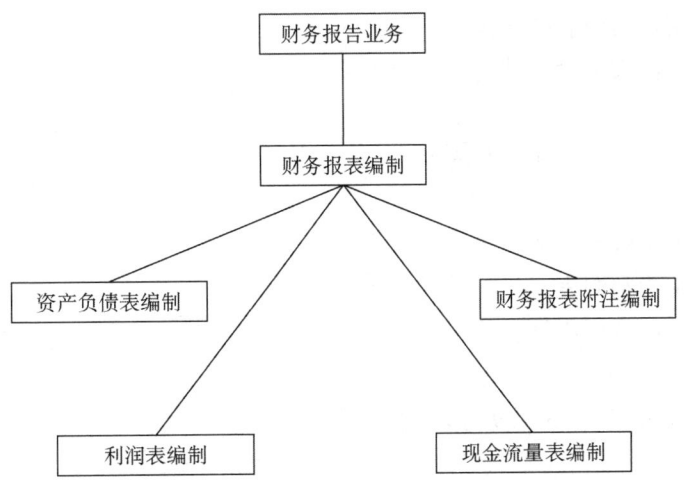

第16章　财务报表编制

【目的要求】

1. 知识目标

(1) 能叙述资产负债表概念和作用。

(2) 能熟记资产负债表的结构。

(3) 能叙述利润表概念与结构。

(4) 能叙述现金流量表概念与结构。

(5) 能叙述财务报表附注编制内容。

2. 技能目标

(1) 能正确编制资产负债表。

(2) 能正确编制利润表。

(3) 能正确编制现金流量表。

3. 情感目标

一切从实际出发,理论联系实际,实事求是。

【重点难点】

1. 资产负债表编制。

2. 利润表编制。

3. 现金流量表编制。

【情智故事】

"实事求是"题词的由来

大凡进过各级党校学习的同志,都会有这样的深刻印象:在党校大门或标志性建筑物上,都有毛主席"实事求是"的题词。中央党校更是把这四个字刻在一块很大的石头上,陈放在校园内,格外地醒目。其实,这个约定俗成的做法源于延安时代。1943年,为了给学员创造更好的学习环境,活跃职工的精神生活,中央党校修建了一座占地1 200平方米、可容纳千余人的大礼堂,将要竣工时,人们左看右看,虽然建筑雄伟宽敞,可总觉得少点什么。有人提议在正面挂个题词什么的,一说题词,大家就很自然地想到范文澜老先生,他历史知识渊博,求他帮助,一定会使大家满意。范老接受这一请求后,苦思冥想,怎么也想不出一句合适的话来,试着写了几条,连自己也不满意,于是提议去找毛主席。

毛主席欣然接受了党校同志的请求,立即叫人拿来四张二尺见方的麻纸,秉笔沉思片刻,即饱蘸浓墨,迅速挥毫,瞬间,"实事求是"四个雄健潇洒的大字跃然纸上。大家齐声称赞毛主席对马列主义研究得精深、透彻,一下子就抓住了问题的实质。"实事求是"不正是马列主义的精髓,党校教学的根本宗旨吗?!

"实事求是"的石刻镶嵌入正门后,使这座建筑倍添光彩,犹如给一条蛟龙点上了明亮的眼睛,从此,这一题词就成了党校学员学习研究马列主义的座右铭。

[情智点评] 实事求是作为中国共产党的思想路线,其科学内涵表现为一切从实际出发,理论联系实际,实事求是,在实践中检验真理和发展真理。作为会计人员,同样需要有实事求是的精神,按实际办事,如实提供反映企业真实情况的财务信息。

【基础知识】

财务报表是指对小企业财务状况、经营成果和现金流量的结构性表述。小企业的财务报表至少应当包括资产负债表、利润表、现金流量表以及附注。

16.1 资产负债表编制

16.1.1 资产负债表概述

1. 资产负债表概念

资产负债表是反映小企业某一特定日期财务状况的财务报表。资产负债表是小企业主要财务报表之一。按年度编制的资产负债表,反映的是小企业每年 12 月 31 日的财务状况;按月份编制的资产负债表,反映的是小企业每个月最后一天的财务状况;按季度编制的资产负债表,反映的是小企业每个季度最后一天的财务状况。

2. 资产负债表作用

资产负债表主要提供有关小企业财务状况方面的信息,即某一特定日期关于小企业资产、负债、所有者权益及其相互关系。资产负债表的作用具体包括:

(1) 可以提供某一日期资产的总额及其结构,表明小企业拥有或控制的资源及其分布情况。

(2) 可以提供某一日期的负债总额及其结构,表明小企业未来需要用多少资产或劳务清偿债务以及清偿时间。

(3) 可以反映小企业所有者拥有的权益,据以判断资本保值、增值的情况以及对负债的保障程度。

3. 资产负债表结构

小企业的资产负债表应采用账户式结构。账户式资产负债表分左、右两方,左方为资产项目,按资产的流动性大小排列;右方为负债及所有者权益项目,其中负债项目按偿还的先后顺序排列,所有者权益项目按其永续性递减顺序排列。

账户式资产负债表中的资产各项目的合计数等于负债及所有者权益各项目的合计数,即资产负债表的左方和右方平衡,反映了资产、负债、所有者权益之间的内在平衡关系。

16.1.2 资产负债表编制

资产负债表中一般设有"年初余额"和"期末余额"两栏。其中,"年初余额"栏内各项目数字,应根据上年年末资产负债表的"期末余额"栏内所列数字填列。如果小企业上年年末资产负债表规定的项目名称和内容与本年年末资产负债表不一致,应当对上年年末资产负债表相关项目的名称和数字按照本年年末资产负债表的规定进行调整,填入"年初余额"栏。

"期末余额"栏数字的填列,应根据各项目的不同性质分别采用不同的方法来填列。

1. 根据总分类账户期末余额直接填列

(1) 资产类项目包括"短期投资""应收票据""应收股利""应收利息""其他应收款""长期股权投资""固定资产原价""累计折旧""在建工程""工程物资""固定资产清理""开发支出""长期待摊费用"等项目。

(2) 负债类项目包括"短期借款""应付票据""应付职工薪酬""应交税费""应付利息""应付利润""其他应付款""长期应付款""递延收益"等项目。

(3) 所有者权益类项目包括"实收资本"(或"股本")"资本公积""盈余公积"等项目。

2. 根据总分类账户期末余额计算填列

(1) "货币资金"项目＝"库存现金"(借方)＋"银行存款"(借方)＋"其他货币资金"(借方)。

(2) "存货"项目＝"在途物资"(或"材料采购")(借方)＋["原材料"(借方)±"材料成本差异"(借方或贷方)]＋"周转材料"(借方)＋["库存商品"(借方)－"商品进销差价"(贷方)]＋"发出商品"(借方)＋"生产成本"(借方)＋"委托加工物资"(借方)。

(3) "其他流动资产"项目＝"其他流动资产"(借方)＋1年内到期的非流动资产。

(4) "长期债券投资"项目＝"长期债券投资"(借方)－1年内到期的长期债券投资。

(5) "其他流动负债"项目＝"其他流动负债"(贷方)＋1年内到期的非流动负债。

(6) "长期借款"项目＝"长期借款"(贷方)－1年内到期的长期借款。

3. 根据总分类账户和明细分类账户期末余额分析计算填列

(1) "应收账款"项目＝"应收账款"明细账户(借方)＋"预收账款"明细账户(借方)。

(2) "预付账款"项目＝"预付账款"明细账户(借方)＋"应付账款"明细账户(借方)－"预付账款"总分类账户中超过1年期以上的预付账款借方余额。

(3) "应付账款"项目＝"应付账款"明细账户(贷方)＋"预付账款"明细账户(贷方)。

(4) "预收账款"项目＝"应收账款"明细账户(贷方)＋"预收账款"明细账户(贷方)－"预收账款"账户中超过1年期以上的预收账款贷方余额。

(5) "其他非流动资产"项目＝有关总分类账户的期末余额＋"预付账款"总分类账户中超过1年期以上的预付账款借方余额。

(6) "其他非流动负债"项目＝有关总分类账户的期末余额＋"预收账款"总分类账户中

超过1年期以上的预收账款贷方余额。

4. 根据有关资产账户期末余额及其备抵账户期末余额计算填列

(1) "生产性生物资产"项目＝"生产性生物资产"账户(借方)－"生产性生物资产累计折旧"账户(贷方)。

(2) "无形资产"项目＝"无形资产"账户(借方)－"累计摊销"账户(贷方)。

(3) "固定资产账面价值"项目＝"固定资"账户(借方)－"累计折旧"账户(贷方)。

5. 根据有关明细分类账户期末余额计算填列

(1) 年末："未分配利润"项目＝"利润分配——未分配利润"(贷方)(若为借方余额,则以负数表示)。

(2) 1～11月："未分配利润"项目＝"利润分配——未分配利润"(贷方)＋"本年利润"(贷方)(若为借方余额,则以负数表示)。

知识拓展 16-1　　财务报表编制原则

小企业必须按年编制财务报表。对于月度和季度财务报表,一般情况下,在一个会计年度内,小企业应当按月编制财务报表;如果按月编制财务报表有困难的,或者小企业财务报表外部使用者不要求小企业提供月度财务报表,则可以按季编制财务报表。

财务报表中相关项目所反映的交易和事项,小企业没有发生的,不得在该项目填"0",而应空置。以"0"填列,表明该项目所反映的交易或事项当期已经发生但余额为"0"。

【例 16-1】 2019 年 11 月 30 日,广东新力电器有限公司总分类账户期末余额,如表 16-1 所示,相关明细分类账户期末余额,如表 16-2 所示。

表 16-1　　　　　　　　　　　　总分类账户期末余额表

2019 年 11 月 30 日　　　　　　　　　　　　　　　　单位:元

账户名称	借方余额	账户名称	贷方余额
库存现金	12 000.00	短期借款	40 000.00
银行存款	122 730.00	应付账款	207 600.00
其他货币资金	54 600.00	应付票据	81 600.00
短期投资	83 000.00	预收账款	10 000.00
应收票据	132 000.00	应付利润	80 000.00
应收账款	260 000.00	应付职工薪酬	120 000.00
预付账款	20 000.00	应交税费	25 174.00
其他应收款	10 000.00	其他应付款	20 000.00
在途物资	50 000.00	累计折旧	240 000.00

(续表)

账户名称	借方余额	账户名称	贷方余额
原材料	265 000.00	累计摊销	80 000.00
周转材料	69 600.00	长期借款	520 000.00
库存商品	324 800.00	实收资本	2 600 000.00
长期股权投资	200 000.00	资本公积	460 000.00
固定资产	2 792 000.00	盈余公积	219 540.00
在建工程	256 000.00	未分配利润	427 816.00
工程物资	60 000.00		
无形资产	420 000.00		
合计	5 131 730.00	合计	5 131 730.00

表 16-2　　　　　　　　　　有关明细分类账户期末余额表

2019 年 11 月 30 日　　　　　　　　　　　　　　　　单位：元

账户名称	借或贷	余额	账户名称	借或贷	余额
应收账款	借	260 000.00	应付账款	贷	207 600.00
——艳阳天电器	借	60 000.00	——珠江钢材	贷	117 600.00
——双林电器	借	70 000.00	——佳华电子	贷	100 000.00
——四海电器	借	60 000.00	——蓝波塑料	借	10 000.00
——天怡电器	借	80 000.00			
——新怡百货	贷	10 000.00			
预收账款	贷	10 000.00	预付账款	借	20 000.00
——金程电器	贷	10 000.00	——利华电子	借	20 000.00

根据表 16-1 和表 16-2 的资料，编制新力公司 2019 年 11 月 30 日资产负债表。

(1) 资产负债表期末余额栏部分数据计算：

货币资金 = 12 000.00 + 122 730.00 + 54 600.00 = 189 330(元)

存货 = 50 000.00 + 265 000.00 + 69 600.00 + 324 800.00 = 709 400(元)

固定资产账面价值 = 2 792 000.00 - 240 000.00 = 2 552 000(元)

无形资产 = 420 000.00 - 80 000.00 = 340 000(元)

(2) 资产负债表编制，如表 16-3 所示。

表 16-3　　　　　　　　　　　　　　　　资产负债表

编制单位：广东新力电器有限公司　　　2019 年 11 月 30 日　　　　　　　　　　　　单位：元

资产	期末余额	年初余额	负债及所有者权益	期末余额	年初余额
流动资产：			流动负债：		
货币资金	189 330.00		短期借款	40 000.00	
短期投资	83 000.00		应付票据	81 600.00	
应收票据	132 000.00		应付账款	207 600.00	
应收账款	260 000.00		预收账款	10 000.00	
预付账款	20 000.00		应付职工薪酬	120 000.00	
应收利息			应交税费	25 174.00	
应收股利			应付利息		
其他应收款	10 000.00		应付利润	80 000.00	
存货	709 400.00		其他应付款	20 000.00	
其他流动资产			其他流动负债		
流动资产合计	1 403 730.00		流动负债合计	584 374.00	
非流动资产：					
长期债券投资			非流动负债：		
长期股权投资	200 000.00		长期借款	520 000.00	
固定资产原价	2 792 000.00		长期应付款		
减：累计折旧	240 000.00		其他非流动负债		
固定资产账面价值	2 552 000.00		非流动负债合计	520 000.00	
在建工程	256 000.00		负债合计	1 104 374.00	
工程物资	60 000.00				
固定资产清理					
生产性生物资产			所有者权益：		
无形资产	340 000.00		实收资本（或股本）	2 600 000.00	
开发支出			资本公积	460 000.00	
长期待摊费用			盈余公积	219 540.00	
其他非流动资产			未分配利润	427 816.00	
非流动资产合计	3 408 000.00		所有者权益合计	3 707 356.00	
资产总计	4 811 730.00		负债及所有者权益总计	4 811 730.00	

16.2 利润表编制

16.2.1 利润表概述

1. 利润表概念

利润表是反映小企业在一定会计期间经营成果的财务报表。按年度编制的利润表反映的是小企业每年从1月1日起至12月31日止整个会计年度累计实现的经营成果;按月份编制的利润表反映的是小企业每个月第一天起至最后一天止这一会计期间实现的经营成果;按季度编制的利润表反映的是小企业每个季度第一天起至本季度最后一天止这一会计期间实现的经营成果。

2. 利润表作用

利润表能充分反映小企业经营业绩的主要来源和构成,有助于使用者判断净利润的质量及其风险,有助于使用者预测净利润的持续性,从而作出正确的决策。利润表的作用具体包括:

(1) 可以反映小企业一定会计期间收入的实现情况,如实现的营业收入有多少、实现的投资收益有多少、实现的营业外收入有多少等。

(2) 可以反映小企业一定会计期间的费用耗费情况,如耗费的营业成本有多少,税金及附加有多少及销售费用、管理费用、财务费用各有多少,营业外支出有多少等。

(3) 可以反映小企业生产经营活动的成果,即净利润的实现情况,据以判断资本保值、增值等情况。

3. 利润表结构

小企业的利润表应采用多步式结构,即通过对当期的收入和费用项目加以归类,按利润形成的主要环节列示一些中间性利润指标,如营业利润、利润总额和净利润,分步计算当期的净利润。具体分为三个步骤:

(1) 以营业收入为基础,减去营业成本、税金及附加、销售费用、管理费用、财务费用,加上投资收益(减去投资损失),计算出营业利润。

(2) 以营业利润为基础,加上营业外收入,减去营业外支出,计算出利润总额。

(3) 以利润总额为基础,减去所得税费用,计算出净利润(或净亏损)。

16.2.2 利润表编制

利润表中一般设有"本年累计金额"和"本月金额"两栏。"本年累计金额"栏反映各项目自年初起至报告期末(月末、季末、年末)止的累计实际发生额;"本月金额"栏反映各项目的本月实际发生额。编制季度利润表时,应将"本月金额"栏改为"本季金额"栏,反映各项目本季度的实际发生额;编制年度利润表时,应将"本月金额"栏改为"上年金额"栏,填列上年全年实际发生额。如果上年度利润表的项目名称和内容与本年度利润表不一致,应当对上年度利润表的项目名称和数字按照本年度利润表的规定进行调整,填入"上年金额"栏。

利润表中各项目主要依据各损益类账户的本期发生额分析计算填列。

1. 收入类项目的填列

"营业收入"项目＝"主营业务收入"账户本期发生额＋"其他业务收入"账户本期发生额。

2. 费用类项目的填列

(1)"营业成本"项目＝"主营业务成本"账户本期发生额＋"其他业务成本"账户本期发生额。

(2)"税金及附加""销售费用""管理费用""财务费用""投资收益"项目＝"税金及附加""销售费用""管理费用""财务费用""投资收益"账户的本期发生额。

3. 利润类项目的填列

(1)"营业利润"项目＝"营业收入"－"营业成本"－"税金及附加"－"销售费用"－"管理费用"－"财务费用"＋"投资收益"。

(2)"营业外收入""营业外支出"项目＝"营业外收入""营业外支出"账户的本期发生额。

(3)"利润总额"项目＝营业利润＋营业外收入－营业外支出。

(4)"所得税费用"项目＝"所得税费用"账户的本期发生额。

(5)"净利润"项目＝利润总额－所得税费用。

【例16-2】 广东新力电器有限公司2019年11月份有关损益类账户的发生额,如表16-4所示。

表16-4　　　　　　各损益类账户发生额表(结转到本年利润前)

2019年11月　　　　　　　　　　　　　　单位:元

收入类账户	借方发生额	贷方发生额	费用类账户	借方发生额	贷方发生额
主营业务收入	460.00	389 400.00	主营业务成本	259 752.00	312.00
其他业务收入		36 120.00	其他业务成本	21 348.00	
投资收益		8 660.00	税金及附加	9 690.00	
营业外收入		5 200.00	销售费用	32 600.00	
			管理费用	16 925.00	
			财务费用	4 275.00	228.00
			营业外支出	36 000.00	
合计	460.00	439 380.00	合计	380 590.00	540.00

根据表16-4的资料,编制新力公司2019年11月份利润表。

(1)利润表本月金额计算：

主营业务收入的余额＝389 400.00－460.00＝388 940(元)

营业收入＝388 940.00＋36 120.00＝425 060(元)

主营业务成本的余额＝259 752.00－312.00＝259 440(元)

营业成本＝259 440.00＋21 348.00＝280 788(元)

财务费用的余额 = 4 275.00 − 228.00 = 4 047(元)

所得税费用 = 58 870.00 × 25% = 14 717.50(元)

(2) 利润表编制,如表 16-5 所示。

表 16-5　　　　　　　　　　　　　　利　润　表

编制单位:广东新力电器有限公司　　　2019 年 11 月　　　　　　　　　　　　单位:元

项目	本年累计金额	本月金额
一、营业收入		425 060.00
减:营业成本		280 788.00
税金及附加		9 690.00
销售费用		32 600.00
管理费用		16 925.00
财务费用		4 047.00
加:投资收益(损失以"−"号填列)		8 660.00
二、营业利润(损失以"−"号填列)		89 670.00
加:营业外收入		5 200.00
减:营业外支出		36 000.00
三、利润总额(亏损总额以"−"号填列)		58 870.00
减:所得税费用		14 717.50
四、净利润(净亏损以"−"号填列)		44 152.50

16.3　现金流量表编制

16.3.1　现金流量表概述

1. 现金流量表概念

现金流量表是反映小企业在一定会计期间现金流入和流出情况的财务报表。按年度编制的现金流量表反映的是小企业每年从 1 月 1 日起至 12 月 31 日止整个会计年度累计发生的现金流量情况;按月份编制的现金流量表反映的是小企业每个月第一天起至最后一天止这一会计期间发生的现金流量情况;按季度编制的现金流量表反映的是小企业每个季度第一天起至本季度最后一天止这一会计期间发生的现金流量情况。

知识拓展 16-2　　**现金流量表的区别**

《小企业会计准则》下,现金流量是指小企业现金流入(即收到现金)和现金流出(即支付现金)。作为小企业现金流量表中反映的现金,包括库存现金、银行存款和其他货币资金。在现金流量表中,库存现金、银行存款和其他货币资金被视为一个整体,小企业现金不同形式的转换不产生现金流入和流出。

《企业会计准则》下,现金流量表是以现金和现金等价物为编制基础。现金是指企业库存现金以及可以随时用于支付的存款,包括库存现金、银行存款和其他货币资金。现金等价物是指企业持有的期限短、流动性强、易于转换为已知金额、价值变动风险很小的投资。现金等价物通常包括3个月内到期的短期债券投资等。

2. 现金流量表作用

现金流量表可以为财务报表使用者提供小企业一定会计期间内现金流入和流出的信息,便于使用者了解和评价小企业获取现金的能力,据以预测小企业未来的现金流量。现金流量表的作用具体包括:

(1) 有助于评价小企业支付能力、偿债能力和周转能力。

(2) 有助于预测小企业未来现金流量。

(3) 有助于分析小企业利润质量及影响现金净流量的因素,掌握小企业经营活动、投资活动和筹资活动的现金流量,可以从现金流量的角度了解净利润的质量,为分析和判断企业的财务前景提供有用的会计信息。

3. 现金流量表结构

小企业的现金流量表应采用报告式结构。根据业务活动的性质和现金流量的来源,现金流量表在结构上将小企业一定期间发生的现金流量分为三类:经营活动产生的现金流量、投资活动产生的现金流量和筹资活动产生的现金流量。

16.3.2 现金流量表编制

现金流量表中一般设有"本年累计金额"和"本月金额"两栏。"本年累计金额"栏反映各项目自年初起至报告期末(月末、季末、年末)止的累计实际发生额;"本月金额"栏反映各项目的本月实际发生额。编制季度现金流量表时,应将"本月金额"栏改为"本季金额"栏,反映各项目本季度的实际发生额;编制年度现金流量表时,应将"本月金额"栏改为"上年金额"栏,填列上年全年实际发生额。如果上年度现金流量表的项目名称和内容与本年度现金流量表不一致,应当对上年度现金流量表的项目名称和数字按照本年度现金流量表的规定进行调整,填入报表的"上年金额"栏。

具体编制现金流量表时,小企业可以采用工作底稿法或 T 型账户法,也可以根据有关账户记录分析填列。

1. 经营活动产生的现金流量有关项目的计算

(1) "销售产成品、商品、提供劳务收到的现金"项目＝本期销售产成品、商品、提供劳务收到的现金(不包括增值税销项税额)＋本期收到前期销售产成品、商品、提供劳务收到的现金＋本期预收的货款＋销售材料等收到的现金－本期因退回销售的产成品、商品而支付的现金。

(2) "收到其他与经营活动有关的现金"项目＝收到的增值税销项税额＋收到的各种税费返还及政府补助的现金＋经营租赁收到的现金(租金收入)＋由个人赔偿的现金收入和保

险理赔的现金收入＋收到捐赠的现金＋收到的押金、保证金、违约金。

（3）"购买原材料、商品、接受劳务支付的现金"项目＝本期购买原材料、周转材料、商品、委托加工物资、接受劳务支付的现金（不包括增值税进项税额）＋本期支付前期购买原材料、周转材料、商品、委托加工物资、接受劳务未付的款项＋本期预付的款项－本期因发生购货退回收到的现金以及支付的已资本化在存货中的借款费用。

（4）"支付的职工薪酬"项目＝支付给职工的工资、奖金、津贴和补贴＋支付给职工或用于职工的职工福利费＋支付的社会保险费和住房公积金＋支付的或用于职工的工会经费和职工教育经费＋因解除与职工的劳动关系而给予的现金补偿＋其他与获得职工提供的服务而支付的现金（包括支付给在建工程和无形资产开发人员的薪酬）。

（5）"支付的税费"项目＝本期发生并支付的税费（包括税收滞纳金和代扣代缴的个人所得税）＋本期支付以前各期发生的税费＋本期预缴的税费。

（6）"支付其他与经营活动有关的现金"项目＝支付的商品维修费＋在销售商品过程中支付的运输费、装卸费、包装费、保险费＋支付的广告费、业务宣传费、展览费＋支付的开办费＋支付的行政管理部门发生的费用＋支付的业务招待费、研究费用、技术转让费、财产保险费、聘请中介机构费、咨询费（含顾问费）、诉讼费＋支付的罚金、罚款＋经营租赁支付的租金＋对外捐赠、赞助的现金＋购买股票、债券时实际支付价款中包含的已宣告但尚未领取的现金股利或已到付息期但尚未领取的债券利息。

2. 投资活动产生的现金流量有关项目的计算

（1）"收回短期投资、长期债券投资和长期股权投资收到的现金"项目＝本期出售短期权益性投资收到的现金＋本期出售或到期收回短期债权性投资收到的现金＋本期转让长期股权投资收到的现金＋本期转让或到期收回长期债券投资本金而收到的现金。

（2）"取得投资收益收到的现金"＝本期取得被投资单位发放的现金股利而收到的现金＋本期收到被投资单位分配的利润而收到的现金＋本期取得短期债权性投资和长期债券投资的利息收入而收到的现金。

（3）"处置固定资产、无形资产和其他非流动资产收回的现金净额"项目＝本期处置固定资产、无形资产和其他非流动资产（如生产性生物资产）收到的现金－本期处置固定资产、无形资产和其他非流动资产而支付的有关税费（如契税、运输费）。

（4）"短期投资、长期债券投资和长期股权投资支付的现金"项目＝本期取得短期投资（债券、股票、基金）而支付的现金＋本期取得长期债券投资和长期股权投资而支付的现金＋本期取得短期投资、长期债券投资和长期股权投资而支付的相关税费（如印花税、佣金、手续费等），但不包括购买股票、债券时实际支付价款中包含的已宣告但尚未领取的现金股利或已到付息期但尚未领取的债券利息。

（5）"购建固定资产、无形资产和其他非流动资产支付的现金"项目＝本期外购机器设备等固定资产支付的现金（包括融资租入固定资产支付的租赁费）＋本期外购无形资产、生产性生物资产支付的现金＋本期建造工程支付的现金（不包括购建固定资产、无形资产和其他非流动资产而发生的借款费用资本化部分的现金）＋本期自行开发无形资产支付的现金（不包括支付给在建工程和无形资产开发人员的薪酬）＋本期自行营造和繁殖生产性生物资产支付的现金。

3. 筹资活动产生的现金流量有关项目的计算

（1）"取得借款收到的现金"项目＝本期取得短期借款收到的现金＋本期取得长期借款收到的现金。

（2）"吸收投资者投资收到的现金"项目＝本期收到投资者作为资本金投入的现金。

（3）"偿还借款本金支付的现金"项目＝本期偿还短期借款本金支付的现金＋本期偿还长期借款本金支付的现金。

（4）"偿还借款利息支付的现金"项目＝本期偿还短期借款利息而支付的现金＋本期偿还长期借款利息而支付的现金，包括为购建固定资产、无形资产和其他非流动资产而发生的借款费用资本化的利息。

（5）"分配利润支付的现金"项目＝本期以现金向投资者支付本期分配的利润＋本期以现金向投资者支付前期分配的利润。

【例 16-3】 广东新力电器有限公司 2019 年 11 月份有关库存现金、银行存款日记账和其他货币资金明细账，如表 16-6 至表 16-8 所示。

表 16-6　　　　　　　　　　库存现金日记账

2019 年 11 月　　　　　　　　　　　　　　单位：元

日期		凭证号	摘要	借方	贷方	余额
月	日					
11	1	（略）	期初余额			12 000.00
	5		预借差旅费		3 000.00	9 000.00
	8		支付业务招待费		2 800.00	6 200.00
	10		提取现金	6 000.00		12 200.00
	12		支付房屋租金		6 000.00	6 200.00
	14		报销差旅费收回余额	320.00		6 520.00
	15		提取现金	3 000.00		9 520.00
	18		零星销售货款	4 600.00		14 120.00
	18		零星货款送存银行		4 600.00	9 520.00
	20		支付交通费		340.00	9 180.00
	24		支付报刊订阅费		1 180.00	8 000.00
	28		支付办公费		1 000.00	7 000.00
	30		提取现金	5 000.00		12 000.00
11	30		本月合计	18 920.00	18 920.00	12 000.00

表 16-7　　　　　　　　　　　　　银行存款日记账

2019 年 11 月　　　　　　　　　　　　　　　　　　　　　　　　　　　单位：元

日期		凭证号	摘要	借方	贷方	余额
月	日					
11	1	（略）	期初余额			154 678.00
	3		收到货款	136 000.00		290 678.00
	5		支付材料款		100 000.00	190 678.00
	8		提取现金		6 000.00	184 678.00
	10		支付职工工资		125 000.00	59 678.00
	11		收回应收账款	46 800.00		106 478.00
	12		收到货款	98 500.00		204 978.00
	15		预缴企业所得税		14 715.00	190 263.00
	15		交纳增值税		21 400.00	168 863.00
	15		提取现金		3 000.00	165 863.00
	16		取得投资收益	8 660.00		174 523.00
	18		零星货款送存银行	4 600.00		179 123.00
	19		转让短期投资	60 800.00		239 923.00
	20		收到货款	60 000.00		299 923.00
	21		取得短期借款	20 000.00		319 923.00
	22		支付材料款		80 000.00	239 923.00
	23		购买机器设备		75 200.00	164 723.00
	26		收到货款	86 000.00		250 723.00
	27		对外捐赠		36 000.00	214 723.00
	28		办理银行汇票		54 600.00	160 123.00
	28		取得材料销售收入	26 120.00		186 243.00
	29		支付材料款		50 000.00	136 243.00
	30		支付水电费		4 238.00	132 005.00
	30		支付借款利息		4 275.00	127 730.00
	30		提取现金		5 000.00	122 730.00
11	30		本月合计	547 480.00	579 428.00	122 730.00

表 16-8　　　　　　　　　　其他货币资金明细账

2019 年 11 月　　　　　　　　　　　　　　　　　　　单位:元

日期		凭证号	摘要	借方	贷方	余额
月	日					
11	1	(略)	期初余额			0
	28		办理银行汇票	54 600.00		54 600.00
11	30		本月合计	54 600.00		54 600.00

根据表 16-6 至表 16-8 的资料,编制新力公司 2019 年 11 月份现金流量表。

(1) 现金流量表本月金额计算:

第一,经营活动产生的现金流量。

$$\begin{matrix}\text{销售产成品、商品、}\\ \text{提供劳务收到的现金}\end{matrix} = 4\ 600 + 136\ 000 + 46\ 800 + 98\ 500 + 60\ 000 + 86\ 000 + 26\ 120$$
$$= 458\ 020(元)$$

收到其他与经营活动有关的现金 $= 320(元)$

购买原材料、商品、接受劳务支付的现金 $= 100\ 000 + 80\ 000 + 50\ 000 = 230\ 000(元)$

支付的职工薪酬 $= 125\ 000(元)$

支付的税费 $= 14\ 715 + 21\ 400 = 36\ 115(元)$

$$\begin{matrix}\text{支付其他与经营}\\ \text{活动有关的现金}\end{matrix} = 3\ 000 + 2\ 800 + 6\ 000 + 340 + 1\ 180 + 1\ 000 + 36\ 000 + 4\ 238$$
$$= 54\ 558(元)$$

第二,投资活动产生的现金流量。

收回短期投资、长期债券投资和长期股权投资收到的现金 $= 60\ 800(元)$

取得投资收益收到的现金 $= 8\ 660(元)$

购建固定资产、无形资产和其他非流动资产支付的现金 $= 75\ 200(元)$

第三,筹资活动产生的现金流量。

取得借款收到的现金 $= 20\ 000(元)$

偿还借款利息支付的现金 $= 4\ 275(元)$

(2) 现金流量表编制,如表 16-9 所示。

表 16-9　　　　　　　　　　现金流量表

编制单位:广东新力电器有限公司　　　2019 年 11 月　　　　　　　　单位:元

项目	本年累计金额	本月金额
一、经营活动产生的现金流量		
销售产成品、商品、提供劳务收到的现金		458 020.00
收到其他与经营活动有关的现金		320.00

(续表)

项目	本年累计金额	本月金额
购买原材料、商品、接受劳务支付的现金		230 000.00
支付的职工薪酬		125 000.00
支付的税费		36 115.00
支付其他与经营活动有关的现金		54 558.00
经营活动产生的现金流量净额		12 667.00
二、投资活动产生的现金流量		
收回短期投资、长期债券投资和长期股权投资收到的现金		60 800.00
取得投资收益收到的现金		8 660.00
处置固定资产、无形资产和其他非流动资产收回的现金净额		
短期投资、长期债券投资和长期股权投资支付的现金		
购建固定资产、无形资产和其他非流动资产支付的现金		75 200.00
投资活动产生的现金流量净额		−5 740.00
三、筹资活动产生的现金流量		
取得借款收到的现金		20 000.00
吸收投资者投资收到的现金		
偿还借款本金支付的现金		
偿还借款利息支付的现金		4 275.00
分配利润支付的现金		
筹资活动产生的现金流量净额		15 725.00
四、现金净增加额		22 652.00
加：期初现金余额		166 678.00
五、期末现金余额		189 330.00

16.4　财务报表附注编制

财务报表附注是指对资产负债表、利润表和现金流量表等财务报表中列示项目的文字描述或明细资料，以及对未能在这些报表中列示项目的说明等。附注是财务报表重要的组成部分，小企业应当按照《小企业会计准则》规定披露附注信息。

16.4.1　遵循《小企业会计准则》的声明

小企业应当声明编制的财务报表符合《小企业会计准则》的要求，真实、完整地反映了小企业的财务状况、经营成果和现金流量等有关信息。

16.4.2 短期投资、应收账款、存货项目的披露说明

(1) 短期投资的披露格式,如表 16-10 所示。

表 16-10　　　　　　　　　　短期投资的披露格式

项目	期末账面余额	期末市价	期末账面余额与市价的差额
1. 股票			
2. 债券			
3. 基金			
4. 其他			
合计			

(2) 应收账款的披露格式,如表 16-11 所示。

表 16-11　　　　　　　应收账款的披露格式(按账龄结构)

账龄结构	期末账面余额	年初账面余额
1 年以内(含 1 年)		
1～2 年(含 2 年)		
2～3 年(含 3 年)		
3 年以上		
合计		

(3) 存货的披露格式,如表 16-12 所示。

表 16-12　　　　　　　　　　存货的披露格式

存货种类	期末账面余额	期末市价	期末账面余额与市价的差额
1. 原材料			
2. 在产品			
3. 库存商品			
4. 周转材料			
5. 消耗性生物资产			
……			
合计			

16.4.3 固定资产的披露说明

固定资产的披露格式,如表 16-13 所示。

表 16-13　　　　　　　　　　　　固定资产的披露格式

项目	原价	累计折旧	期末账面余额
1. 房屋、建筑物			
2. 机器			
3. 机械			
4. 运输工具			
5. 设备			
6. 器具			
7. 工具			
……			
合计			

16.4.4　应付职工薪酬、应交税费的披露说明

(1) 应付职工薪酬的披露格式,如表 16-14 所示。

表 16-14　　　　　　　　　　　　应付职工薪酬明细表

项目	期末账面余额	年初账面余额
1. 职工工资		
2. 奖金、津贴和补贴		
3. 职工福利费		
4. 社会保险费		
5. 住房公积金		
6. 工会经费		
7. 职工教育经费		
8. 非货币性福利		
9. 辞退福利		
10. 其他		
合计		

(2) 应交税费的披露格式,如表 16-15 所示。

表 16-15　　　　　　　　　　　　应交税费明细表

税费项目	期末账面余额	年初账面余额
1. 增值税		
2. 消费税		

(续表)

税费项目	期末账面余额	年初账面余额
3. 城市维护建设税		
4. 企业所得税		
5. 资源税		
6. 土地增值税		
7. 城镇土地使用税		
8. 房产税		
9. 车船税		
10. 环境保护税		
11. 教育费附加		
12. 代扣代缴的个人所得税		
……		
合计		

16.4.5 利润分配的披露说明

利润分配的披露说明,如表16-16所示。

表16-16　　　　　　　　　　利润分配表

项目	行次	本年金额	上年金额
一、净利润	1		
加：年初未分配利润	2		
其他转入	3		
二、可供分配的利润	4		
减：提取法定盈余公积	5		
提取任意盈余公积	6		
三、可供投资者分配的利润	7		
减：应付利润	8		
四、未分配利润	9		

16.4.6 其他应披露的事项

（1）用于对外担保的资产名称、账面余额及形成的原因；未决诉讼、未决仲裁以及对外提供担保所涉及的金额。

（2）发生严重亏损的,应当披露持续经营的计划、未来经营的方案。

(3) 对已在资产负债表和利润表中列示的项目与企业所得税法规定存在差异的纳税调整过程。

(4) 其他需要说明的事项。

【本章小结】

1. 财务报表是指对小企业财务状况、经营成果和现金流量的结构性表述。小企业的财务报表至少应当包括资产负债表、利润表、现金流量表以及附注。

2. 资产负债表是反映小企业某一特定日期财务状况的财务报表。小企业的资产负债表应采用账户式结构。账户式资产负债表分左、右两方,左方为资产项目,按资产的流动性大小排列;右方为负债及所有者权益项目,其中负债项目按偿还的先后顺序排列,所有者权益项目按其永续性递减顺序排列。

3. 利润表是反映小企业在一定会计期间经营成果的财务报表。小企业的利润表应采用多步式结构,即通过对当期的收入和费用项目加以归类,按利润形成的主要环节列示一些中间性利润指标,如营业利润、利润总额和净利润,分步计算当期的净利润。

4. 现金流量表是反映小企业在一定会计期间现金流入和流出情况的财务报表。小企业的现金流量表应采用报告式结构。根据业务活动的性质和现金流量的来源,现金流量表在结构上将小企业一定期间发生的现金流量分为三类:经营活动产生的现金流量、投资活动产生的现金流量和筹资活动产生的现金流量。

5. 财务报表附注是指对资产负债、利润表和现金流量表等财务报表中列示项目的文字描述或明细资料,以及对未能在这些报表中列示项目的说明等。附注是财务报表重要的组成部分,小企业应当按照《小企业会计准则》规定披露附注信息。

主要参考文献

［1］中华人民共和国财政部.小企业会计准则[M].北京:经济科学出版社,2011.
［2］财政部会计司编写组.小企业会计准则释义[M].北京:中国财政经济出版社,2011.
［3］小企业会计准则编审委员会.小企业会计准则讲解[M].上海:立信会计出版社,2013.
［4］黄开敏.小企业会计准则实务[M].北京:机械工业出版社,2012.
［5］罗绍明.小企业财务会计第二版[M].上海:立信会计出版社,2018.
［6］罗绍明.小企业财务会计实训第二版[M].上海:立信会计出版社,2018.

职业教育会计专业营改增系列教材

1. 会计基础
2. 会计基础实训
3. 小企业会计基础
4. 小企业会计基础实训
5. 新编企业财务会计(第二版)
6. 新编企业财务会计实训(第二版)
7. 企业会计岗位综合实训(第二版)
8. 小企业财务会计(第三版)
9. 小企业财务会计实训(第三版)
10. 小企业会计岗位综合实训(第二版)